全国应用型院校学前教育专业新形态规划教材
总主编 李姗泽 孙亚娟

U0958569

# 学前儿童
# 体育与健康教育

主　编　潘　云　李姗泽
副主编　王利春　李　盛　敖　翔
编　委　姜　晓　李怡果　冼心媛　张婧舒　杨依雯
王映骞　李　夏　吴佩臻　黄　予　唐燕文

西南大学出版社
国家一级出版社 全国百佳图书出版单位

本书配有丰富教学资源

**图书在版编目(CIP)数据**

学前儿童体育与健康教育 / 潘云，李姗泽主编. -- 重庆：西南大学出版社，2022.8(2025.4重印)
ISBN 978-7-5697-1331-2

Ⅰ. ①学… Ⅱ. ①潘… ②李… Ⅲ. ①学前儿童－体育教育②学前儿童－健康教育 Ⅳ. ①G613

中国版本图书馆CIP数据核字(2022)第147913号

全国应用型院校学前教育专业
新形态规划教材

# 学前儿童体育与健康教育

XUEQIAN ERTONG TIYU YU JIANKANG JIAOYU

潘云 李姗泽◎主编

责任编辑：杜珍辉
责任校对：刘欣鑫
装帧设计：汤 立
排 版：江礼群
出版发行：西南大学出版社(原西南师范大学出版社)
地址：重庆市北碚区天生路2号
网址：http://www.xdcbs.com
邮编：400715
市场营销部电话：023-68868624
经 销：全国新华书店
印 刷：重庆天旭印务有限责任公司
幅面尺寸：185 mm×260 mm
印 张：16.75
字 数：360千字
版 次：2022年8月 第1版
印 次：2025年4月 第3次印刷
书 号：ISBN 978-7-5697-1331-2
定 价：58.00元

# 总序

学前教育是每个儿童接受集体教育的开始，是每个人终身学习的开端，是国民教育体系的重要组成部分。进入新时代，人民群众对优质教育的需求不断提升。实现幼有所育，成为满足人民群众日益增长的优质教育需求的重要举措。党的十八大、十九大明确要求“办好学前教育”。2018年，中共中央、国务院发布了《关于学前教育深化改革规范发展的若干意见》，强调把发展学前教育摆在更加重要的位置，明确要大力加强幼儿园教师队伍建设，办好一批幼儿师范专科学校和若干所幼儿师范学院，支持师范院校设立并办好学前教育专业，扩大有质量教师供给。2021年，教育部等九部门印发《“十四五”学前教育发展提升行动计划》，提出要全面提升保教质量，提高教师专业素质和实践能力。由此可见，教师队伍是提高保教质量的关键，是保证学前教育质量的基石。

推动普通本科高校向应用型转变，是党中央、国务院的重大决策部署，是教育领域人才供给侧结构性改革的重要内容。创新应用型技术技能型人才培养模式，建立以提高实践能力为引领的人才培养流程，是实现应用型高素质人才培养的关键。2011年10月，教育部颁布《教师教育课程标准（试行）》，并发文要求各地按照《教师教育课程标准（试行）》的学习领域、建议模块和学分要求，制定有针对性的幼儿园、小学和中学教师教育课程方案。幼儿园教师职前教育课程要帮助未来教师充分认识幼儿阶段的特性和价值，理解“保教结合”的重要性，学会按幼儿的成长特点进行科学的保育和教育；理解幼儿的认知特点和学习方式，学会把教育寓于幼儿的生活和游戏中，创设适宜的教育环境，保护与发展幼儿探究、创造的兴趣，让幼儿在愉快的幼儿园生活中健康成长。

为了适应我国学前教育大发展的改革趋势和高素质应用型人才培养的要求，我们坚持培养实践型、应用型人才的理念，立足于学生学习与发展的需要，增加了学科相关前沿研究以及社会热点问题的讨论，将理论知识与实践案例相融合，同时加强了实训内容；实现理论体系向教材体系转化、教材体系向教学体系转化、教学体系向学生的知识体系和价值体系转化，使教材更加体现科学性、前沿性，以进一步增强教材的应用性和实效性。在开展充分调研的基础上，我们组织了一批业务能力强、理论知识和实践经验丰富的专家、一线教师开展教材编写和建设工作。丛书包括《学前教育学》《学前儿童心理学》《中外学前教育史》《学前教育研究方法》《学前儿童游戏》《学前教育评价》《学前教育管理学》《学前儿童卫生学》《学前儿童体育与健康教育》《学前儿童语言教育》《学前儿童社会教育》《学前儿童科学教育》《学前儿童艺术教育》《幼儿园环境创设》《幼儿园玩教具设计与制作》《幼儿行为观察与评价》《幼儿园课程》《学前儿童文学》《学前教育政策法规与师德修养》等。

本套教材紧密结合《教师教育课程标准（试行）》《3—6岁儿童学习与发展指南》《学前教育专业师范生教师职业能力标准（试行）》等最新国家政策文件精神，立足于应用型院校学前教育专业高素质人才的培养，涵盖学前教育专业的核心课程、基础课程、学科课程和拓展课程。本套教材除了满足内容充实、完整，结构清晰、合理，语言得体、流畅等基本要求外，还力求克服国内已有教材的不足，努力打造自己的优势和特色。

第一，课程思政与育人为本相结合。本套教材的编写注重主流价值观引领，挖掘和拓展课程的育人价值，充分体现了不同课程的特色与优势，形成了特色鲜明、优势突出、交叉互补的教材内容体系，实现了课程思政与立德树人的结合。

第二，理论与实践相结合。本套教材强调深入落实《教师教育课程标准（试行）》"实践取向"的精神，以学生发展为根本，以学习产出为导向，注重实践性教学内容，关注解决教育实践问题。在板块设计上，除了正文的理论阐述，还辅以案例破冰、拓展阅读、人物介绍、经典研究介绍、思考与实训、专题探讨等实践板块，引导学生将理论运用于实践。

第三，基础性与时代性相结合。本套教材吸纳教育学、心理学、学科教学的最新研究成果，坚持呈现各学科领域的基本知识、基本原理，为学生搭建一个全面而扎实的知识体系；及时跟进社会及行业的最新发展动态，将最新、最权威、最具代表性的成果引入教材，实现了基础性与时代性的结合。

第四，学术性与应用性相结合。本套教材既注重学术性，也注重应用性，为支持“立体化”教学，教材编写团队立足于学前教育专业应用型人才培养的需求，注重资源的应用性和实用性，形成了以知识图谱、教学计划、多媒体课件、案例库、习题库、教学视频、教学动画、微课等构成的课程教学资源体系，打造了“纸质教材+数字化教材+在线课程”协同互补的新形态教材体系；形成了教材、文本和网络技术相互交叉、相互融合、相互支撑的立体化、网络化、互动化教学方式，能有效提升教学质量，以期成为学前教育专业学生喜读、乐读的学习素材。

本套教材的编写人员较多，教材的编写与出版是一项艰巨的工程，能顺利付梓得益于所有参编人员的辛勤工作，也得益于西南大学出版社编辑的积极协调与沟通。在此向所有参与此次编写与出版工作的作者及编辑人员表达我们的敬意。由于编者的学术视野及学术能力的限制，本套教材还难免存在不足之处，我们将在使用中进一步总结反思，不断修订完善，欢迎广大学界同人和读者朋友不吝赐教，多提宝贵意见。

李姗泽　孙亚娟

2022年6月

# 前言

“学前儿童体育与健康教育”是学前教育专业课体系中的专业基础课，亦是核心课程之一，同时更是幼儿园教师资格证国家级考试的重要考查内容之一。本书认真贯彻《幼儿园教育指导纲要(试行)》《3—6岁儿童学习与发展指南》《幼儿园教师专业标准》和《幼儿园工作规程》的基本精神，旨在帮助应用型学前教育专业本科生系统地掌握学前儿童体育与健康教育的知识，积累相关的实践经验。全书注重实践性、应用性，贯彻落实“立德树人”的综合教育理念，将课程思政贯穿全课程，同时立足于应用型学前教育专业本科学生学习与发展需要，力求将理论知识与实践案例相融合，具有丰富的实训内容，可以作为应用型学前教育专业本科学生及相关专业学生的教材，也可以作为幼儿园教师、学前教育研究工作者的参考用书。

本书的编写特色主要有以下五个方面。一是深入贯彻落实“立德树人”的综合教育理念与课程思政，利用多种形式将课程思政贯穿全课程：(1)通过融入幼儿体育与健康相关的现实典型案例，培养学生的道德情操、幼儿教师职业道德，由此形成科学的儿童观、教师观、教育观；(2)通过章前的案例破冰环节，章中的专题讨论、学习研究，以及章后的专题探讨，激发学生积极思考，提升其观察、判断、推理等能力，树立“健康第一”教育理念；(3)通过呈现中国本土特色的幼儿体育活动案例，弘扬中国传统体育文化，培养学生文化自信与专业认同感。润物细无声地落实“立德树人”的综合教育理念，最终实现本门课程与思想政治理论课同向同行，形成协同效应。二是围绕应用型学前教育专业学生的“学”及便于教师的“教”两方面，强调教材的可读性，遵循教师友好取向和学生友好取向。三是坚持培养实践型、应用型人才的理念，立足于学前教育专业学生学习与发展需要，结合其就业的岗位要求、岗位职责，以“必需、够用”为原则，加强学前教育专业相关的实训内容。四是增加学前儿童体育与健康教育相关前沿研究以及社会热点问题的讨论，结合学科新发展，呈现新理论、新观念，将理论知识与实践案例相融合，同时实用性强，操作性强。五是结合应用型本科学前教育专业学生学习特点，增加正文之外的栏目设计，如知识链接、拓展阅读、经典案例分析、学习活动、案例探讨等，同步做好教学资源设计和配套，以提高学生学习兴趣，使版面更活泼，可读性更强。

全书共七章，以学前儿童健康领域的核心经验为主线，围绕运动、生活、心理健康三个维度展开。第一章学前儿童体育与健康教育概述，简要阐述了学前儿童体育与健康教育的内涵与价值、目标与内容、健康领域的关键经验等。第二章至第四章从运动维度展开，从各年龄阶段的发展特点、年龄阶段目标、活动设计与指导的方法及注意问题等方面，介绍了学前儿童身体控制能力的教育、学前儿童身体移动能力的教育、学前儿童器械（具）操控能力的教育。第五章至第六章从生活维度展开，阐述了学前儿童生活自理能力的教育，以及学前儿童安全和自我保护能力的教育等内容。第七章属于心理健康维度，从学前儿童情绪管理能力的发展特点、活动设计与指导等方面，介绍了学前儿童情绪管理能力的教育。

参加本书编写的人员既包括长期从事学前儿童健康教育和活动设计与指导工作的具有丰富教学经验的教师，也有幼儿园一线教师，具有丰富的教育、教学经验与资源。本书是2020年度广西职业教育教学改革项目“高水平专业群建设背景下体育教育专业‘产教融合’课程体系构建”（项目编号：GXGZJG2020B135）和广西教育科学规划2021年度C类课题“民族传统体育促进幼儿动作发展体系构建研究”（项目编号：2021C370）的阶段性研究成果。本书由潘云、李盛、李姗泽拟定编写框架并撰写提纲，具体分工如下：第一章由青岛市上合示范区实验幼儿园姜晓编写；第二章由广西幼儿师范高等专科学校潘云编写；第三章由广西幼儿师范高等专科学校敖翔、广西幼儿师范高等专科学校王利春编写；第四章由广西幼儿师范高等专科学校李盛编写；第五章由西安市第八保育院李怡果、广西幼儿师范高等专科学校冼心媛编写；第六章由昆明幼儿师范高等专科学校张婧舒编写；第七章由成都市成华区和雅幼儿园杨依雯、云南文化艺术职业学院王映骞编写。贺州学院李夏、广西幼儿师范高等专科学校潘云负责全书章后专题研讨中的微课制作。杨依雯，姜晓，冼心媛，张静舒，广西壮族自治区卫生健康委员会幼儿园吴佩臻、黄予，广西壮族自治区文化和旅游厅幼儿园唐燕文参与了微课的录制与制作。全书由潘云、李盛、王利春、敖翔统稿，李姗泽审稿和定稿。

本书参考了大量的研究成果和文献资料，在编写过程中，大理大学的孙亚娟老师予以悉心指导，在此向有关专家及学者表示诚挚的谢意！鉴于编写的时间和编者水平所限，本书仍有诸多不足之处，恳请社会各界人士、同行和广大读者批评指正，我们会不断进行完善。

潘云

2022年7月1日

# 目录

第一章　学前儿童体育与健康教育概述……1

第一节　学前儿童体育与健康教育……3

第二节　学前儿童体育与健康领域的关键经验……24

第二章　学前儿童身体控制能力的教育……34

第一节　学前儿童身体控制能力概述……36

第二节　学前儿童身体控制能力的活动设计与指导……47

第三章　学前儿童身体移动能力的教育……76

第一节　学前儿童身体移动能力概述……78

第二节　学前儿童身体移动能力的活动设计与指导……86

第四章　学前儿童器械(具)操控能力的教育……108

第一节　学前儿童器械(具)操控能力概述……110

第二节　学前儿童器械(具)操控能力的活动设计与指导……120

第五章　学前儿童生活自理能力的教育……141

第一节　学前儿童生活自理能力概述……143

第二节　学前儿童生活自理能力的活动设计与指导……160

**第六章　学前儿童安全和自我保护能力的教育** ······179

第一节　学前儿童安全和自我保护能力概述 ······181

第二节　学前儿童安全和自我保护能力的活动设计与指导 ······199

**第七章　学前儿童情绪管理能力的教育** ······214

第一节　学前儿童情绪管理能力概述 ······216

第二节　学前儿童情绪管理能力的活动设计与指导 ······236

**参考文献** ······255

# 第一章 学前儿童体育与健康教育概述

## 学习目标

- 掌握学前儿童健康教育的概念、目的和任务。
- 能根据学前儿童教育的规律和原则,实施健康教育策略。
- 愿意进一步探究学习学前儿童健康教育的知识。

## 学习重难点

- 重点:理解学前儿童健康教育的目的和任务。
- 难点:掌握学前儿童健康教育的原则。

## 案例破冰

### 爱啃指甲的毅毅

一天午睡时,小朋友们都已进入了梦乡,我发现毅毅蒙着头,棉被一动一动的,就轻轻地走到毅毅的床头,掀开棉被,只见他正津津有味地咬指甲,我将他的手从他嘴边轻轻拉上来放在旁边。可是,不一会儿毅毅的手指不由自主地又伸到嘴里去了,这样一连反复了好几次都无济于事。

妈妈来接毅毅,我把这一情况告诉了妈妈。妈妈很惊讶,怎么会咬指甲呢? 在家里妈妈有意观察了几天,发现毅毅确有这一坏习惯。妈妈心里很着急,她曾耐心地给毅毅讲解咬指甲是一种不卫生的习惯等,但收效甚微。她也曾多次尝试往毅毅指甲上涂抹辣椒水、红药水等,但都没有起到太大作用。有一次,毅毅没事干的时候又将手伸入口,爸爸实在忍不住了,狠狠地打了他一顿。事后，毅毅有所收敛，但没过几天又“我行我素”了。毅毅什么时候染上了这种坏习惯呢？妈妈百思不得其解。我在家访中知道了毅毅的成长过程：毅毅父母工作很忙。毅毅从小由爷爷奶奶带大，老两口样样事儿都由着他，后来，老两口因年纪大，行动不方便，换成保姆照看，可是由于毅毅不适应，接连换了很多保姆。

我们应如何了解幼儿的健康发展状况呢？健康又究竟如何定义、有何特性呢？我们又应如何对幼儿进行体育与健康方面的教育与培养呢？本章节将学习与探讨相关内容。

# 第一节　学前儿童体育与健康教育

关于“健康”，历史上许多伟大的思想家、教育家、哲学家等都做过精辟的论述。马克思提出把健康作为人的第一权利，作为人类生存的第一前提；美国思想家爱默生认为健康是人生的第一财富；英国教育家洛克强调若没有健康，就不可能有什么幸福可言；德国哲学家叔本华形象地指出，一个健康的乞丐比有病的国王更幸福。为人师者，为人父母者，都热切盼望自己的学生、子女幸福，而这一切的首要前提是孩子们健康地成长。过去，人们普遍认为，身体没病就是健康。有人说得更具体：不吃药、不打针、不感到身体不舒服就是健康。这些话有一定道理，但不完全正确。健康是一个综合的、历史性的概念。随着人类社会的发展，人类对健康的要求和认识也在不断变化、更新和扩展。

## 一、体育与健康的概念

### （一）健康概念的演变

在人类社会发展的早期，生产力水平极低，人们为了适应环境，取得食物，必须与大自然搏斗，所以此时的健康等同于生命。随着生产力逐渐提高和物质日渐丰富，医疗技术也有了进步，人们有可能寻求一些医治疾病、减轻伤害、延长生命的办法。在很长的一段历史时期中，人们衡量一个人的健康状况是以其是否患病以及患病的严重程度为尺度的，认为不生病就是健康。

进入20世纪，随着科学技术的迅速发展和新兴边缘学科的出现，人类对健康的认识日益深入，对健康的要求日益提高。当今，人们已越来越清楚地认识到，对健康概念较为完整的认识应该包括生物学、心理学和社会学三个维度。20世纪30年代，美国健康教育专家鲍尔认为，健康是人们身体、心情和精神方面都自觉良好，活力充沛的一种状态。1948年，联合国世界卫生组织（WHO）提出了健康的定义，健康是身体、精神与社会的全部的美满状态，不仅是免病或非残弱。这一定义改变了以往“健康”仅指无生理异常而免于疾病的观念。1978年，国际初级卫生保健大会发表的《阿拉木图宣言》提出，健康是基本人权，达到尽可能的健康水平，是世界范围内的一项重要的社会性目标。1988年，时任WHO总干事的马勒博士强调了这样一种思想，即健康并不代表一切，但失去了健康，便丧失了一切。

从大的方面来说，作为社会成员的每一个公民，其个人的健康状况与整个社会有着千丝万缕的联系，而不仅仅是个人和家庭的事情。从小的方面来说，即对个人而言，健康也是生命中最重要的。著名作曲家刘炽在一次健康座谈会上做了一个生动的比喻：健康为“1”，幸福、快乐、事业、发展、金钱等都是“1”后面的“0”，如果有了“1”，后面的“0”才有意义，但是如果没有“1”，后面的“0”再多也毫无意义。这个比喻也充分说明了健康的重要性。

### （二）健康的特性

健康具有整体性、动态性、客观性、主观性和调适性。[①]

#### 1. 健康的整体性

健康的整体性是指把幼儿的身心发展看成一个整体，并使他们在教育中逐渐成为全面发展的人。正如健康的概念所述，幼儿健康的整体性包括身体健康、心理健康和良好的社会适应能力三个方面。

对健康概念认识的变化，使人们认识到不能只从生物学的角度去理解健康，还应关注心理学因素和社会学因素，从人与环境之间、心与身之间整体关系的层面去研究健康。

#### 2. 健康的动态性

健康的动态性是指健康乃有机体从良好健康至不良健康或从完好至疾病连续谱上所呈现的状态，在此过程中有许多变化。健康与疾病之间并不一定存在明确的界限，个体表面上不生病也不等于健康，因为人体内可能潜伏着病理性缺陷或其他方面的功能不全。因此现代医学提出了亚健康（又称为“第三状态”或“灰色状态”）的概念，即机体虽无明显或明确的疾病，却呈现出活力下降、代谢缓慢、生理功能低下的状态，并且亚健康状态极有可能发展成为各种疾病。健康状态的动态性由高到低划分为四种水平：第一，理想的或希望的健康状态；第二，所谓的或现实的健康状态；第三，亚健康状态；第四，健康障碍。四种健康状态之间既是相互联系的，又是可逆的。如果人们能够较为准确地把握自身不断变化的身心状态，就有助于防患于未然，使机体转向更为理想的健康状态。健康具有动态性的特点表明人的健康状况是一种动态的过程，而非静止的状态。一方面，每个人的健康状况与特点并非完全一样，而是因人而异的；另一方面，即使是同一个人，在不同的年龄阶段、不同的时期，甚至是在每天每时，其健康状况也是会有一定变化的，学前儿童也是如此。正因为如此，我们在评价和衡量学前

①教育部基础教育司.《幼儿园教育指导纲要（试行）》解读[M].南京：江苏教育出版社，2002.

儿童是否健康的时候,应该充分考虑到学前儿童的年龄特点以及个体差异性,做到既注重同一年龄阶段儿童发展的共性,又要针对每个儿童的具体情况进行因材施教,使每一个儿童都能在原有的水平上让身心方面得到最大限度的发展。

### 3.健康的客观性

健康的客观性是指健康可以运用一定的客观指标加以衡量,比如形态指标、生理指标、身体素质指标、社会健康指标、营养指标等。目前随着对心理健康问题研究的深入,对个体心理是否健康的把握也越来越趋向客观,例如衡量个体心理健康的主要标志——认知发展是否正常、情绪反应是否适度、人际关系是否融洽、性格特征是否良好等,就可以通过越来越客观的测试加以评定。

### 4.健康的主观性

健康的主观性是指个人对自己健康的主观感觉。健康的主观性特别强调健康的自我知觉,突出了健康的心理层面。

### 5.健康的调适性

身体健康的人能够有效地适应内外环境,有效应对各种威胁身体的挑战。他们不是消极被动地接受外界环境,而是积极地去适应周围的生活环境,对疾病进行有效抵抗。根据微生物学家勒内·杜博斯的观点,真正的健康不仅指个体在当时能适应良好,而且也应具备抵抗未来威胁的力量。如体内已有某些传染病抗体的儿童比起无抗体保护的儿童更健康。

## 二、学前儿童健康的概念

学前儿童健康是指学前儿童身体各个器官、各个组织发育正常,没有身体缺点(视力不良、扁平足、龋齿、姿势性脊柱弯曲异常、沙眼等),性格开朗,情绪乐观,对环境有较快的适应能力。①

《幼儿园教育指导纲要(试行)》(以下简称《纲要》)中指出:“树立正确的健康观念,在重视幼儿身体健康的同时,要高度重视幼儿的心理健康。”所以对学前儿童进行健康教育时,既要重视身体健康,又要重视心理健康和社会适应能力。身体健康是心理健康的基础,心理健康是身体健康的必要条件。一个人只有身体、心理和社会适应等方面都健全,才是健康的人,只有身心健康的人才能适应复杂的环境变化。

①张慧和.幼儿园课程实施指导丛书:健康[M].南京:南京师范大学出版社,1997:2.

传统的幼儿园保健模式重在学前儿童生理疾病的防治，它强调对学前儿童实施计划免疫，供给充足的营养等，使之不得病，睡得安，吃得饱，长得高。这种传统的保健模式不能满足现在学前儿童健康的需要。目前，绝大多数儿童是独生子女，在生理保健方面大部分能得到及时充分的保障，但仍有不少学前儿童营养缺乏或肥胖、体弱多病，有的学前儿童生活自理能力差，不能适应集体生活，有的甚至自私、孤独、不善于与人交往。究其原因，多数是父母的溺爱、不正确的教养，以及过高的期望让孩子承受太大的心理压力，从而影响学前儿童的身心健康和正常发育。显然，学前儿童除了生理上的需要外，还有心理上的多层次需要。因此，现代保育应是生理—心理—社会保健模式。学前儿童在托幼园所期间，托幼园所必须加强对学前儿童的健康服务和保育，对其进行精心照顾和养育，培养学前儿童独立生活能力和自我保护能力，预防身心疾病的发生，同时，要关注幼儿的情绪和需要，促进其身心和谐健康发展。

## 三、学前儿童体育与健康教育的价值

学前儿童体育与健康教育具有特殊的育人功能，可以使学前儿童在一定的社会环境中产生身心交互影响的作用，对学前儿童的身心发展具有极其重要的教育价值。学前儿童体育与健康教育既可以作为学习体育知识、运动技术，以及增强体质的课程，也可以作为健康教育、终身体育思想教育、道德品质教育、美育教育的载体，使德育、智育、体育、美育贯穿始终。

### （一）健身价值

在体育活动中，身体的活动必然是处在一定的社会环境中并伴随着复杂的心理活动，身体活动受到心理活动的调节，同时也对心理产生多方面的影响。学前儿童参加体育活动时，生理和心理两方面都承受着一定运动负荷量的刺激，身体各器官系统的代谢加强以适应运动的需要。经常参加适量的运动能有效促进学前儿童各器官系统的生长发育，提高身体机能。例如，大脑皮质的躯体运动中枢对骨骼肌运动的管理有一定的局部定位和比例关系，经常锻炼可以增加支配肢体运动相应区域的神经细胞数量并增强这些神经细胞的功能。另外，长期室内或户外锻炼能明显增强学前儿童对气候变化的适应能力，以及对疾病的抵抗能力和应激能力。如幼儿通过参加接力赛，可以增强体质（如图1-1所示）。

图1-1　幼儿在接力赛合作

## （二）健心价值

情感是指人的社会性需要是否得到满足而产生的内心体验。体育运动是极富情感色彩的活动，可以提供复杂多样的情感体验。学前儿童年龄阶段的行为最具情绪色彩，只要运动得到满足学前儿童就会产生快乐、兴奋等积极的情绪。学前儿童参与体育活动时，除了身体各系统参与工作之外，还伴随着心理活动的变化，能促使其愉快、活泼、开朗、积极和充满信心的个性心理品质的发展。研究表明：运动游戏能激发学前儿童愉快的情绪，明显改善其身体各器官的机能状态，并有助于形成积极的心态。学前儿童长期体验积极的情绪和情感将有助于身体和心理的正常发育与健康发展，同时体育活动可以转移学前儿童的注意力，使其不良的情绪得以释放和消除。因此，体育游戏或活动是增加学前儿童良好情感体验、消除不良情感的最佳手段之一。

## （三）德育价值

道德健康是现代健康概念中新增的一项，主要指个人能够按照社会道德行为准则约束自己并支配自己的思想和行为，具有辨别真伪、善恶、美丑与荣辱的观念和能力。学前儿童体育活动具有丰富的品德教育内容，例如户外活动能对学前儿童进行热爱自然、勤恳劳动等思想教育；在运动游戏中的竞赛活动可以培养学前儿童竞争意识和顽强拼搏精神；体育规则可以规范学前儿童行为，培养其诚实、友爱、自制和守纪律等良好品德；同时在社会团体的活动中可以培养学前儿童的友谊感、集体感、互助互谅、尊重他人等优良品德；学前儿童在不断克服困难的游戏活动中可以锻炼勇敢、坚强、毅力等意志品质。

## （四）智育价值

智力活动是脑神经的机能之一，脑神经发育状况和机能水平是智力发展的物质基础。身体运动是由脑神经支配肌肉活动而实现的，同时，末端肌肉的活动又会刺激脑的神经中枢。研究已证实体育活动可以加速脑血流循环和改善脑的营养供应，促进脑神经的发育，从而为学前儿童的智力发育提供良好的生理基础。而且适量的身体运动特别是手的运动可以为大脑相应的区域提供丰富的刺激，增加大脑皮质的厚度，提高学前儿童的时空知觉、运动知觉、注意力、灵活性、均衡性及大脑的分析、综合能力，建立多种复杂的神经联系，促进大脑的生长发育，为智力的发展提供生物学基础。

### （五）美育价值

教育家蔡元培曾提倡以舞蹈作为“美育的专题”进行幼儿美育教育，提出“尚自然、展个性”的教育主张。形式多样的体育游戏是贯串音乐、体育美学、艺术美和精神美等美育内容的载体。运动中所表现出来的力、美、健等优美的动作以及运动中所展现的灵敏、协调、速度、节奏、韵律等动作技巧都能给学前儿童以美的熏陶。尤其是色彩鲜艳、造型丰富的体育游戏器械，运动环境，以及优美的音乐等都能激发幼儿的审美情感，增强其审美能力。学前儿童参加户外活动时身体处于大自然中，无论是山水，还是动物、植物所展现的千姿百态，都能以其感性形态直接激发他们对美感的认识。心理学认为人的感情是在一定的情境中产生的，以自然环境的情感美熏陶学前儿童的心志，可以产生身心愉悦的效应。图 1-2 显示的是幼儿在运动中感受美的一种形式。

图1-2　幼儿在运动中享受美

## 四、学前儿童体育与健康领域的教育目标

学前儿童健康教育是学前教育的一个重要组成部分，是健康教育的基础，其目的是提高学前儿童对健康知识的认识水平，改正学前儿童的健康态度，培养学前儿童有益于个人、社会的健康行为和习惯。

### (一)传授健康的基本知识

健康知识的传授,是学前儿童健康教育的一个重要方面,是让儿童确立健康信念与行为的基础。有些儿童有不健康的行为和习惯,往往是由于他们缺乏健康知识。例如:有的幼儿刷牙的方法不正确,是由于他们不懂得应该如何刷牙;有的幼儿在集体生活中不能很好地被别人所接受,是因为他们不懂得应该怎样与别人交往。所以,学前儿童对健康知识的掌握对他们健康行为和习惯的形成有积极的指导作用。教师和家长要根据儿童身心发育水平和理解能力向其传授可接受的卫生保健知识。对儿童进行健康知识的传授,可结合日常生活来进行,不必要求系统性。健康教育也可寓于讲故事或游戏等活动中,把知识性和趣味性结合起来,以便提高儿童学习卫生习惯的积极性。

### (二)树立健康态度和信念

态度是情感领域的一个重要方面,学前儿童对待健康问题的正确态度,是促使知识转化和习惯形成的动力。态度和信念一旦确立,就不容易改变,并能直接、持久地影响他们的行为。为了培养儿童的自我保健意识和能力,就要让他们确信,只要自己掌握了必要的卫生保健知识,从小养成良好的卫生习惯,自身的健康将不必依赖医护人员和打针。有了健康的态度和信念,学前儿童才能逐步自觉地利用一切有益于自身健康的保健机构和保健服务保持自身的健康。

### (三)培养健康行为和习惯

《纲要》在关于幼儿健康教育的目标中非常注重健康行为的形成。虽然提高幼儿的健康认识、形成幼儿的健康态度、培养幼儿的健康行为都是健康教育的目标,但幼儿健康行为的养成被视为幼儿健康教育的核心目标。因此,探讨幼儿健康行为建立、改变和巩固一般规律是幼儿健康教育研究的重点。

## 五、学前儿童体育与健康领域的教育内容

### (一)幼儿园健康教育的主要内容

幼儿园健康教育的主要内容可以大致分为以下四个方面:幼儿日常生活习惯教育、幼儿身体认识与保护教育、幼儿饮食营养教育、幼儿安全教育。每一方面的内容都包含幼儿心理健康教育。

1. 日常生活习惯

(1)知道洗手、刷牙的基本方法;

(2)有穿脱、整理衣服的习惯;

(3)能正确使用手帕或纸巾;

(4)坐、站、行、睡姿势正确;

(5)按时排便;

(6)有良好的作息习惯;

(7)整理活动用具,保持玩具清洁;

(8)关心周围环境的卫生。

2. 饮食与营养

(1)情绪愉快,愿意独立进餐;

(2)认识常见食物,平衡膳食,少吃零食,主动饮水;

(3)按时进餐,保持清洁,进餐习惯良好。

3. 身体认识与保护

(1)了解身体外形知识,认识与保护五官;

(2)初步掌握换牙、护牙的知识;

(3)用眼卫生;

(4)积极配合疾病预防与治疗;

(5)有探索生命现象的兴趣;

(6)知道快乐有益于健康。

4. 自身安全

(1)日常生活中,了解及遵守安全常识与规则,过马路、乘坐交通工具、玩大型运动器械时能注意安全;

(2)认识有关的安全标志,遵守交通规则,初步形成自我保护意识;

(3)了解应对意外事故(如火灾、雷击、地震、台风等)的自我保护意识与常识,具有基本的求生技能。

同样的健康教育内容对于不同年龄班的幼儿的具体要求常常是不一样的,教育者应注意幼儿的年龄特点和个体差异,选择适宜的教育内容。

### (二)选择幼儿园健康教育内容时的注意点

幼儿园健康教育内容的选择应注意以下方面。

**1.与幼儿健康教育目标相匹配**

一方面,教育目标要以教育内容为依托才能得到落实;另一方面,教育内容也必须以教育目标为依据。例如,目标中提出要培养幼儿不偏食、不挑食的饮食习惯,为此就要让幼儿认识、选择和品尝各类食物。

**2.与幼儿身心发展及生活经验相关联**

要针对幼儿的健康现状及发展趋势选择教育内容。例如,幼儿中存在着肥胖、消瘦、胆小、尿裤、换牙等情况,教育者就应进行有的放矢的教育。

**3.与幼儿的接受能力相吻合**

内容的深浅必须符合幼儿的接受能力,必要的内容应以幼儿可接受的方式呈现。比如前面提及的要求幼儿不偏食、不挑食,实际上想说明膳食均衡才有利于健康,但我们不便对幼儿直接说膳食均衡,我们只能通过分别介绍各种各样的食物,让幼儿了解每一种食物的最主要的特点,感受只有样样食物都吃才能有利于健康。

**4.适当考虑社会因素**

社会环境是影响幼儿身心健康的重要因素之一,为此可针对社会治安问题,教给幼儿一些最基本的防身策略。如不吃陌生人的东西,不随便跟人走;针对家庭的现代化,让幼儿了解防气、防电、防火等基本的知识和技能。①

### (三)幼儿园体育活动的主要内容

身体练习是幼儿体育活动最基本也是最重要的途径和手段。而所谓身体练习则是指为锻炼身体、增强体质、增进健康所采取的各种动作。幼儿身体练习的基本动作主要包括:身体活动的基本动作,如走、跑、跳跃、投掷、平衡、钻爬、攀登等人体最基本的活动技能;体操动作,如头颈部的屈、转、绕旋动作,上肢的屈、伸、举、绕环等动作,下肢的踢、蹲等动作,躯干的屈、转、绕旋等动作及跳跃等全身性动作;排队和变换队形中还有一些原地动作(如立正、稍息、原地踏步、向右或向左转等)和行进间动作(如立定、切断分队走、左右分队走等)。

根据身体练习中动作类型的不同,我们通常将幼儿园体育活动的主要内容分为以下几个方面。

**1.基本动作及游戏**

基本动作主要包括走、跑、跳、投掷、平衡、钻爬、攀登等。在体育活动中,由于幼儿基本动作的练习主要是通过游戏来进行的,因此动作类游戏,如走的游戏、跑的游戏、

①顾荣芳.学前儿童卫生与健康教育[M].南京:江苏教育出版社,1997:315.

跳的游戏、钻爬和攀登类游戏等，便成为幼儿园体育活动中主要的内容。基本动作是人们生活所必需的动作，是人体最基本的活动能力。在体育游戏中进行基本动作练习，既能使幼儿身体得到锻炼，促进各器官系统的生理功能发育，促进幼儿的生长发育和保证幼儿的身体健康，又能调动幼儿活动的积极性，促进心理过程的发展。基本动作和游戏练习的目标是，调动幼儿参加基本动作和游戏的积极性、主动性，逐步提高动作的灵敏性、协调性，促进生长发育，培养正确姿势；学习与体育活动有关的粗浅知识，调节情绪，培养活泼开朗的性格；培养勇敢、顽强、不怕困难的精神及团结友爱、遵守纪律等优良品德；促进幼儿独立生活和活动能力的发展。①

学前期的幼儿已初步掌握了多种人体所必需的生活和运动技能，但各种身体活动基本技能的发展还不成熟。比如，走步时常常出现低头含胸、脚擦地、脚抬得过高、身体左右摇摆和摆臂及迈腿动作不协调等现象；跑步时常常出现低头、弓腰、挺腰腹、仰头、左右摆臂、张嘴呼吸等问题；跳跃时常常出现双脚不会同时起跳同时落地、不会运用摆臂助跳、全脚掌着地落地、身体不能维持平衡等错误动作；练习平衡动作时，常常出现胆小、害怕、低头望脚、身体摇晃，动作不协调、不均匀、不连贯等现象；投掷时常常出现不会挥臂、肘低、不会以身助力等问题；钻爬和攀登时，易出现低头、过早抬头或抬体触碰障碍物等错误动作。

有人曾说过，动作是智力大厦的砖瓦。这就意味着，如果一个儿童没有身体动作方面的发展，没有学会怎样行动，没有学会具体的身体动作，他就无法学会怎样思考，也就无法进行脑力活动。手部动作的发展使儿童有可能以各种各样的方式来摆弄物体，而学会了步行，则能使他们在更大范围内探索和认识环境，从而促进他们身心不断发展。阿伯内西与华尔兹(Ruth Abemathy and Maryarm Waltz)则提出了人类动作的艺术与科学的概念系统，包括动作活动的心理、生理和社会等三个方面。他们认为，人的动作是目的定向的，因为学习者力图达到理想的目标，交流观念和概念，表达感情或情趣，以及使自我与周围环境、与同伴团体相联系，因而动作已不再是简单的人体可观察到的变化了，它涉及人的动作经验、个性结构、个人知觉以及社会文化环境和自然环境。诸如此类的动作研究和由此建立起来的理论，虽然只涉及与动作有关的认知层面，与我们所谈论的旨在提高幼儿的体能、增强幼儿的体质的动作相距甚远，但从侧面表明，动作的发展对幼儿身心的良好发展是至关重要的。因而，在幼儿期利用幼儿动作发展还未定型和可塑性强等特点，在体育活动中科学地选择有关身体活动的内容，尤其是通过游戏加强幼儿基本动作的练习，及时纠正幼儿动作中的错误是非常重要

①王占春.幼儿体育的理论与方法[M].北京：人民教育出版社.2002：31.

的。动作的质量或身体练习的质量往往受到身体素质的影响和制约。比如，要提高幼儿快跑的能力，若一味强调跑的速度，而忽视下肢后蹬力量的训练，很难使快跑能力真正得到发展；要发展幼儿的跳跃能力，如果忽视了下肢力量的练习和身体协调能力的培养，也很难使这一活动能力真正得到提高和发展。再如，要进行体操练习，若机体缺乏良好的灵敏、协调等调整素质，则很难完成体操动作。因此，体育活动中，重视幼儿基本活动能力（基本动作）的练习和提高的同时，还应重视幼儿身体素质的发展和提高。必要时，可根据幼儿的体能发展特点，专门创编一些针对发展身体素质的游戏，如力量性游戏、灵敏性游戏、协调性游戏，或各类器械游戏等，加以练习。身体素质练习包括平衡、协调、灵敏、柔韧、力量、速度等身体机能的练习。幼儿期是多种身体素质发展十分迅速的时期。比如躯干肌力（背力），三四岁时为15–17千克，而快到7岁时已迅速增加到32–34千克。手腕的肌力，三四岁时为3.5–4.0千克，而快到7岁时已增加至13–15千克。其他身体素质，如耐力素质、调整素质的发展同样如此。这为幼儿期开展幼儿的身体素质教育提供了良好的契机。

**2.基本体操和队列队形**

（1）基本体操。

幼儿基本体操是指幼儿通过身体各部位动作的协调配合，根据人体各部位运动的特点，按照一定的程序，有目的、有节奏地进行各种举、摆、绕、振、踢、屈伸、绕环、跳跃等一系列单一或组合动作的身体练习。[①]幼儿基本体操主要包括徒手体操和轻器械体操两大类。徒手体操是指手中不拿任何器械的体操，是根据人体各部位的活动特点，依照头颈部、上肢、下肢和躯干的顺序，由一系列体操动作组合，结合动作的方向、路线、幅度、节奏、用力特点等变化因素而构成的身体练习。如模仿操、一般徒手操、拍手操、韵律操、武术操等等。轻器械体操是指手持轻器械，在徒手体操动作的基础上，结合器械的特点进行的身体练习。如花操、筷子操、哑铃操、铃鼓操、饮料罐操、圈操、棍棒操等等。

（2）队列队形。

队列队形是指多名幼儿按教师的口令，完成协调一致的动作，排成一定的队形。它包括动作（钻法、移动法、停法、转法、集合、报数、看齐等排队方法），队形，变换队形的方法和口令，识别方位等内容。

---

①王占春.幼儿体育的理论与方法[M].北京：人民教育出版社.2002：21.

## 拓展阅读1-1

幼儿队列队形的口号、动作及要求见表1-1。

表1-1 幼儿队列队形的口号、动作及要求

| 队列队形 | 动作 | 口号 | 要求 |
|---|---|---|---|
| 立正 | 脚跟靠拢,脚尖稍微分开,上体正直,两腿伸直,挺胸收腹肩平,两臂自然下垂于体侧,两眼平视前方 | 立正 | 大班要求五指并拢 |
| 稍息 | 左脚向左开立,与肩同宽,双手自然下垂,挺胸抬头 | 稍息 | |
| 向前看齐 | 排头不动(或两臂侧平举),其余幼儿依次看前面幼儿的后脑,迅速将两臂前平举,掌心相对 | 向前看齐 | 纵队 |
| 向前看 | 恢复立正姿势 | 向前看 | |
| 向右看齐 | 排头不动,其余幼儿迅速头看右边,向右靠拢 | 向右看齐 | 横队,左矮右高 |
| 报数 | 横队从右向左,依次以短促响亮的声音转头报数1、2、3…… | | 最后一名不转头 |
| 原地踏步走 | 左脚起步,两脚原地上下起落,抬起时,脚尖自然下垂,落地时前脚掌先着地,然后全脚掌着地,两臂前后自然摆动 | 原地踏步走 | 幼儿先左脚后右脚,教师镜面示范先右脚后左脚 |
| 齐步走 | 走,要求上体正直,上下肢协调自然,左脚起步,重心落于左脚,两脚交替前进 | 齐步走 | |
| 立定 | 听到口令后,再走两步,恢复立正姿势 | 立定 | |
| 跑步走 | 跑步,两手半握拳,两臂屈肘在体侧。走,上体稍前倾,两腿微屈,左脚利用右脚掌的弹力向前跃出,前脚掌着地,重心前移,两腿交替前进,两臂前后自然摆动 | 跑步走 | |

### 3.器械类活动和游戏

幼儿体育活动中的基本体操、基本动作和体育游戏等,都离不开利用运动器械进行练习。通过各种器械与游戏的练习,不仅有利于增加运动负荷,提高动作难度,还有利于增强幼儿的运动兴趣,调动幼儿参加体育活动的积极性。从运动器械的体积来分,可分为大中型固定性运动器械、中小型可移动运动器械等。

(1)大中型固定性运动器械与游戏。利用大中型固定器械进行运动或游戏,如利

用攀登架、滑梯、转椅、秋千、浪船、宇宙飞船、攀网、肋木、摇马、跷跷板、蹦蹦床、充气床垫、“海洋球”池、联合器械等，综合锻炼幼儿的攀登、钻、爬、滚、翻、跳、平衡等能力。

(2)中、小型可移动运动器械与游戏。主要指利用一些能够搬动或移动的中小型运动器械进行相应的游戏活动。如平衡木(板或长凳子)、拱形门、投掷架、木制台阶、小梯子、垫子、小三轮车、脚踏车、小手推车、滑板。

## 六、学前儿童体育健康领域的教育原则

学前儿童体育健康领域包含一系列具体的内容，有其发展的特点。理解学前儿童体育健康领域的教育原则，有助于判断学前儿童的发展状况，从而提供有效的支持和引导。

### (一)科学性与实用性相结合原则

科学性是指对儿童传授卫生知识应该建立在科学的基础上，做到准确无误，不能似是而非。儿童健康教育的内容必须具备科学性，运用的材料不仅能让儿童理解，还应在科学上是正确的、可靠的。为了向儿童传授某些健康知识，教师常对一些材料进行加工和改造，使儿童更容易理解和接受，但是必须保证内容的正确性，如果歪曲科学事实，就可能让儿童从小对健康知识产生错误或片面的理解。如“龋齿”是因为牙齿里有了“小虫子”，不仅违背了科学事实，也会让儿童对健康知识的概念产生混乱。又如，有的教师说多吃甜食可能患蛔虫病，等等，这些说法是错误的、不科学的。当然，更不能用封建迷信的内容来教育幼儿，如当幼儿问到天上为什么会下雨时，教师的回答是上帝在浇花等，这些都是在向幼儿传播不科学的知识。同时，要从实用的角度出发，结合不同年龄幼儿的身心发育特点、季节、地区、生活条件等情况，有的放矢地进行教育。例如，在夏季要强调饮食卫生，少吃冷饮，进行预防消化道疾病教育；冬春季节应进行避免呼吸道感染和预防传染病的教育。

### (二)渗透融合性原则

教育内容的组织应充分考虑幼儿的学习特点和认知规律，各领域的内容要有机联系，相互渗透，注重综合性、趣味性、活动性……学前儿童教育内容包括健康教育、自然与科学教育、社会教育、语言教育、艺术教育等领域。这些领域的内容不是彼此孤立的，而是有机联系、相互渗透的，要高质量地实现学前儿童健康教育的目标，必须坚持“五渗透”。即将健康教育的内容和任务渗透到教学活动之中，渗透到各种游戏之中，

渗透到一日生活活动中，渗透到物质和精神环境之中，渗透到家庭教育之中，做到事事时时处处皆教育。下面以“睡得好，身体棒”教育活动为例说明在健康教育活动中如何进行各领域之间的渗透。

## 案例讨论1-1

### 睡得好，身体棒（中班）

**活动目标**

1.使幼儿认识到睡眠的重要性，帮助幼儿养成良好的睡眠习惯，促进身体发育。

2.通过实验培养幼儿大胆探索的精神。

**活动准备**

图片《睡得好，身体棒》，小闹钟若干，纸巾若干。

**活动过程**

1.观看图片

鼓励幼儿把看到的东西讲给同伴听（自由参观）。

2.组织幼儿谈论图片的内容

总结：人不吃饭不行，不睡觉也不行，小朋友每天晚上九点钟都要上床睡觉，要把衣服放整齐。早上七点钟起床，穿好衣服、刷牙、洗脸、上幼儿园，进行一天的活动，像图片上的小朋友一样，睡得好，有精神，才能学到很多知识。

3.分组讨论

（1）如何才能睡得好？

（2）如果睡不好觉，会出现什么情况呢？

（3）谈谈自己的睡眠情况。

4.小实验

小老鼠不睡觉会怎样？

**活动延伸**

1.各领域渗透

音乐：欣赏《摇篮曲》

美术：欣赏绘画《静静的夜》

2.环境渗透

活动室内外贴上“睡得好，身体棒”的相关图片。

3. 生活中渗透

请家长配合，尽量让幼儿早睡早起，远离夜生活。

评析：以上案例在健康教育的内容中遵循了渗透性原则，将教育内容与音乐活动、美术活动相互渗透，使幼儿多渠道、多途径认识到睡眠的重要性，很好地完成了教学目标。学前儿童健康教育的价值和学前儿童成长的特点决定了幼儿园在进行任何领域的教育时都必须将维护和促进幼儿的健康放在首位，所以健康教育应该与其他领域相互融合。譬如，在美术活动中应提醒孩子坐姿端正，握笔正确，手眼保持一定距离，等等；在语言活动中，应注重发展幼儿的人际交往能力，使其“讲话礼貌”“注意倾听”“大胆清楚地表达”；在社会学习活动中培养融洽的人际关系，使其“乐于与人交往”“有同情心”“培养自尊心和自信心”，通过艺术活动，抒发内心的情感，促进健全人格的形成。通过科学活动，满足幼儿的好奇心，还可以培养初步的环保意识。

### （三）生活性原则

生活性原则是指健康教育的目标、内容应该是为了幼儿能更好地生活，是源于生活，并从生活中学、生活中用、生活中去发展的。学前儿童健康教育是生活教育，需要在日常生活中加以渗透，陈鹤琴先生认为，儿童离不开生活，生活离不开健康教育，生活是丰富多彩的，健康教育也要把握时机。学前儿童健康教育的出发点和归宿是培养学前儿童的健康行为，即养成健康的生活方式。学前儿童健康教育的根本目的是提高学前期的生活乃至生命的质量。学前儿童健康教育的内容涉及学前儿童生活的全部范畴，因此，学前儿童健康教育是生活教育，应当在盥洗、进餐、清洁、睡眠、锻炼、游戏及日常生活中的每一环节渗透健康教育理念，实施健康教育策略。要充分认识到仅仅依靠传统意义上的健康教学活动（尽管这是不可或缺的教育形式）是无法真正达到学前儿童健康教育目标的。日常生活中的健康教育常常比传统意义上的“上课”来得更及时、灵活，可以起到立竿见影的作用。同时，日常生活中的健康教育可以使健康教育活动得以延伸，有利于巩固儿童的健康行为。比如，虽然教师已经专门组织过“不偏食”“不挑食”的教育活动，但儿童只是在认识上有了提高，至于态度的转变和行为的确立还有待于就餐时的检验，教师正好结合每日的“两餐一点”（或“三餐两点”）进行继续教育。健康教育与日常生活相结合，使儿童在日常生活中增进健康，在健康观念、健康情感及健康行为的指导下生活，能真正实现《纲要》所倡导的“寓教育于生活、游戏”的精神。

## 活动设计1-1

### 我吃饭很棒(小班)

**活动目标**

1.学习独立进餐的基本方法:一手拿勺一手扶碗,把饭菜一勺一勺送进嘴里细嚼慢咽。

2.培养幼儿独立进餐的好习惯,让幼儿明白独立进餐的重要性。

**活动准备**

张大嘴的小动物模型若干、小勺若干、各种食物若干、PPT、视频、好习惯宝宝贴画。

**活动过程**

1.活动导入

带领幼儿随着《好习惯》歌曲做律动。

2.新授课程

(1)听故事提问导入:小朋友,你是自己吃饭的吗? 听故事《小兔子学吃饭》。

(2)安静听故事,情境导入。

教师提问:小兔子为什么会饿得肚子咕咕叫?

教师总结:小兔子什么事情都要妈妈帮他做,平时吃饭也要妈妈喂,后来兔妈妈有事出去了,小兔子在家里饿得肚子咕咕叫。后来小兔子没办法了自己学会了吃饭,这样再也不会饿肚子了。

(3)看动画提问:小朋友,你们会自己吃饭吗?

(4)认真看动画,启发思考,教师提出如下问题:

①小朋友们吃饭之前先做什么?

②妈妈教会萌萌怎样吃饭?

③妈妈告诉我们吃饭时应该注意些什么?

(5)幼儿有疑问可再次观看动画,老师根据本班幼儿共性特征及个体差异,对动画进行暂停或播放,结合剧情节点,在幼儿已有经验上进行选择性互动提问教学。教师总结:妈妈告诉我们吃饭的时候应该一手扶碗一手拿勺子,吃饭的时候不能说话,应该慢慢嚼慢慢咽,以后我们也要向萌萌学习,自己吃饭!

(6)图片演示,游戏导入。

教师出示两张图片并讲述图片故事,让幼儿判断对错并说明原因。

教师看图总结：我们要向宝宝学习，自己吃饭，不用妈妈喂，不剩饭，这样才是好孩子。

3.游戏“给动物宝宝喂食”

游戏准备：张大嘴的小动物模型若干、小勺若干、各种食物若干。

游戏玩法：幼儿分组喂小动物食物。

**活动延伸**

(1)吃饭的时候鼓励孩子独立用餐，不浪费粮食。

(2)家园共育，在家吃饭的时候也要求孩子独立用餐，不浪费粮食。

评析：这个案例在健康教育的内容中遵循了生活性原则，教育的内容来源于幼儿的生活，采用幼儿比较喜欢的故事和游戏的方式进行教学，并将活动延伸到幼儿的一日生活中，发展了幼儿的自我服务能力。

### (四)循序渐进性原则

由于健康教育具有长期性的特点，因此健康行为和习惯的培养可自初生的婴儿期开始。开始年龄越早，越容易养成健康的行为和习惯，但是健康教育的内容和形式要不断进行更新与深化，应该根据幼儿身心发展的规律连续地、逐渐地进行，体现由浅入深、由易到难、由简单到复杂、循序渐进的原则。如：对小班幼儿可以帮助他们体验与同伴共同游戏的乐趣；对中班幼儿可以讨论与同伴交往的策略，学习化解同伴间矛盾的方法；到了大班，则可以培养他们与同伴协商合作，共同解决困难的能力。

## 活动设计1-2

### 交朋友(小班)

**活动目标**

1.愿意与同伴交往，学习简单对话：“你好，我们做朋友，好吗？”“好的，谢谢！”

2.能够和好朋友互相帮助。

3.体验和同伴做好朋友的快乐，喜欢与同伴交往。

**活动重点**

让孩子们愿意与同伴交往，学会互相帮助。

**活动准备**

森林背景PPT以及各种小动物胸卡(将小动物胸卡事先贴在幼儿的衣服上)。

**活动过程**

1.通过游戏“找朋友”的音乐导入活动

教师和幼儿一起玩找朋友的游戏。

师:孩子们你们都找到自己的好朋友了吗?(找到了!)

师:今天,我们班来了一位客人,他也想来交朋友。

2.游戏过程

教师出示狗熊村长图片,引导幼儿学说:“你好,我们做朋友,好吗?”

师:看!他是谁呀?(幼儿自由讲述)

师:小朋友你们好,我是森林里的狗熊村长,你们好,我们做朋友,好吗?

师:我们森林里的小动物很害羞,你们愿意成为他们的好朋友,和他们打招呼吗?

教师引导幼儿学说对话:“你好!我们做朋友,好吗?”“好的,谢谢!”

教师出示小动物图片,引导幼儿说说怎样和好朋友打招呼。

师:看!谁来了?你们谁愿意和长颈鹿做朋友呢?请幼儿学说:“你好!我们做朋友,好吗?”教师播放录音:“好的,谢谢!”

教师继续出示熊猫、小松鼠等PPT图片。让幼儿学说:“你好,我们做朋友,好吗?”“好的,谢谢!”这一对话。

评析:小班的幼儿开始有了合作意识,但缺乏合作的技巧和方法。《3-6岁儿童学习与发展指南》(以下简称《指南》)建议:“幼儿园应多为幼儿提供需要大家齐心协力才能完成的活动,让幼儿在具体活动中体会合作的重要性,学习分工合作。”本活动通过单独操作和小组合作操作的对比,让孩子认识到合作的重要性,帮助幼儿学习合作的技能技巧,体验合作的乐趣。

### (五)家庭与社会、托幼机构教育相结合的原则

学前儿童健康教育可分为家庭健康教育、幼儿园健康教育和社会健康教育三个部分。幼儿园进行有计划有组织的健康教育活动固然可以起到一定效果,但如果家庭和社会缺乏良好的、正确的健康教育,缺乏社会、家庭对幼儿园健康教育的配合和支持,就会明显影响学前儿童健康教育的效果。成功的健康教育应该包括家庭、幼儿园和社会三个方面的健康教育,只有充分发挥三者各自的积极作用,避免消极作用的影响,使三者一体化,才能产生综合协同的教育效果。

#### 1.家庭健康教育

家庭健康教育是非正规的,缺乏组织性、计划性和系统性,主要特点是通过长期、反复的实践活动,教育幼儿养成一定的生活习惯、卫生习惯和品德习惯。这些习惯的

养成明显受家长尤其是父母的影响,如父母喜欢吃肥肉,便经常买肥肉吃或要求儿童吃肥肉,那么儿童从小就喜欢吃肥肉,吃肥肉成了他的饮食爱好。因此,在家庭中,要注重从小就培养孩子健康的行为习惯。同时,家庭应与幼儿园同步进行,配合幼儿园开展相应的健康教育。儿童进入托幼机构后,就开始接受学校健康教育,主要是良好饮食习惯和卫生习惯的培养,生活自理教育,体育、安全教育,还应对幼儿进行关心集体、尊重他人等有益于身心健康的教育。但是在托幼机构养成的良好的行为习惯在家庭中却会因为家长的溺爱而不能得以巩固和提高,甚至会出现消退的现象。例如,自己穿衣服、自己吃饭、整理玩具等在托幼机构老师的督促和指导下能很好地进行,但是在家庭中却由家长包办代替,这无疑对幼儿的成长极为不利。家庭是幼儿生活的主要场所,家长的言谈举止对幼儿具有潜移默化的影响,因此在健康教育的过程中,应注重家园共育。家长应与托幼机构加强联系、相互配合,使儿童从小形成良好的生活方式。

**2.幼儿园健康教育**

幼儿园在考虑如何塑造学前儿童各种健康行为的同时,必须使学前儿童树立对自己行为负责的价值观。当幼儿园的各种价值观同家庭教育价值观一致时,两种社会化的效果得到加强,如果相反则容易出现“文化冲突”现象,错误的或不同的家庭价值观将削弱幼儿园教育的效果。

**3.社会健康教育**

社会健康教育是除了家庭、幼儿园之外的教育机构或团体开展的健康教育。社会健康教育是一项涉及面广、影响因素多、工作量大的社会教育工作,还必须发动和依靠全社会的力量,包括各级专业健康教育机构、各级医疗卫生机构、各级宣传部门、各级娱乐部门、各级社会团体等。专业健康教育机构是向全社会实施健康教育的职能部门,各级医疗卫生机构实施健康教育具有其他部门和场合所不具备的优势。大众传播具有传播信息快、覆盖面大、权威性强等特点,利用电视、广播、报刊等大众传播工具开展健康教育会产生显著的教育效果。文化馆、俱乐部、儿童游乐场、影剧院等文化娱乐场所也是健康教育的宣传阵地,科协、红十字会、医学会、妇联、社区居委会等社会团体或机构对儿童负有进行健康教育的责任和义务。

总之,家庭、幼儿园、社会在学前儿童健康教育中各自发挥着不同的作用,幼儿园在组织开展健康教育的同时,一定要注意与家庭和社会密切配合,发挥三者的积极作用,相互协调、相互补充,避免三者中不利因素的影响,使家庭、幼儿园、社会健康教育一体化对健康教育产生协同效果。

### （六）多种方法相配合的原则

学前儿童注意力容易分散，思维以具体形象为主，对学前儿童进行健康教育时应该考虑儿童的年龄特点，教育的内容与形式不宜单调、枯燥，要以生动、形象、直观的教育为主，注重培养幼儿的兴趣和求知欲。健康教育的方法很多，单用任何一种方法不能使人的行为改变并产生持久的影响。因此，必须多种方法相互配合，才能起到良好的效果。比如，某幼儿园运用实验法对两盆米兰分别做了缺氧和供氧的实验后，才使幼儿真正体会到不要蒙头睡觉以及与大人分床睡觉的重要性。游戏是幼儿最喜欢的活动，学龄前期的健康教育与其他年龄阶段的健康教育在途径和方法上有不同之处，部分地体现在学龄前期可以通过游戏活动实施健康教育。游戏是符合儿童身心发展要求、快乐而自主的实践活动，是对学前儿童进行教育的主要方式之一，也是健康教育的一种重要活动方式。在设计健康教育活动时，教师应该根据健康教育的目标和内容结合儿童的思维特点和接受能力，设计生动有趣、形式多样的健康活动，吸引儿童主动参与，使儿童在游戏中自然地学到健康教育知识，培养健康情感，逐步形成健康的行为习惯，如通过“猫抓老鼠”游戏，使儿童在游戏中学会正确的爬的动作。在幼儿的健康教育中应将游戏作为一种重要的方法。只有多种方法配合使用，才能使学前儿童的健康教育卓有成效。

## 经典研究介绍1-1

### 幼儿骨头的组成与特点

一、骨的组成

人体骨骼系统由206块骨头连接而成，按部位可分为颅骨、躯干骨和四肢骨。

二、骨的生长发育方式

骨的生长发育有两种方式，即膜内成骨（如面颅骨）和软骨内成骨（如椎骨）。

三、骨的特点

1.骨组织的成分。儿童的骨组织中含有有机物和无机物，二者的比例约为一比一。容易因不正确的姿势或其他原因导致骨骼变形。

2.骨髓。骨髓是主要的造血器官。

3.颅骨。新生儿的颅骨骨化尚未完成，有些骨的边缘尚未彼此连接起来，有些地方仅以结缔组织膜相连。前囟，六个月以后逐渐固化变小，大多在十二个月到十八个月闭合。后囟，一般在出生后六周到八周闭合。囟门闭合过早可能是因为脑容量小，头小畸形。

4.脊柱。新生儿的脊柱仅骶骨有弯曲；出生三个月后的婴儿会抬头时，出现颈部的脊柱前凸，即颈曲；6个月以后的婴儿能坐时，出现胸部的脊柱后凸，即胸曲；1岁左右的小儿开始学习行走时，出现腰部的脊柱前凸，即腰曲。

5.腕骨。新生儿没有腕骨，仅有软骨，因此在学前期腕骨是首选的检测部位，即根据腕骨的多少来判断骨骼发育的年龄。

6.髋骨与骶骨、尾骨及韧带组成骨盆，髓骨也还不是一块整体，而是由髂骨、坐骨和耻骨借软骨连接而成，很不牢固，容易在外力作用下产生位移。

7.足骨足弓的作用在于缓冲行走时身体所产生的震荡，足弓还可以保护足底的血管和神经免受压迫。如果婴儿站立时间过长、过早下地行走，或学前期经常长时间走路、身体过于肥胖、运动时负重过大，都容易发生扁平足。

## 实训练习1-1

依据学前儿童体育健康领域的教育原则，设计健康领域的活动(包括活动目标、活动准备、活动过程、活动延伸等)，在小、中、大班自行选定适合各年龄段的活动。

# 第二节 学前儿童体育与健康领域的关键经验

## 一、学前儿童健康领域核心经验的价值

学前儿童健康领域核心经验的研究建立在国际目标、社会需求的基础上，旨在提升教师健康领域教学水平，落实《3-6岁儿童学习与发展指南》中的发展建议。主要体现在以下几个方面。

### （一）体现学前儿童健康的个体价值和社会价值

学前儿童健康的首要目标是儿童生存。首先，需要改善学前儿童的生存状况，这将有助于提高我国人均期望寿命，维护社会的稳定，促进社会的发展。学前儿童健康的主要目标是提高学前儿童健康水平，为全面发展奠定基础，这是由现阶段我国社会经济发展特征所决定的。学前阶段儿童身体和心理发育都很迅速，提高学前儿童身心健康水平，有助于为其他领域的学习与发展奠定基础，提升学前儿童的生存质量。经济学研究表明，当人均GDP水平超过5000美元时，人们对健康和精神的消费支出将有显著的提高。目前，我国大多省份都已经达到这一水平，健康成为人们日常生活的核心话题。人们对学前儿童健康的需求主要表现为：养育健康聪明的孩子，促进孩子的潜力发展。一些传统的健康概念也在发生变化，例如运动概念从过去的“辛苦”“古板”印象转变为今天的“时尚”“娱乐”。学前儿童健康直接关系到国家的未来，促进学前儿童健康是对提高劳动生产力的一种投资。学前儿童疾病和疾病后遗症会对其成年健康乃至后代产生不利影响，不健康的儿童今后很难成长为精力旺盛、富有创造能力的人才。童年期养成的不健康生活方式具有延续性，会给成年后的健康带来不利后果。学前儿童健康评估的结果表明，超重率和肥胖率的逐年上升速度已经超过生长发育迟缓率，成为全球范围内学前儿童营养的首要问题；久坐不动、体质下降现象普遍；由于直接的身体和感官体验缺失，儿童通过身体主动了解环境的机会，以及对于接受到的刺激进行加工的机会减少，感觉失调和行为异常的儿童显著增加（2010年世界卫生组织报告）。为此，各国纷纷出台涵盖家庭、学校和社会等的综合性政策，营造改善儿童健康的外部环境。2010年，美国启动全国性项目——让我们运动（Let's Move），旨在激励儿童参与运动、提高运动能力、改善下一代的健康状况。加拿大启动的全国性运

动——为了人生而运动(Canadian Sport for Life)项目,标志着加拿大运动政策的范式转向:一是从学校体育转向全社会,建立教育、娱乐、健康和运动的系统,倡导活力家庭、活力学校和活力社区,旨在增加儿童身体活动机会,包括校内、校外创造的机会;二是关注从出生到青春期的基本运动能力和基本体育能力发展的重要性,该项目的核心部分就是强调身体素质的锻炼。

学前儿童身心健康水平的提高体现了人类社会的进步。1989年,联合国大会通过的《儿童权利公约》中规定,儿童有权享有可达到的最高标准的健康,并享有医疗和康复设施;国家应努力确保没有任何儿童被剥夺获得这种保健服务的权利。2011年,国务院颁布了《中国儿童发展纲要(2011—2020)》,其中"儿童健康"领域包含了14个目标。2012年至今,我国颁布了多个加强儿童健康的政策,2012年教育部颁布《指南》,指出幼儿阶段是儿童身体发育和机能发展极为迅速的时期,也是形成安全感和乐观态度的重要阶段。2016年4月,国务院办公厅颁布《关于强化学校体育促进学生身心健康全面发展的意见》,从建设健康中国和人力资源强国的国家战略高度,定位学校体育的价值,具有历史性的意义。

### (二)扩充教师健康领域教学知识,落实《指南》的现实需要

《指南》的颁布在中国学前教育领域具有里程碑式的意义,原因在于它将对儿童不同领域的预期产出与儿童的年龄和发展阶段结合起来。这些建议将会对儿童的发展和学习起到更为积极的作用,构成儿童成长服务体系中一个全面而高质量的部分,终将有益于儿童的整个受教育经历和未来成就。《指南》本身并不能为儿童带来如此积极的影响,只有幼儿园教师在获得帮助并达到一定的能力要求后,帮助儿童逐步达到《指南》中界定的每一个指标,才能帮助儿童在今后的学习生活中受益。目前,教师在进一步贯彻落实《指南》的过程中却遭遇了一些困境,一方面《指南》提出了儿童学习与发展的五个领域,即健康、语言、社会、科学与艺术;另一方面,《指南》并没有提倡基于领域的教学实践,而是希望通过整合教育的方式实现儿童的全面发展。教师如何在不提倡领域教学的情况下去落实《指南》中各项领域的具体发展维度呢?教师培训者们又应当专注教师专业发展中的哪些问题呢?是关注培养教师各领域的教学内容知识,还是关注培养教师融合各领域的知识?解决了这些问题才能制定与《指南》配套的教师专业发展计划,而对这些问题的回答必须既有理论依据又要在实践中具有可操作性。基于学科教学知识(PCK)的理论构建,回答这些问题是非常容易的。PCK这一概念最早是由舒尔曼提出的。在舒尔曼看来,PCK是学科知识和教学法知识的特殊整合,有三个组成部分,即有关学科内容的知识,有关学习者的知识,有关教学过程的知识。他认

为,学科教学知识是教师特有的、影响教师专业成长的关键因素,也是教师之所以成为教师,而有别于其他专业人员之处。PCK提倡促进儿童的全面发展,并且是通过整合课程的方式和领域概念学习的方式实现这一目标。为了实施高质量的整合课程教学,教师也必须提升自己各个领域的PCK。当前,教师在贯彻落实《指南》的健康部分时遭遇的一些困境,与教师对学前儿童健康领域PCK知识掌握得不充分有着密切关系。下面以运动课程为例。

教什么——教育内容的知识。长期以来,人们对学前儿童运动课程主要关注的是呈现方式(教学材料、教学方法),而非“教什么”。教师对学前儿童运动所涉及的身体素质、基本动作与身体素质的关系等概念缺乏了解,通常在对这些概念掌握得不够严谨和缺乏关联性的情况下开展整合课程,因此容易沦为不同课程的简单相加,有形无神的现象多见。如何确保生活、游戏取向的运动活动对儿童体质、基本运动能力发展的积极意义?如何按照幼儿运动能力习得的内在规律编排运动课程的内容?如何使运动课程聚焦于将来的终身运动方式和运动技能的学习?教师在面对这些问题时往往存在困惑。

教谁——教育对象的知识。从PCK的视角来看,教师需要掌握三种类型的知识:儿童的学习轨迹,儿童在学习新概念时容易出错的地方,儿童的个体差异性。由于教师更关注教而非学,研究名师课程多,研究儿童案例少,教师容易理解的是儿童具体动作,缺乏关于学前儿童运动能力发展的规律和特点的相关知识,缺乏甚至忽视对儿童学习新运动技能时出错的原因进行分析研究,以及缺乏对个体差异性的理解,导致运动课程的实施效果不理想。

怎么教——教学策略知识。基本运动能力的发展需要不断尝试、适应。虽然老师们比较关注环境创设、器材提供、任务设定,较少关注儿童运动能力水平,但是缺乏在“教什么—教谁”的框架下识别、判断和调整“怎么教”,“怎么教”具有一定的随意性。教学观摩课上,名师大都选择多样化运动方式的教育策略,这容易给观摩教师造成一种假象:运动课程中的主要教学策略就是运用多样化运动方式,不需要进行示范、分解动作,也不需要给予儿童重复练习的时间和空间等。

实际上,学习新运动的能力需要经历功能性水平、表现性水平和社交性水平的发展,教师应该根据不同运动水平的发展特点,确定相适应的教育目标和指导策略(具体见第二章)。就学前阶段而言,不同动作并非都处于同一水平,多样化运动方式适合于走、跑、爬等处于表现性水平(多种身体运动表现)和社会性水平(合作竞赛水平)的动作,并不适合侧滚、旋转等处于功能性水平的动作;而示范、讲解、反复练习等方式更适合侧滚、旋转等处于功能性水平(从不会到会)的动作,而且是非常必要的。总之,只有教育者掌握了学前儿童基本运动发展的一般模式,才能将这一普遍规律用于识别学前儿童在一定任务、环境中的运动水平,才能判断、调整、制定出适当的教育策略。

由此可见,基于PCK的理论建构,提升教师对学前儿童健康领域核心经验的认识,将有助于提高教师在健康领域的专业发展,从而深入贯彻落实《指南》。为教师专业发展提供PCK支持的干预项目,能够有效地帮助幼儿园教师获得更多、更深刻的领域知识、儿童发展知识以及教学法知识,并且帮助教师提高在教学实践中综合运用这些知识的能力。

## 学习研究1-1

### 幼儿园各领域的核心经验和目标的区别

核心经验,是指对儿童理解和掌握某一学科领域知识和技能至关重要的概念或技能,用来帮助教师确立教学教育的目标和重点。

目标,是指在教学活动中要达到的预期目的,具有维系组织各个方面关系、构成系统组织方向核心的作用。

1.幼儿园领域分类

幼儿园的教育内容可以相对划分为健康、语言、社会、科学、艺术五个领域。

2.幼儿园领域目标要求

(1)健康目标

身体健康,在集体生活中情绪安定、愉快;生活卫生习惯良好,有基本的生活自理能力;知道必要的安全常识,学习保护自己;喜欢参加体育活动,动作协调、灵活。

(2)社会目标

能主动地参与各项活动,有自信心;乐意与人交往,学习互助、合作和分享,有同情心;理解并遵守日常生活中基本的社会行为规则;能努力做好力所能及的事,不怕困难,有初步的责任感;爱父母以及其他长辈、老师和同伴,爱集体、爱家乡、爱祖国。

(3)科学目标

对周围的事物、现象感兴趣,有好奇心和求知欲;能运用各种感官,动手动脑,研究问题;能用适当的方式表达、交流探索的过程和结果;能从生活和游戏中感受事物的数量关系并体验到数学的重要和趣味;爱护动植物,关心周围环境,亲近大自然,珍惜自然资源,有初步的环保意识。

(4)艺术目标

能初步感受并喜爱环境、生活和艺术中的美;喜欢参加艺术活动,并能大胆地表现自己的情感和体验;能用自己喜欢的方式进行艺术表现活动。

(5)语言目标

乐意与人交谈,讲话礼貌;注意倾听对方讲话,能理解日常用语;能清楚地说出自己想说的事;喜欢听故事、看图书;能听懂和会说普通话。

## 二、学前儿童健康领域核心经验的基本内容

发育良好的身体、愉快的情绪、强健的体质、协调的动作、良好的生活习惯和基本的生活能力是幼儿身心健康的重要标志,也是其他领域学习与发展的基础。

在幼儿学前阶段,教师应帮助他们学会健康的生活方式、促进他们精细动作以及手眼协调性等身体素质的发展。本书将围绕3-6岁儿童的健康领域核心经验(见表1-2)进行论述。有关这6个核心经验的简述如下。

表1-2　健康领域核心经验内容

| 维度 | 核心经验 |
| --- | --- |
| 运动 | 身体控制和平衡能力 |
| | 身体移动能力 |
| | 器械(具)操控能力 |
| 生活 | 生活自理能力 |
| | 安全与自我保护能力 |
| 心理健康 | 情绪管理能力 |

核心经验1:身体控制和平衡能力是维持身体姿势、运动的基本前提。人们通过控制身体姿势的感知(活动)调节以适应不同的任务和环境的要求。在完成身体移动和器械操控之前,首先需要发展身体控制和平衡能力。

核心经验2:身体移动能力指的是独立和安全地将自己从一处移动到另一处,是身体在空间上移动的技能。身体移动是一项基本运动技能,需要调整步态来避开障碍物并在必要时改变速度和方向。身体移动需要具备三个必要特征,即行进、姿势控制和适应。行进指的是朝着期望的方向运动,需要具有起始和终止运动的能力;姿势控

制指的是稳定性，即平衡，反映了在移动中建立与保持一个合适姿势的要求和移动身体时对动态稳定性的要求；适应指的是适应环境改变的能力，例如调适步态以避开障碍物或者不平的地面以及必要时改变速度和方向。

核心经验3：器械（具）操控能力是指个体用拍、投、抛、接、踢、击、顶、踩、踏等各种方式主动作用于各种目标物体，并有意识地使之在位置、方向、速度、状态等方面发生改变的过程。对器械（具）的操控发展了人类的头、眼、躯干以及上下肢活动的协调性、灵敏性和力量性。器械（具）操控能力的获得是以身体的基本运动能力（主要指力量性、灵敏性、柔韧性、平衡性、协调性等各类身体素质），以及眼睛的协调能力为基础的。

核心经验4：生活自理能力是指人们在日常生活中照料自己的行为能力，简单地说就是自我服务，自己照顾自己，是一个人应该具备的最基本的生活技能。学前儿童生活自理能力主要指日常生活自理能力，即掌握生活自理的技能，提高动手能力；感受自己的成长，树立自立意识；养成自己做事的好习惯，积累自理生活的经验。

核心经验5：安全和自我保护能力，简称自护能力，是指个体保护自己免受伤害的能力，包括生理上的伤害（如饥饿、寒冷、流血等）和心理上的伤害（如自卑、怯懦等）。自我保护能力是一个人在社会中保存个体生命的最基本能力之一，为了保证幼儿的身心健康和安全，使幼儿顺利成长，教育者应该加强对幼儿的自我保护教育，培养和提高幼儿的自我保护能力。

核心经验6：情绪管理能力，重点聚焦《指南》中指出的"情绪安定"、"保持愉快情绪"、"恰当表达"和"调节情绪"，对这些概念进行诠释，对幼儿的发展特点进行解析，对促进幼儿积极情绪的教育指导加以说明。

## 三、学前儿童健康领域核心经验的获得途径

### （一）将学前儿童健康领域核心经验整合于课程

幼儿园整合课程的实质是不同领域内容之间的整合，整合基础必须建立在不同学科（领域）内容之间具有内在联系和价值关联之上，并且将幼儿获得完整的知识、灵活运用知识和综合解决问题能力作为课程目标，作为幼儿园整合课程的基本条件，这也是用于分析判断健康与其他领域内容之间能否具有整合性的理论依据。

由于学前儿童健康教育与幼儿的生长发育、健康行为、生活方式有关，涉及范围广泛，通常比较容易与其他学习领域的重要概念相互连接、整合。例如，培养基本的生活自理能力和良好的生活卫生习惯将有助于儿童社会性的发展，此外还可以融入情绪管

理等心理健康教育。动作对儿童发展具有探索调节等多种功能，这些功能经常重叠在一起，在幼儿基本运动能力的发展中，幼儿的认知、创意、审美、语言表达等都能够得到发展。

### (二)生活活动

为了获得健康领域的关键经验，实现健康教育的各项目标，幼儿健康领域教育的任务主要有三个：一是丰富幼儿对健康的认识，如吃青菜身体好，偏食不利健康等；二是形成正确的健康态度，如对青菜等自己不喜欢吃的东西不反感；三是形成健康的行为，如爱吃青菜等自己过去不喜欢吃的东西，渐渐不再偏食。可以说，认识是基础，态度是关键，行为才是结果。幼儿健康领域教育不是让幼儿对健康侃侃而谈，实际生活却问题重重，而是将认识、态度转化为健康的行为，通过一系列健康的行为获得宝贵的健康。健康不是说出来的而是做出来的，行为的改变才是教育的终极目的。当幼儿在吃喝拉撒、衣食住行等方面表现出健康的行为时，这些行为就成了自觉自愿、自然而然的行为习惯，如爱喝水、爱运动、定时排便、早晚刷牙，等等，幼儿的健康才有了切实的保障。因此，幼儿园健康领域教育的重点是培养幼儿健康的行为习惯。行为习惯的养成不是一朝一夕或一次活动能够做到的，而需要在生活中日积月累慢慢实现。因此，幼儿的一日生活就是获得健康领域关键经验的重要途径。

**拓展阅读1-1**

**生活活动中获取关键经验的方法**

为了能够让幼儿在生活活动中获得关键经验，我们以中班“坐立走”姿势教育为例，说明生活教育的基本思路。中班是形成“坐立走”正确姿势的关键期，根据《指南》确立的关键经验就是在提醒下能保持正确的站、坐和行走姿势。怎么让幼儿获得“坐立走”的关键经验，形成正确“坐立走”的姿势呢？步骤如下：

1.确定“坐立走”的教育目标

日常生活中的教育目标也是不能忽视的，幼儿获得“坐立走”的关键经验，必须要达到这样几个目标：(1)认知：了解“坐立走”的正确姿势要领，懂得正确姿势的意义；(2)态度：愿意形成“坐立走”的正确姿势，为自己能够做到而感到喜悦骄傲；(3)行为：能够不断克服困难养成正确的“坐立走”姿势，并在日常生活中保持。

2.环境同化

环境创设：在卫生间、盥洗室和活动室张贴一些正确的“坐立走”姿势图片；布置两个红花栏，一个是进步红花栏，一个是标准姿势红花栏。让幼儿明白如果“坐立走”的姿势正确、美观可以得到红花。

氛围营造：教师努力营造积极向上、热情愉快的班级氛围。

榜样示范：教师自己要保持正确的姿势，激发幼儿的模仿行为。

3.清楚幼儿姿势形成的要点和难点

确定正确的“坐立走”姿势的动作要点，了解中班幼儿形成这些动作的难点。在生活中强化巩固幼儿的正确行为，以正面教育为主。

4.引发幼儿的主动行为

采用游戏化、生活化和操作化的方式引起幼儿的兴趣，让幼儿在故事和情境中初步掌握几种姿势的动作要点。

5.及时鼓励和反馈

鼓励幼儿将正确的姿势动作迁移到生活中，让他们对自己“坐立走”的姿势进行评价，感觉有进步就可以要求教师给自己一朵进步小红花。如感觉自己在坐的姿势上有进步，就可以要求教师给一朵坐的小红花。每天全班小朋友一起评价谁的姿势（分为坐、立、走三种姿势）标准，就给那个小朋友小红花，每周评出三个“坐立走”姿势最标准的宝贝。通过这样的红花教育既反馈幼儿的个体进步，进行纵向评价，也反馈幼儿的集体进步，进行横向评价，加强幼儿对标准姿势的模仿和学习，这种教育比较好地将他律和自律结合起来，防止为红花而红花的简单强化教育。为了激发幼儿的内在动机，除红花栏以外，也可以通过日常的具体评价给予幼儿及时有效的反馈，评价语言要少用“真棒”“真行”等空泛的语言，多用“你坐得很端正”“走得真有劲”“像解放军叔叔，进步很大啊！”等具体评价的语言。

6.经常给予关注和提醒

不轻易打破幼儿的行为习惯，当幼儿已经形成了“坐立走”的正确姿势后，就要经常观察，遇到有问题的幼儿要以正向教育的方式给予帮助，帮助幼儿形成习惯。之后，通过鼓励评价和正确姿势的环境营造，维持幼儿的习惯。

### （三）游戏活动

健康的幼儿爱游戏，游戏的幼儿较健康，两者是相辅相成的。当幼儿身体比较健康良好时，幼儿会通过积极的游戏活动认识世界，并在其中获得愉悦感和自主感，这种游戏的愉悦性与生命运动相一致。游戏之所以好玩，是因为其不确定性，游戏的不确定性与生命运动的偶然性和不确定性契合。可以说，人类的生产性活动满足生存的需要，游戏活动满足发展的需要，游戏是生命活动不可或缺的部分，它是生命运动的一种形式。在这种运动中，幼儿饶有兴趣地为各种游戏付出努力，如努力跳跃、积极学会穿衣服等，从而使其思维、想象、解决问题等能力处于最佳状态，进而在认知、态度和能力上获得理想的发展，所以，游戏中的学习往往是最有效的。在幼儿教育的各项活动中，无论是日常生活、集体教学还是区域活动，都需要根据幼儿的特点游戏化。教学活动游戏化的原理就是利用幼儿喜欢游戏的心理或“游戏性动机效应”来提高幼儿参与教师发起结构的非游戏活动的主动性和积极性。①

除了教学活动的游戏化以外，幼儿自己发起的非结构化的自发游戏也需要重视并积极支持。但是，幼儿的自发游戏往往被我们忽略，而教师所谓的游戏往往被幼儿这么评价：“老师，你的游戏啥时候结束啊？我们想玩自己的了。”所以，希望幼儿通过自发游戏来获得健康领域的关键经验必须要能够辨别幼儿的自发游戏并给予积极的支持和引导。

### （四）社会活动

获得健康领域关键经验的途径还有很多，如开展远足、郊游等活动获得动作、身体运动素质等关键经验；通过参观农贸市场、菜园、超市获得不偏食等营养方面的关键经验；通过小区中的真实情境表演获得不走失、不被骗等安全教育方面的关键经验。

## 本章小结

健康是身体、精神与社会的全部的美满状态，不仅是免病或非残弱。健康具有整体性、动态性、客观性、主观性和调适性。学前儿童健康是指学前儿童身体各个器官、各个组织发育正常，没有身体缺点，性格开朗，情绪乐观，对环境有较快的适应能力。学前儿童体育与健康教育既可以作为学习体育知识、运动技术、增强体质的课程，也可以作为健康教育、终身体育思想教育、道德品质教育、美育教育的载体，使德育、智育、体育、美育贯穿始终。学前儿童体育与健康领域的教育目标包括传授健康的基本知识，树立健康态度和信念，培养健康行为和习惯。学前儿童体育健康领域的教育原则包括科学性与实用性相结合原则，渗透融合性原则，生活性原则，循序渐进性原则，家庭与社会、托

①刘焱．儿童游戏理论[M]．北京：北京师范大学出版社．2004：467.

幼机构教育相结合的原则。学前儿童健康领域核心经验的基本内容包括运动、生活、心理健康三个维度。学前儿童健康领域核心经验的获得途径包括将学前儿童健康领域核心经验整合于课程、生活活动、游戏活动、社会活动之中。

## 思考与实训

1.何为学前儿童的健康教育?

2.健康的特性包括哪几个部分?

3.学前儿童体育与健康教育的价值是什么?

4.学前儿童体育与健康领域的教育目标是什么?

5.学前儿童体育与健康领域的教育原则是什么?

6.学前儿童健康领域核心经验的基本内容有哪些?

7.学前儿童健康领域核心经验的获得途径包括哪几个方面?

8.根据学前儿童身体发展特点及本章学习内容,为大、中、小班年龄段的儿童设计健康领域的活动方案,并尝试在幼儿园实施。

## 专题探讨

### 影响儿童的心理健康的因素有哪些?

《幼儿园教育指导纲要(试行)》中指出:“树立正确的健康观念,在重视幼儿身体健康的同时,要高度重视幼儿的心理健康。”所以对学前儿童进行健康教育时,既要重视身体健康,又要重视心理健康和良好的社会适应能力的培养。身体健康是心理健康的基础,心理健康是身体健康的必要条件。一个人只有身体、心理和社会适应等方面都健全,才是健康的人,只有身心健康的人才能适应复杂的环境变化。显然,学前儿童除了生理上的需要外,还有心理上的多层次需要。学前儿童在托幼园所期间,托幼园所必须加强对学前儿童的健康服务和保育,对其进行精心照顾和养育,培养学前儿童独立生活能力和自我保护能力,预防身心疾病的发生,同时,要关注幼儿的情绪和需要,促进其身心和谐健康发展。

想一想:影响儿童心理健康的因素有哪些?

# 第二章 学前儿童身体控制能力的教育

## 学习目标

● 了解学前儿童身体控制能力的概念。

● 理解学前儿童身体控制能力的发展特点。

● 掌握学前儿童身体控制能力的内容及各年龄阶段的目标。

● 理解学前儿童身体控制能力教育的途径和方法。

● 了解学前儿童身体控制能力教育应注意的问题，能进行学前儿童身体控制能力的活动设计及指导。

## 学习重难点

● 重点：理解学前儿童身体控制能力的发展特点，能进行学前儿童身体控制能力的活动设计及指导。

● 难点：掌握学前儿童身体控制能力的内容及各年龄阶段的目标。

## 案例破冰

**美美勇走独木桥**

户外活动时间，大班幼儿合作将两个轮胎和一架竹梯进行自行组建，组成一座“独木桥”。教师观察到许多小朋友都能在上面行进自如。轮到美美（化名）的时候，她小心翼翼地走上了竹梯，缓缓地俯下身子，双手紧紧地抓住竹梯的两边，慢慢地挪动着双脚。竹梯的高度不是特别高，但是由于轮胎的原因，幼儿踩上之后会有些许晃动。在行进过程中，当人失去平衡而发生倾斜时，人体会发生补偿动作,以恢复原来的平衡。由于学前儿童的头与躯干在该阶段的重量比其他身体部位相对重一些,身体的稳定度就较低,容易头重脚轻,容易摔跤。美美的平衡能力相对于其他幼儿较弱,有多次摔跤的经历。当美美在走这个自制的竹梯时会产生害怕的感觉,于是教师尝试降低任务的难度,在竹梯下多增加一个轮胎,以增加竹梯自身的稳定性。教师采用同伴鼓励与示范的方法,邀请美美的朋友走在她前面,美美的朋友激励美美:“美美,我们一起来玩走竹竿吧! 我来开路,你跟在我的后面!”美美在同伴的鼓励下,开始模仿同伴的动作,张开双臂慢慢地勇敢走过了“独木桥”。走“独木桥”这一活动,美美不仅仅发展了平衡能力,还在这个过程中逐步养成了勇敢坚毅、仔细谨慎、坚持到底等优秀的意志品质,形成良好的个性品质。身体控制能力在幼儿走“独木桥”之中发挥了关键作用,也是儿童健康学习与发展的关键经验之一。那么,我们该如何理解与认识儿童的身体控制能力,作为教师如何基于儿童的身体控制能力的目标及发展特点进行活动设计呢? 这就是本章节所需要进一步学习与探讨的内容。

# 第一节 学前儿童身体控制能力概述

身体控制能力和平衡能力是维持身体姿势和运动的基本前提。人们通过控制身体姿势和调节身体活动进行感知，以适应不同任务与多样化环境的要求。学前儿童发展身体控制能力和平衡能力，是其完成身体移动和器械操控的基础。

## 一、身体控制能力的内涵

人通过控制身体在空间的位置以达到稳定性和方向性的目的，这就称为身体控制。因此，身体控制分为方向性和稳定性两方面。

### （一）身体控制的方向性

在身体控制的方向性方面，可将身体控制分成垂直方向性身体控制和水平方向性身体控制两方面。当人在做出直立、行走、跳跃、旋转等动作时，则需要保持身体的垂直方向性；当人在做垫上翻滚、腾空翻等动作时，则需要保持身体的水平方向性。因受到地球引力的影响，人体大多数控制任务需要保持身体的垂直方向性。

### （二）身体控制的稳定性

身体控制的稳定性方面，主要指平衡方面。在医学领域内，平衡是人在安静站立、自主运动以及有外力作用时，能够自动地调节身体并把身体姿势稳定在一定范围内的一种能力（如图2-1）。有学者将平衡定义为：平衡是指身体所处的一种姿态以及在运动状态或受到外力作用的状态下，可以自动调节并维持姿势稳定的一种能力。[①]关于平衡的分类，德国学者齐默尔依据运动状态的变化和与客体关系的变化，将平衡分为静态平衡、动态平衡和客体平衡三种。静态平衡与支撑面有关，例如：平直站立时保持平衡。动态平衡包括在所有前进中保持身体的直立平衡。客体平衡主要是指保持（静止的或运动中的）物品的平衡。

①施雪琴.不同年龄段青少年静态平衡机能研究[D].南京：南京师范大学，2012.

图2-1　幼儿在铁桶上保持平衡并向前行走

在进行运动时，所有的身体姿态控制任务中都有方向性和稳定性的成分，不同任务和环境对身体控制的稳定性和方向性需求都有所不同。例如：站立任务，走、跑、跳任务和旋转任务，三者在身体姿势控制的方向性上任务一致，都需要身体保持垂直方向；翻滚任务和腾空翻任务，两者在身体姿势控制的水平性上任务一致。在稳定性任务成分上，站立对稳定性要求比较低，走、跑、跳任务对身体控制的稳定性要求更高，水平方向的旋转任务对稳定性的要求最高（见表2-1）。

表2-1　不同任务和环境对于身体控制的稳定性和方向性的需求

| 方向性 | 稳定性 | |
|---|---|---|
| | 要求高 | 要求低 |
| 垂直方向 | 走、跑、跳、旋转 | 站立 |
| 水平方向 | 翻滚 | 腾空翻 |

## 拓展阅读2-1

### 身体控制和平衡能力的影响因素

自20世纪80年代以来，系统论和动态系统理论等表明，身体控制和平衡源于复杂肌肉骨骼系统和神经系统的相互作用，受多个因素交互影响。Newell的动态系统模型（见图2-2）表明，身体控制和平衡能力受多个因素的影响，新动作行为的出现受到个体因素、环境因素和任务因素的影响。个体因素包括结构性因素(身高、体重等)和功能性因素(感觉、知觉)。环境因素包括个人身体环境因素(运动场地空间、地面条件、光线条件等)和社会环境因素(育儿方式、运动文化等)。任务因素指的是规则性因素(例如改变线路、队列、速度、障碍条件、操作要求等)和器材因素(例如器材的颜色、大小和形状等)。理解学前儿童身体控制和平衡能力的发展,不仅需要考虑动作者的个体因素,还需要同时考虑环境因素和任务因素。

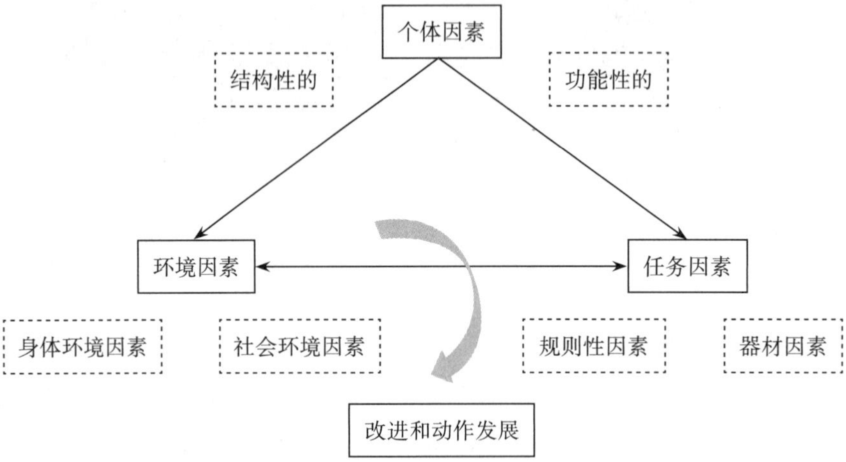


图2-2　Newell的动态系统模型

(资料来源:NEWELL K M. Motor skill acquisition[J]. Annu Revpsychol, 1991,42:213-237.)

## 二、学前儿童身体控制能力的发展特点

身体控制和平衡能力包含一系列具体的内容,有其发展的特点。理解学前儿童身体控制和平衡能力的发展特点,有助于判断学前儿童的发展状况,从而提供有效的支持和引导。

### (一)从头到脚的顺序

新生儿进入到重力世界后,必须使用身体去对抗重力才能够保持身体平衡,进而有效地移动身体,在此过程中幼儿需学习在变化的环境中做出合适的反应。经典运动学理论认为,即使文化和环境因素影响姿势控制的发展,但生物因素依然是最重要的

因素。因此,身体控制和平衡能力的发育过程是可以预测的,身体控制和平衡能力的发育标志被称为“运动发育里程碑”。身体控制能力的发展遵循头尾原则,即从头部开始,由上往下,最后至脚部,幼儿呈现出头重脚轻的外形。①按照时间先后的顺序,依次表现为头部控制、坐立、站立、行走。

**拓展阅读2-2**

**逐步发展的儿童身体控制能力②**

在多变的环境中及时有效地变化身体姿势,更好地控制身体,保持平衡,是培养运动、生活能力的重要目标。身体控制能力是逐步发展起来的,初入园幼儿的速度较慢,在无其他干扰(障碍、分散注意物)的情况下进行走、跑运动时,基本能保持身体的平衡。但是,刚入园的幼儿在快跑、转弯、急停、跳跃等身体运动的速度产生急剧变化时,或者地面不平、有障碍物时,常常会摔倒,不会根据环境的变化而调整身体姿势,常常会摔倒或者与其他人相撞,身体控制能力较弱。随着身体控制能力的提高,遇到地面不平、有障碍物等环境改变时,或者在运动任务改变时(例如快速完成快跑、转弯、急停等多个动作),幼儿也能够通过快速改变身体姿势,更好地控制身体,保持平衡。

### (二)先发展双侧运动,后发展单侧运动、交替运动

在进行非移动运动时,学前儿童身体控制能力的发展顺序,依次表现为:双侧运动、单侧运动到交替运动。按照身体控制能力发展由易到难的顺序,依次表现为双侧对称运动,例如摇、摆动、弯曲手臂;单侧运动,例如先摇一侧手臂,后摇另一侧手臂;交替运动,例如双臂前后交替地进行摆动。

### (三)由不稳定到较为稳定

幼儿的平衡能力随着年龄的发展逐渐地稳定。

小班:此时学前儿童已有一定的平衡能力,能比较平稳地完成走步、跑步和跳跃动作。但在快跑、转弯、急停、跳跃落地和在不平坦的场地上奔跑时容易失去平衡而摔倒,在稍高的平衡木或者摇晃器械上走动时害怕、紧张导致稳定性差。

---

①任绮,高立.学前儿童体育与健康[M].北京:清华大学出版社,2012:58.

②柳倩,周念丽,张晔.学前儿童健康学习与发展核心经验[M].南京:南京师范大学出版社,2016:39.

中班：此时学前儿童的平衡能力发展较快，经过学习能在平衡木上单脚站立、翻滚，但对于难度较高的动作平衡性不稳定。

大班：经过系统的学习，此时学前儿童的平衡性已较好，能学会对平衡力要求较高的动作，如进行骑自行车等运动时可以控制身体重心，防止摔倒。

## 经典研究介绍2-1

### 幼儿动作发展阶段的划分①

有人指出，在不同年龄阶段，动作会依据儿童的身体和智力渐进式发展（见表2-2）。0–1岁期间，初生儿处于反射性行为阶段，主要表现为吸吮、吞咽等动作。1–2岁的婴儿动作属于未发达的基础动作，所有动作为不完整的大肌肉动作。儿童初期（2–7岁），具有基础动作能力，能够做出稳定性动作技能和移动性动作技能，以及不成熟的操作性动作技能。因此，学前儿童动作发展大多处于基础动作能力阶段。

表2–2 年龄与动作发展阶段

| 动作发展阶段 | 对应时期 | 年龄 |
| --- | --- | --- |
| 反射性行为 | 初生儿 | 0–1岁 |
| 未发达的基础动作 | 婴儿 | 1–2岁 |
| 基础动作能力 | 儿童初期（幼儿） | 2–7岁 |

### （四）从保持单一身体姿态控制到完成变换身体姿势控制

学前儿童身体控制能力的发展，从保持单一的身体姿势控制逐渐过渡到可以适应环境变化的身体姿势控制。单一姿势控制指的是幼儿在完成坐、走、跑等单一动作时能够控制身体与保持平衡，要求环境条件不发生改变，例如平地上完成慢走、快跑、跳跃等单一动作。变化身体姿势控制指的是幼儿在完成连续多个的、一系列不同的动作时能够控制身体与保持平衡；当环境条件发生改变时，如从平地变换到草地、泥地等，幼儿能很快地改变原有的身体姿势，建立起新的身体控制，以适应新的环境，从而保持平衡。

①苑海燕.学前儿童健康教育与活动[M].北京：清华大学出版社，2020：77.

### 游戏设计2-1

**小飞机上蓝天(中班)**

**游戏目标**

练习听信号跑,发展动作的灵敏性,提高快速反应能力和平衡能力。

**游戏准备**

宽敞的场地。

**游戏玩法**

幼儿扮演小飞机,两臂侧平举,轻轻地跑到圆圈中间。游戏开始,幼儿听到教师发出的“起飞”信号后,开始四散跑。起飞时,幼儿踮脚跑;当听到“暴风雨”信号时,幼儿半蹲跑;当听到“龙卷风”信号时,幼儿原地转圈;当听到“降落”信号时,幼儿俯身慢跑,直至停止。游戏可反复进行。

**游戏规则**

必须根据信号做出相应的动作。

**游戏建议**

1.提醒幼儿四散跑时,注意安全,不要相互碰撞。

2.可以在场地内放置一些障碍物,让幼儿四散跑时注意躲避。

(资料来源:刘馨,张首文.幼儿园健康资源(体育活动)[M].北京:人民教育出版社,2018:87.)

## 三、学前儿童身体控制能力的主要内容及年龄阶段目标

许多国家将身体控制能力和平衡能力列为儿童运动领域的学习发展标准的内容之一。例如,澳大利亚的儿童学习标准中指出,滚、停止、弯曲、扭曲、跳落、拉伸、攀登、翻转等可以靠与一般精细动作结合的运动和平衡来达到越来越复杂的运动模式。《3-6岁儿童学习与发展指南》将具有一定的平衡能力,动作协调、灵敏作为动作发展的目标之一,并成为幼儿活动中的主要内容。

### 学习研究2-1

**学前儿童身体控制和平衡能力对于儿童有何特别价值?**

试想一下,如果我们失去了身体控制能力和平衡能力,会对我们生活与学习产生什么影响?想一想为什么学前儿童身体控制和平衡能力十分重要,身

体控制和平衡能力的发展对于运动和其他方面具有什么特别价值？请你尝试在小组内运用格鲁佩(Grupe)的“运动的四大意义维度”分析框架，分别从工具、感知体验、社会、个体四个角度来进行资料的收集，并尝试从这四个角度来回答学前儿童身体控制和平衡能力对儿童的价值。这样你应该会对该问题有一个全面与客观的认识。

（资料来源：柳倩，周念丽.学前儿童健康学习与发展核心经验[M].南京：南京师范大学出版社，2016：29-31.）

**1.学前阶段是身体控制和平衡能力学习与发展的重要阶段**

在生命的早期阶段，儿童发育形成了一系列基本的动作，包括爬行、独立行走、跑、攀爬、手眼协调和通过各种方式操纵物体。这些基本动作的出现需要建立在身体控制和发育的基础上，有学者将匍匐爬行、坐、四点爬行、扶物站立、独立站立和行走作为身体控制发育出现的运动功能标志。

**2.发展学前儿童的身体控制和平衡能力有助于提高他们的生活适应能力**

身体控制和平衡能力是一项最基本的运动能力。人在生活、学习、运动中需要不断改变身体姿势、体位，身体重心随着动作变化而改变，在这过程中身体需要保持平衡，才能在各种动作转换时不受外界干扰，完成各种动作。在运动方面，对所有功能性运动技能来说，保持姿势控制和平衡是必不可少的。平衡能力直接关系到人们各项活动能力，提高平衡能力就是提高人们适应生活的能力。平衡能力差的个体在进行各种活动时容易摔倒，直接影响到生活和安全。平衡能力通过训练可以不断增强，有训练和无训练的人保持平衡的能力差别很大。有目的地开展平衡练习提高平衡能力，就可以促进幼儿的体力发展，提高幼儿适应生活的能力，减少意外伤害的发生。例如，经常运动的孩子平衡能力强，即使被地上障碍物绊一下，马上就会恢复身体的平衡，不易被绊倒；而在同样情况下，平衡能力差的孩子就可能重重地摔倒在地上。

**3.身体控制和平衡能力的发展能促进幼儿感知觉系统和运动系统的发展**

发展身体控制和平衡能力有助于促进前庭器官的机能发育，促进本体感觉和运动系统的发展，改变中枢神经系统对肌肉组织的调控，促进所有感官的适应性反应，提高幼儿适应复杂环境的能力。①

**4.身体控制和平衡能力的发展有助于培养学前儿童坚强勇敢的品质，促进认知发展**

意志品质、心理因素与平衡能力密切相关。平衡练习有助于培养幼儿良好的心理

①刘馨.学前儿童体育[M].北京：北京师范大学出版社，1997：48.

品质，例如大胆、仔细谨慎、坚持到底等意志品质，形成良好的个性品质。身体控制和平衡能力与运动力学、空间概念、时间概念等有关，幼儿在发展身体控制和平衡能力时能感受结构、稳定度、上下左右等概念，能促进其认知的发展。①

### （一）《3-6岁儿童学习与发展指南》中儿童身体控制能力的主要内容

《3-6岁儿童学习与发展指南》中，从儿童动作发展的角度对促进儿童的健康设置了发展目标，重视幼儿的身体控制和动作发展。在《3-6岁儿童学习与发展指南》中，幼儿身体控制的主要内容包括：幼儿的坐、站、走、单脚跳、双脚跳、跨跳、躲避、钻、爬、悬空吊起等动作。

### （二）学前儿童身体控制能力的年龄阶段目标

掌握各个年龄段学前儿童身体控制能力的发展及目标，了解常见的幼儿身体控制与平衡能力的动作，有助于了解学前儿童身体控制能力和平衡能力所处的水平，从而有效地进行身体控制能力的活动设计与指导。

#### 1.《3-6岁儿童学习与发展指南》中身体控制的各年龄阶段目标

《3-6岁儿童学习与发展指南》中，对学前儿童的身体控制和平衡能力制定了可操作的、详细的各年龄阶段目标（见表2-3）。

表2-3　《3-6岁儿童学习与发展指南》中身体控制的年龄阶段目标②

| 3-4岁 | 4-5岁 | 5-6岁 |
|---|---|---|
| 1.在提醒下能自然坐直、站直。<br>2.能沿地面直线或在较窄的低矮物体上行走一段距离。<br>3.能双脚灵活交替上下楼梯。<br>4.能身体平稳地双脚连续向前跳。<br>5.分散跑时能躲避他人的碰撞。<br>6.能单脚连续向前跳2米左右。<br>7.能双手抓杠悬空吊起10秒左右。 | 1.在提醒下能保持正确的站、坐和行走姿势。<br>2.能在较窄的低矮物体上平稳地走一段距离。<br>3.能以匍匐、膝盖悬空等多种方式钻爬。<br>4.能助跑跨跳过一定距离，或助跑跨跳过一定高度的物体。<br>5.能与他人玩追逐、躲闪跑的游戏。<br>6.能双手抓杠悬空吊起15秒左右。 | 1.经常保持正确的站、坐和行走姿势。<br>2.能在斜坡、荡桥和有一定间隔的物体上较平稳地行走。<br>3.能以手脚并用的方式安全地攀爬攀登架、网等。<br>4.能躲避他人滚过来的球或扔过来的沙包。<br>5.能单脚连续向前跳8米左右。<br>6.能双手抓杠悬空吊起20秒左右。 |

根据《3-6岁儿童学习与发展指南》中身体控制能力的相关内容，可以发现以下三个特点：一是关注幼儿适应复杂环境的身体控制与平衡能力，提高幼儿在各种动作中的平衡能力；二是内容全面，涵盖了动态平衡、静态平衡和客体平衡三个维度，涵盖了

①刘馨.学前儿童体育[M].北京：北京师范大学出版社，1997：105.

②年龄段参考了《3-6岁儿童学习与发展指南》的划分，格式上未按国标处理，后同。

上支撑和下支撑平衡两个维度；三是提高幼儿心理负荷，培养勇敢与顽强的意志品质。

**2.学前儿童常见身体控制和平衡动作的发展目标**

以《3-6岁儿童学习与发展指南》为基础，根据常见的幼儿身体控制与平衡能力的动作，如窄道移动、旋转、闭目行走、悬垂这四部分，将学前儿童常见身体控制和平衡动作的发展分为三个阶段，并进行了进一步的梳理，如表2-4所示。

表2-4 学前儿童常见身体控制和平衡动作的发展①

| 动作 | 第一阶段(2-4岁) | 第二阶段(4-5岁) | 第三阶段(5-7岁) |
| --- | --- | --- | --- |
| 窄道移动 | 1.能够在宽25厘米的平行线中行走。<br>2.能够在15-20厘米的斜坡上走上、走下。<br>3.走时步幅小，摆腿低，单腿支撑时间短，上体直，眼往下方看，两臂自然摆臂或者侧举，并步走和两脚交替向前走。跑步时步幅小，频率快，支撑腿弯曲较大，上体较直。 | 1.能够在宽15-20厘米的平行线中间走。<br>2.能够在高20-30厘米，宽15-20厘米的平衡木上走。<br>3.头正、体直、立腰、身体不晃动、步伐均匀、手臂配合协调。 | 1.能够在间隔物体(砖、木板、硬纸等)上走。<br>2.能在离地面高30-40厘米的平衡木上变换手臂动作。如：叉腰、侧平举、前平举、上举向前走等。<br>3.走时步幅小，摆腿低，单腿支撑时间短，上体直，眼往前下看，两臂自然摆动或侧举，并步走和两脚交替向前走，精神不紧张，注意力集中，动作放松。跑时步幅小，频率快，支撑腿弯曲较大，上体较直。 |
| 旋转 | 1.双脚踏地旋转，原地踏步，边踏边转，上体正直，双脚为轴旋转。<br>2.右(左)脚向左(右)脚左侧边踏，着地后以两脚前脚掌为轴转动180度，上体要直，转动要快，双臂自然摆动。 | 1.能原地自转3圈不跌倒。<br>2.双脚踏前旋转，原地踏步，边踏边转，上体正直，双脚依次为轴旋转，右(左)脚向左(右)脚左侧踏，着地后双脚前掌为轴转动180度，然后左(右)脚从右(左)脚后向右(左)脚右侧踏，着地后两脚前掌为轴，转动180度，转动时上体要直，转动要快，双臂自然摆动。 | 能两臂侧平举、闭目、起脚自转5圈，不跌倒。 |
| 闭目行走 | 对准目标后闭目，身正、颈直、脚正、步小，向前朝目标走去。 | 能闭目向前走5-10步，不跌倒。 | 原地转圈后，闭目向前走5-10步，不跌倒。 |
| 悬垂 | 双手悬挂。 | 双手单杠向前移动。 | 双手双杠向前移动和杆上翻转。 |

①柳倩，周念丽，张晔.学前儿童健康学习与发展核心经验[M].南京：南京师范大学出版社，2016：37-38.

(1)窄道移动。

窄道移动可发展儿童的平衡能力,培养勇敢、自信、沉着的品质。教师的指导要点在于提醒幼儿的注意力集中在调节身体平衡上。幼儿走步时要步幅小,摆腿低,单腿支撑时间短,上体直,眼看前面道路,两臂自然摆动或侧举,可两脚交替向前走或并步走。跑步时步幅要小,频率要快,支撑腿弯曲较大,上体较直。

(2)旋转。

旋转的作用在于让儿童掌握旋转技能,增强前庭器官的机能,提高平衡能力。旋转的动作要点:双脚踏步旋转,边踏步边转,上体正直,颈直头正。以单双脚为轴旋转,以前脚掌为轴旋转,脚跟提起;脚腕用力挺直,上体正直,头正,以髋、腰转动带动上体,双臂自然摆动帮助身体转动。跳转,双脚离地,向上跳起,以腰带动上体转动,颈直头正,落地稍屈腿保持平衡。

(3)闭目行走。

闭目行走可发展幼儿的方位觉、体位觉、幅度觉、平衡觉和听觉,提高平衡能力。闭目行走的动作要点:闭目摸固定目标时,先对正目标后闭目,记住目标方位,走时身正、颈直、脚正,向前移动步幅小,注意肌肉感觉,调整走动方向。捕捉移动目标时要根据声音正确判断目标方位,迅速向目标移动。闭目行走适合中班以上学前儿童练习,练习的距离不宜超过5米。

(4)悬垂。

悬垂有助于发展幼儿上肢力量和腰、腹力量,发展幼儿力量、平衡、柔韧、协调等身体素质,有助于磨炼意志力。

此外,跳跃也是常见的幼儿身体控制与平衡能力的动作,学前儿童各年龄段拥有不一样的跳跃动作的关键经验(见表2-5)。

表2-5　跳跃动作的关键经验[①]

| 年龄阶段 | 关键经验 |
|---|---|
| 3-4岁 | 1.起跳动作的蹬伸意识较差,蹬地力量弱,摆臂和蹬地动作脱节。<br>2.落地的缓冲意识差,往往出现落地不稳等情况。<br>3.跳跃的距离近,在该年龄阶段主要是进行双脚连续跳跃练习。 |

①叶平枝.幼儿园健康领域教育精要:关键经验与活动指导[M].北京:教育科学出版社,2015:136.

续表

| 年龄阶段 | 关键经验 |
|---|---|
| 4–5岁 | 1.该年龄阶段幼儿跳跃的距离较远，进步较快。<br>2.能熟练地掌握徒手或者持轻器械(具)的单双脚跳，而且跳跃动作基本合理和协调。 |
| 5–6岁 | 1.跳跃动作合理、协调，起跳时摆臂和蹬腿动作配合协调，而且在跳跃时节奏稳定，落地能屈膝缓冲，能保持好身体的平衡。<br>2.该年龄阶段幼儿能掌握多种跳跃的方法，可以完成跳圈、跳皮筋、跳绳、助跑跨跳等复杂的跳跃动作。 |

## 拓展阅读2-3

### 4岁前后是发展身体控制和平衡能力的关键期

1998—2010年，国家体育总局等10部门联合在全国31个省(区、市)进行的4次3–6岁幼儿体质监测，数据表明，我国幼儿的身体控制和平衡能力在4岁前后处于快速增长阶段，在5–6岁前后处于缓慢增长阶段。郭淑伟、柳倩等人研究发现，动态平衡和静态平衡能力的快速增长期出现在4–5岁。动态系统理论提出者Newell认为，3岁儿童的静态直立平衡能力较弱，5岁时显著增强。上述研究表明，学前阶段是身体控制和平衡能力快速增长的阶段，4岁前后是发展的关键期。

(资料来源：柳倩，周念丽，张晔.学前儿童健康学习与发展核心经验[M].南京：南京师范大学出版社，2016：35.)

# 第二节　学前儿童身体控制能力的活动设计与指导

学前儿童身体控制与平衡能力是在各种体育活动中锻炼出来的。通过拓展教育任务的多样性和层次性，提供多样化的环境和运动设备，并与其他领域进行整合和延伸学习来发展身体控制和平衡能力。也可以通过专门的身体控制和平衡活动来发展平衡能力，针对旋转类、翻转类以及平衡类活动进行设计，并依据儿童身体控制的发展水平或平衡动作的要领来进行活动指导。在进行身体控制能力教育的过程中，需要注意调节儿童的心理负荷，对动作进行分解，由易到难地进行动作难度的设计。教师不仅要注重发展力量、灵敏等身体素质，还要注重发展幼儿勇敢、沉着等心理素质。

## 一、学前儿童身体控制能力教育的途径和方法

学前儿童身体控制能力教育，可以通过拓展教育任务的多样性和层次性，提供多样化环境和运动设备，以及与其他领域整合与延伸学习，来更好地促进幼儿身体控制能力的发展。

### （一）拓展教育任务的多样性和层次性

平衡活动要遵循循序渐进的原则。教育者根据不同身体控制运动中肌肉、关节的参与情况，按照运动水平的难易程度进行分级，并根据儿童运动水平确定教育任务，选择合适的练习目标、练习形式，使所学动作有效作用于儿童的最近发展区。一旦儿童能够独立完成任务，教师就可以变换练习形式或者选择高一级别的动作，让幼儿在学习中逐渐提高运动技能，体验成功的喜悦。

#### 1.教育任务的多样性

通过调节教育任务的多样性，采用平衡游戏的方式激发幼儿的运动兴趣。平衡活动不宜采用简单枯燥的练习方法。在《指南》中针对“具有一定的平衡能力，动作协调、灵敏”的目标，提出了相应的教育建议：利用多种活动发展身体平衡和协调能力。如：走平衡木，或沿着地面直线、田埂行走；玩跳房子、踢毽子、蒙眼走路、踩小高跷等游戏活动。

除此之外，教师还可以采用以下的方式来指导幼儿，增加教育任务的多样性。幼儿可以模仿物体练习不同的身体姿势，如尝试用金鸡独立练习足尖站立，同时另一条

腿抬离地面，看能坚持多久；像芭蕾演员一样跟着音乐踮脚走；尝试在保持平衡时将双手插在裤兜里或双臂伸展于身体两侧，感受哪种姿势更有利于保持平衡；感受平或斜、明或暗、爬或滑行带来的不同的视觉和触觉体验。

**2.教育任务的层次性**

这里的层次性是指可通过调节教育任务的层次性，扩展幼儿身体控制的运动经验，提升运动能力。教师可以有层次地变换任务和延长身体姿势控制任务的时间，例如从双手单杠到双手单杠向前移动、双手双杠向前移动和杠上翻转等，悬垂时间从10秒逐渐增加到20秒左右。

### （二）提供多样化的环境和运动设备

在学前阶段，运动刺激的数量比质量更为重要，多样化的环境和运动设备有助于幼儿感知完成动作时的身体意向和身体位置。[①]多样化与有挑战的环境，能够吸引幼儿进行充分的练习。增加环境与运动设备的层次性和挑战性，可以让幼儿的运动方式更加多元。

**1.环境和运动设备的多样性**

要充分利用现有的环境和条件做平衡活动。利用地板、草地、泥地、沙地，雪和冰等开展平衡活动，选择适合学前儿童练习身体控制和平衡的运动设备。例如，用于翻滚的活动坡道，或者有定斜面的草地（如图2-3），或者垫子，或用于练习平衡稳定性的攀爬架（如图2-4）、平衡木、跷跷板、滑梯（如图2-5）、高跷、木桩、扁担、绳，以及固定在地上的长条胶带，用于跳的羊角球、绳子、梯子（如图2-6），用于推拉的玩具（车、轮胎、纸箱等），用于滚动的玩具（轮胎、铁环等），用于旋转或者摇摆的玩具（秋千、轮胎、转椅等）（如图2-7），用于练习在器械上平衡的带轮子的玩具（脚踏车、轮滑、滑板等）（如图2-8），用于练习悬垂的悬垂杠（单杠、双杠等）；也可以在台阶上放上木板或垫子，在地面放窄条或者画窄道，在平放的方木条上做平衡活动，沿着花坛边沿走，走线等。身体控制和平衡对幼儿注意力要求比较高，重点在身体控制练习。在没有身体位移的情况下也可以进行身体控制练习，很适合作为室内运动开展，例如原地儿童操、垫上运动等。

**2.环境和运动设备的层次性**

层次性指的是环境的难度，包括不同难度的场地和运动设备。有层次性的环境设计重点如下。可以增加繁杂度，如场地连接高低平台、不同滑梯和攀爬器具等多种游

---

①许崇高.儿童动作协调发展问题研究的理论进展[J].西安体育学院学报.1999:31-34.

图2-3　有定斜面的草地

图2-4　攀爬架

图2-5　滑梯

图2-6　各种长度和宽度的梯子

图2-7　轮胎、木头和平衡桥

图2-8　脚踏车和木马

戏设备或器材(如图2-9);滑梯由直线、曲线到回转;滑梯滑道由短到长;滑梯滑道由平缓到较陡;攀爬网斜度由小到大乃至垂直;攀爬网由网状(如图2-10)、梯状到单绳(如图2-11);攀爬网由低到高;梅花桩由低到高或者逐渐加大间距;独木桥由粗到细,或者桥下坑洞加深,或者加水等。还可以通过变化器材增加层次性,如上下器材,可用楼梯、滑梯、网绳等来互换。还可以变化支撑面,支撑面由大到小、由低到高、由固定到活动、由连续到间隔,逐渐增加难度和挑战。

图2-9 综合攀爬架

图2-10 网状攀爬架

图2-11 幼儿在尝试单绳攀爬架

### 3.环境和运动设备的眩晕性

眩晕是幼儿运动游戏从“功能性水平”发展到“表现性水平”中的必要元素[1]。摇荡、身在高处、身处斜坡、在通道中等均有可能让幼儿感到眩晕。为了让幼儿感受到眩晕,教师可以提供秋千、摇椅、吊桥等摇晃或者颠簸的动态游戏器材;可以提供滑梯、平台、攀爬架(如图2-12)、独木桥等较高或者斜的静态游戏器材;可以提供隧道、迷宫等较暗或者曲折的场地。眩晕性是一种“小危险的尝试”与“安全的刺激”的体验,有助于幼儿发展平衡能力,增加柔韧性和持久力,增强自信心。

①仙田满.儿童游戏环境设计[M].侯锦雄,林钰专,译.台北:田园城市文化事业有限公司,1996.

图2-12　空中攀爬架

### （三）与其他领域的整合和延伸学习

幼儿的发展与学习是整体的，《3-6岁儿童学习与发展指南》强调要关注幼儿学习与发展的整体性。儿童的发展是一个整体，因此学前儿童身体控制能力的教育，要注重各个领域之间相互渗透和整合，由此促进幼儿身心全面协调发展。

在艺术领域，使用不同的自然材料、线条和积木，构建锻炼身体姿势和平衡的运动场地，如使用轮胎和竹竿组合而成"独木桥"；在保持身体平衡时，使用节奏缓慢可以控制的音乐，让幼儿在运动后讨论在运动过程中所听到的音乐；欣赏一部包含有身体平衡动作的戏剧，并让幼儿对该动作进行表演或模仿。

在数学领域，进行平衡身体游戏时数数，如从1数到10或者20，或者使用沙漏计时，感知时间概念；了解在完成不同平衡姿势时身体的支撑点，例如使2只手和1只脚都紧贴地面，感受身体的感觉。

在科学领域，尝试将不同的材料放在身体的不同部位保持平衡；在平衡过程中发展身体和空间认知能力，根据动物身体平衡方式进行分类（用1条腿、2条腿、3条腿保持平衡的动物）；知道身体庞大的动物和身体较小的动物是如何保持身体平衡的；寻找生活环境中的平衡现象，例如天平、跷跷板等。

在语言领域，倾听和讨论与身体控制和平衡有关的故事；理解和使用新的有关平衡的词汇。

在社会领域，讨论不同的平衡类型；知道如何与他人合作完成身体平衡。例如：两个人体重不一样时，如何能使跷跷板平衡；知道如何做到不摔倒；在完成身体控制和平衡挑战时发展勇敢、自信、沉着等心理素质，做到登高不惧怕、摇晃不慌乱、颠簸不头晕等。

**实训练习 2-1**

以小组合作的形式，尝试将学前儿童身体控制能力教育与其他领域的内容相融合，在五个领域中选取一个领域进行集体教学活动的设计并撰写活动设计方案（主要包括活动目标、活动重难点、活动过程、活动延伸等内容）。

## 二、学前儿童身体控制能力的活动设计与指导

关于学前儿童身体控制能力的活动设计与指导，可围绕旋转类、滚翻类、平衡类运动对活动内容进行选择，并依据儿童身体控制发展水平进行指导。在平衡运动的开展方面，可运用多种平衡动作并根据其动作的要领，对幼儿平衡活动的动作进行指导，以促进幼儿平衡能力的提升。

### （一）平衡动作的开展及指导要点

身体控制的稳定性即平衡能力，是幼儿身体控制的重要组成部分，锻炼幼儿平衡能力很有必要。根据动作的动、静状态来划分，学前儿童的身体控制和平衡能力的内容主要包括：动态平衡、静态平衡两部分。幼儿通过练习动态平衡和静态平衡的动作任务，能促进身体控制能力及平衡能力的发展。平衡练习要以动态平衡练习为主，静态练习为辅，而且静态练习的时间不宜过长。因为，静态平衡练习容易导致肌肉损伤和血液流动不畅。因此，儿童的身体平衡能力活动最好以动态平衡与静态平衡练习相结合，快与慢相结合，用力和放松相结合来展开。

#### 1. 动态平衡

动态平衡运动的主要内容包括：窄道移动、缩小自身支撑面的行走、旋转、在晃动或活动性的器材上保持身体平衡、闭目行走、让器材在身体上保持平衡、侧滚和侧翻滚、跳跃中保持平衡等任务。可通过完成以上的内容来锻炼幼儿的动态平衡能力。

（1）窄道移动。

关于环境创设可分为两方面。一是教师可以根据宽度、高低、平面或者斜面、直线或者曲线、有无障碍物、障碍物的物理性质（硬或软）等创设不同的运动环境，让幼儿练习在完成站、走、跑、转身钻或者跳等不同动作时保持身体平衡。二是教师可以提供材料让幼儿自主构建平衡运动场，再进行探索练习。这是发展幼儿平衡能力的基本内容，可以作为低结构身体控制和平衡课程内容，让幼儿自主探索练习。

关于练习内容分为两方面（见表 2-6）。一是可以让幼儿练习连续迈过（跨过）低

障碍物(障碍物高度为10-30厘米),用走步或者跨、跳踏过间隔的脚踏物,这些练习可以较好地发展幼儿的平衡能力,并提高动作的准确性和弹跳力。二是可以通过走木桩(如图2-13)、走轮胎、走平铺的梯子(如图2-14)、走水中的脚踏石等支撑物来增加难度和提高幼儿兴趣。让幼儿在行走中能够感受站立的位置和行走中脚步的转换,保持步伐稳健,有助于幼儿将注意力集中在整个身体的运动上。

图2-13　木桩

图2-14　幼儿在走梯子和轮胎搭建的窄道

表2-6　不同年龄段窄道移动练习内容①

| 小班 | 中班 | 大班 |
| --- | --- | --- |
| 在地面上画宽15-20厘米的窄道,从中间走过,要求不要踩线。 | 在平衡木(高30-40厘米,宽10-15厘米)上走,可跨过1-2个约15厘米高的障碍物。 | 跑过高30-40厘米、宽15-20厘米、长200厘米的平衡木。 |
| 在铺在地面上的砖(纵向放)上走。 | 在斜放的平衡木(斜坡度为15°-30°)或者平放的圆木上行走。 | 在斜坡的平衡木(坡度为15°-30°)或者平放的圆木上跑。 |
| 在由石块组成的路上走,石块直径20-25厘米,间距30-40厘米。 | 在由石块组成的路上走,石块直径20-30厘米,间距45-70厘米。 | 在由石块组成的路上走,石块直径16-25厘米,间距70-90厘米。 |

## 活动设计2-1

### 修桥(大班)

**活动目标**

1.能在各种材料建构成的障碍物上行走,练习手眼协调和平衡能力。

2.努力尝试多种保持平衡的方法,培养创新意识。

①柳倩,周念丽,张晔.学前儿童健康学习与发展核心经验[M].南京:南京师范大学出版社,2016:56.

**活动材料**

变形平衡木、大块积木、弧形塑胶板、沙包、硬纸板、雪花片。

**活动过程**

1.活动导入

(1)以游戏“风和小树”做活动腰部、颈部及手部肌肉的准备动作,同时激发幼儿的活动兴趣。

(2)教师:“昨天晚上的一场大雨把小河上的桥冲走了,小动物们不能到河对面去找食物了。请你们帮它们想个办法,可以顺利到达河的对面。”

2.活动开展

(1)让幼儿利用已有的材料(平衡木、积木、塑胶板)建构不同的桥,并分别上去走一走。提醒幼儿小心。

(2)教师请幼儿讲讲每座桥的不同之处,请几名幼儿示范,说说自己是怎样做到又快又稳的。

(3)幼儿自由练习,体验在不同障碍物上行走的难易度,发展手眼协调能力。

(4)教师:“小动物们得到你们的帮助,又能吃到食物了,为了表示感谢,送来了好多吃的,咱们一起去运回来,好吗?”

(5)引导幼儿用各种方法把食物(沙包、硬纸板、雪花片)运回来,鼓励幼儿尝试用身体的各个部位运食物。提醒幼儿注意安全。

3.活动结束

(1)总结性评价:对愿意帮助别人、动脑筋想办法的幼儿给予表扬和肯定。

(2)一起做放松运动:做甩手、扭腰、晃头、捶腿等动作。

(3)鼓励幼儿和老师一起收拾材料后回班。

(资料来源:刘馨.幼儿体育活动设计与指导[M].北京:北京师范大学出版社,2004:62-63.)

(2)缩小自身支撑面的行走。

缩小自身支撑面的行走方式,通过前脚掌走、脚尖走、脚跟着地走、踩高跷走(如图2-15)、单脚蹬滑轮等方式,缩小自身支撑面。同时上肢可固定在不同部位如双手撑腰,以及做各种模仿或舞蹈动作,发展身体姿势控制能力,增强下肢支撑力量。“跳芭蕾舞”是一种常见的走类游戏,幼儿听着舞曲随音乐节拍做前脚掌走并可做各种舞蹈动作,将运动、音乐创新和表演观察活动融于一体。

图2-15　幼儿正在使用竹子进行踩高跷活动

(3)旋转。

旋转练习有助于提高幼儿的前庭功能和平衡能力。任何一种旋转动作都由准备动作、旋转用力、旋转姿势和结束动作四个步骤组成。旋转动作在3-6岁处于功能性水平,适合在教师主导下进行练习,可以通过集体教育活动开展。教学方法以直接法为主,教师示范讲解后,幼儿进行模仿练习。大多数幼儿习惯于向左的逆时针方向旋转,少数幼儿能较好地掌握顺时针、逆时针两个方向旋转。

旋转时的动作要求如下:上体直、头正、两臂自然伸开,幼儿也可以双臂叉腰或上举,这样有助于身体维持平衡。单脚旋转时,被当作转动轴的脚稍踮起,重心落到该脚上,用另一腿摆动旋转。幼儿旋转时容易出现以下问题:一是在运动结果上表现为旋转幅度小、旋转速度慢;二是运动过后重心偏离轴心脚,上体歪斜晃动。教师指导旋转动作的要点:在旋转前将身体重心落于轴心脚上,旋转时保持清醒、体直、头正,也可以先牵着幼儿的手旋转。

## 游戏设计2-2

### 迷迷转(中班)

**游戏目标**

练习原地转圈的动作,锻炼前庭器官功能,发展平衡能力。

**游戏准备**

平坦的场地。

**游戏玩法**

幼儿两臂侧平举，在原地转圈，边转边唱儿歌："迷迷转，迷迷转，大风吹来，快快站。"当说到"站"字时，幼儿马上停止旋转。每回最多转3圈，以防幼儿头晕跌倒。

**游戏规则**

儿歌唱完后，立刻停止旋转。

**游戏建议**

1.幼儿之间需要保持安全距离，避免相撞。

2.游戏尽量在草地或者铺了塑胶、垫子等有弹性的场地进行。

3.随着幼儿对游戏的熟悉程度增加，可以适当提高旋转的速度以及增加圈数，但不能太多。

（资料来源：刘馨，张首文.幼儿园健康资源(体育活动)[M].北京：人民教育出版社，2018:86-87.）

（4）在晃动或活动性的器材上保持身体平衡。

秋千（如图2-16）、摇椅（如图2-17）、吊桥、旋转木马和跷跷板（如图2-18）等摇晃或者颠簸的动态游戏器材能刺激幼儿的前庭功能，促进幼儿平衡能力发展。幼儿在跷跷板运动中不仅能够感受跷跷板运动的规律，而且能够感知跷跷板向上的摇摆力和向下的地球引力在摆动过程中不断变化，从而感知到自己的重力、地球的引力以及与引力相反的把他向上抬的力量。

图2-16　秋千

图2-17　摇椅

图2-18　跷跷板

## 知识链接2-1

### 学前儿童不宜玩碰碰车和滑板车

学前儿童不宜玩碰碰车和滑板车，因为他们的肌肉、韧带、骨质等均未发育成熟，非常脆弱，在玩碰碰车时产生的强烈震动容易造成学前儿童扭伤和碰伤。学前儿童的身体正处于发育的关键期，长期玩滑板车会使腿部肌肉过分发达，影响身体的形体和身高。此外，玩滑板车时腰部、膝盖、脚踝承受身体重量过大，支撑部位的关节容易受伤。

(5)闭目行走。

闭目行走有助于锻炼幼儿的前庭系统。闭目行走适合通过集体活动来开展，适合4岁以上孩子练习，且幼儿离目标的距离应该先近后远，不超过5米。

在闭目移动中，移动动作、移动目标和达到目标后的活动是教师进行多方面变化的要素。闭目行走可以考虑从以下几个方面进行设计：移动前，可先看好目标后再闭目移动，也可以先闭目靠听觉确定目标后再移动，还可以在看好目标后转动一圈再走向目标，转动的方法和幅度都可变化；移动动作可以采用走、跑、爬、跳，还可以拍球走、滚圈走等；移动目标可以是固定的，也可以是移动的，可以去触摸或捕捉目标，也可以去拍球等。

闭目行走的指导要点为：幼儿睁眼对正目标后头摆正、身体站好，然后闭目、头颈直，小步向目标走去。当幼儿在练习闭目行走却走偏时，教师可以用拍手等信号或者口头进行提示。

(6)让器材在身体上保持平衡。

让器材在身体上保持平衡适合在幼儿自主探索过程中进行。幼儿可以把一个水瓶盖或其他物件顶在头上或者放在指尖上,或者把气球放在身体的某个部位,保持不掉下来;把沙包放在身体的某个部位,在爬行、走跑中保持不掉下来。

### 游戏设计2-3

**小杂技演员(大班)**

**游戏目标**

练习头顶小沙袋向前走,发展动作的协调性,提高平衡能力。

**游戏准备**

小沙袋若干;设置两条起点线,并画两条长6米、宽15厘米的窄道。

**游戏玩法**

幼儿分成人数相等的两个队。每队再分成甲、乙两组,分别面对面站在起点线后。

游戏开始,教师说:"小朋友,今天我们扮演杂技演员,头顶小沙袋在窄道中间向前走,走时身体要直,眼睛向前看,看谁走得好。"教师发出信号后,两队甲组的排头幼儿,头顶小沙袋在窄道上向前走去,走到对面把小沙袋交给乙组的排头幼儿,然后排在乙组的队尾,乙组排头幼儿头顶沙包再走向甲组。如此依次迎面接力,直至走完。以走得稳走得快的队为胜。

**游戏规则**

1.在窄道中间走时不得踩线,踩线者要退到踩线处再往前走。

2.走时不能用手扶头顶的小沙袋,如沙袋掉下,要立刻捡起放在头顶上,再向前走。

3.接力的幼儿要接过小沙袋顶在头上,才可开始向前走。

**游戏建议**

1.也可手持有乒乓球的小匙走或用乒乓球拍托球走。

2.可在幼儿园场地的一角画两条窄平行线,让幼儿在户外活动时自由练习。

(7)侧滚和侧翻滚。

滚动练习有助于发展前庭功能,提高柔韧性和腰腹肌力量。滚动分成左右滚动、侧滚翻、前滚翻等,学前儿童经常练习的是左右滚动和侧滚翻。3-6岁儿童的滚动和侧滚翻属于功能性水平,适合在教师主导下进行,可以通过集体教育活动开展。

滚动的动作要求如下:幼儿身体伸直平卧垫上,两臂交叉放于胸前或者两臂伸直放于体侧。幼儿在滚动和侧滚翻中容易出现两个问题:一是身体滚动不起来或者滚动速度慢;二是身体姿势滚歪。原因往往在于缺乏腰腹肌力量或者上下肢滚动速度不一致,下肢动作发展早于上肢动作。翻滚动作的教师指导要点:针对滚动不起来的幼儿,可推其肩、髋帮助滚动,也可以提供坡度较小的斜面让幼儿感受身体滚动;针对滚歪的幼儿,教师可以在旁边给予帮助,同时防止其滚到垫子外碰伤。滚动和侧翻滚练习中容易发生颈部和肩部伤害,教师应该在热身环节加强幼儿颈部和肩部的热身运动,同时在运动中加强保护,也提醒幼儿进行自我保护。

(8)跳跃中保持平衡。

跳跃需要身体腾空、落地保持平衡,这是学前儿童发展身体控制能力的主要内容。跳跃动作要经历准备阶段、起跳阶段、腾空阶段和落地阶段,有多种跳跃动作的变化(见表2-7)。学习跳跃动作需要一个循序渐进的过程。例如,在幼儿开始学习单脚跳之前,他必须能够做到靠一只脚保持身体的平衡。一旦幼儿能够保持单脚站立的平衡,他就能通过依靠一个支撑物或者慢慢地不依靠支撑物,来进一步完成单脚跳这项技能。①

表2-7　跳跃动作的变化②

| | | |
|---|---|---|
| **准备动作的变化** | 原地 | 站立、跪立、蹲立等多种变化。 |
| | 助跑 | 直线、曲线。 |
| **起跳动作的变化** | 起跳腿的变化 | 双脚起跳和单脚起跳。 |
| | 摆动腿的变化 | 可自然前摆、侧摆、后摆、由内向外摆、由外向内摆;在舞动和律动中摆动腿的变化更为丰富。 |
| | 起跳时手臂的变化 | 徒手和持器械的、支撑和无支撑的、定位和摆动的。 |
| **跳跃方向的变化** | 向前跳、向上跳、向下跳、向侧跳、旋转跳、绕圈跳。 | |
| **腾空动作的变化** | 空中可以自然做“飞行”动作,也可塑造形象,越过障碍,障碍可以是绳、竿、圈或人等,投物、接物和击物,还可做各种舞蹈和模仿动作。 | |

①A.维旎·科尔文,南希·J.埃格纳·马科斯,帕梅拉·J.沃克.儿童基本运动技能教学指导:第3版[M].吴东,李红光,译.北京:人民邮电出版,2020:15.

②黄世勋.幼儿健康教育[M].北京:中国劳动社会保障出版社,1999:213.

续表

<table>
<tr><td rowspan="2">落地动作的变化</td><td>单脚</td><td rowspan="2">两种落地都有落地后静止不动和持续移动两类。落地静止时可以只做缓冲平衡动作，还可以做各种造型和模仿动作；持续移动指落地后可以继续跑、跳、走、爬等。</td></tr>
<tr><td>双脚</td></tr>
<tr><td>协同性的变化</td><td colspan="2">两人以上时可以用不同方式连接起来跳跃。</td></tr>
</table>

跳跃练习适合在教师主导下进行，预防自主探索时落地姿势不当带来运动损伤。因此，教师跳跃示范动作要优美，能激发幼儿模仿的兴趣。教师可以多用模仿法引导幼儿练习动作，可拓宽模仿对象，比如：可模仿青蛙、袋鼠、舞蹈演员、体操运动员做起跳动作；可模仿飞机和小鸟做腾空动作；可模仿小麻雀、落叶、花猫做落地动作。教师要注意引导幼儿观察模仿对象的形态、动作特征和身体姿势，感受模仿对象的姿势美、运动美；培养幼儿的观察能力，丰富其动作表象；鼓励幼儿独立模仿、创造性模仿。

跳跃动作的教师指导要点为：跳跃动作教学的重点是起跳和落地。起跳教学重点主要是起跳腿的蹬伸、双臂的摆动和两者的协调配合；落地教学的重点是培养幼儿缓冲意识和练习屈腿缓冲动作（如表2-8）。

表2-8　各种跳跃动作的功能、动作要点和典型游戏[①]

| 动作 | 功能 | 要点 | 典型游戏举例 |
|---|---|---|---|
| 原地双脚向上跳 | 训练跳跃能力的基本方法，能有效发展起跳和落地动作，发展深度知觉。 | 预备——腿稍屈，上体稍前倾；起跳——臂上摆，腿蹬直；落地——前脚掌先着地，屈腿，上体稍前倾。注意力集中在动作上，并随动作变化而变化。 | “小猴摘桃”：模仿小猴起跳摘桃子，以摘挂在空中的“桃子”作为教育任务。 |
| 立定跳远 | 帮助幼儿掌握双脚跳的基本要领，发展弹跳能力和灵敏素质。 | 预备——腿稍屈，臂后摆，上体稍前倾；起跳——臂向前上摆，腿蹬直，展体，使身体向前上方跳；落地——屈腿全蹲。 | “小青蛙跳荷叶”：模仿青蛙练习立定跳远，以到达“荷叶”为跳跃练习的教育任务。 |
| 双脚连续向前跳 | 练习弹跳力，锻炼下肢力量和平衡能力。 | 预备——腿稍屈，臂垂于腿；起跳——蹬脚，臂向上摆，使身体向前跳出；落地——稍屈腿，前脚掌先着地，动作轻，臂自然下放，不停顿地继续向前跳。注意平衡和动作节奏。 | “小青蛙跳荷叶”：模仿青蛙练习双脚连续跳，以到达“荷叶”作为跳跃练习的教育任务。 |

①黄世勋.幼儿健康教育[M].北京：中国劳动社会保障出版社，1999：207-233.

续表

| 动作 | 功能 | 要点 | 典型游戏举例 |
|---|---|---|---|
| 双脚向下跳 | 改进落地和起跳动作，提高平衡能力和力量素质。 | 直接向下跳时，腿可以向上蹬伸下落，也可直接跳下；落地时可稍屈或者深屈腿，注意身体平衡；先向上跳时的要点基本与向下跳类似，但稍微向前，落地时屈腿的程度应随跳下的高度来定。 | “定点跳伞”：模拟伞兵跳伞向下跳，以到达地面上画的“落地点”作为教育任务，规定下落位置。 |
| 双脚连续向侧跳 | 提高弹跳力和灵敏性。 | 起跳要点基本与向下跳类似，只是用力方向是两侧。 | “小青蛙跳荷叶”：模仿青蛙跳练习立定跳远，以到达“荷叶”作为跳跃练习的教育任务。 |
| 跨跳水平和垂直障碍 | 提高弹跳力，掌握单脚起跳和单脚落地的动作，加强深度力度知觉、调节步幅的感觉。 | 助跑——短距，中速，放松；起跳——蹬脚要快速、有力、充分，摆腿方向要正，幅度大，膝盖放松；落地——轻柔，并继续往前跑几步，不要停顿，两肩自然摆动；跨跳垂直障碍物时，起跨角度要稍大。 | “踏石过河”：以跨跳踏过不规则摆放的石块过小河作为教育任务。 |
| 单脚连续跳 | 发展弹跳力和下肢的耐力，增强平衡能力。 | 起跳蹬摆协调，自然放松，上体稍微偏向起跳脚一侧；落地轻柔，并有连续起跳的意识，不停顿地继续起跳，动作连贯、有节奏、稳定性好。 | “斗鸡”：一脚独立，另一脚用手扳成三角状，膝盖朝外，用膝盖去攻击对方，若对方双脚落地，则赢得游戏。 |
| 跳山羊 | 提高弹跳力、灵敏性、平衡能力，培养勇敢、果断等品质和深度、幅度知觉，以及调节步幅能力。 | 助跑基本同跨跳，上板（起跳板）步子要小，离地低，速度快；起跳——双脚用力蹬地，摆臂展体；腾空——跳起后双手支撑跳箱面，同时双脚左右分开、提臀、上体前倾；落地——双腿并拢，双脚同时落地，屈腿，上体稍前倾，两臂上举或前平举，帮助身体保持平衡。 | |
| 夹包跳 | 提高下肢爆发力、灵敏性和平衡能力。 | 要用双脚拇指内侧夹住沙包的一角；用蹬腿、摆臂、提腰力量夹包跳起；甩包时快速屈髋，屈脚腕将沙包甩出；落地屈腿缓冲。 | |

续表

| 动作 | 功能 | 要点 | 典型游戏举例 |
| --- | --- | --- | --- |
| 跳绳 | 提高弹跳力、灵敏性、协调能力和节奏知觉。 | 握绳手腕要活；摇绳要协调一致。跳时多用脚掌和脚腕力量，腰要直、肩要松、眼前看。 | |
| 协同跳 | 提高跳跃能力、协调能力、注意力和调节动作节奏、幅度、速度的能力。 | 跳跃时注意力集中，动作节奏、幅度要相同。 | |

## 实训练习2-2

大(1)班自由活动时间，个别幼儿用泡沫拼板(30 cm×30 cm)当滑板玩，许多孩子也想玩，但有的幼儿滑不起来，有的只能滑一点点距离。请根据大班幼儿的身体发展特点，利用幼儿玩泡沫拼板的兴趣，运用本章中关于学前儿童身体控制能力的年龄阶段目标和活动设计的相关内容，为大班幼儿设计一个身体控制与平衡的体育活动，要求写出活动名称、活动目标、活动准备、活动过程和活动延伸。(选自2015年下半年《保教知识与能力》活动设计题第16题，有改动。)

活动设计参考如下。

### 有趣的泡沫板(大班)(有改动)

**活动目标**

1.认知目标：认识并了解泡沫板的用处、泡沫板的多种玩法。

2.技能目标：探索泡沫板的多种玩法，发展幼儿的走、跑、跳、钻、投掷等基本动作。

3.情感目标：感受用泡沫板玩游戏的乐趣。

**活动准备**

1.用泡沫板分别做成多种图形(如三角形、长方形等，不要太小)，并涂上五彩缤纷的颜色，数量是幼儿人数的3–4倍。

2.玩具电话。

3.歌曲《去郊游》。

**活动过程**

(一)歌曲导入

1.教师播放歌曲《去郊游》，请幼儿每人拿一块泡沫板做方向盘，引起幼儿参与活动的兴趣。

2.跟随歌曲旋律,教师引导幼儿排成长队,走到户外活动区域。

(二)活动开展

1.教师启发幼儿动脑筋探索放置在场地周围的泡沫板,可以一人玩、两三人一起玩,还可以许多人一起玩,看看谁玩的花样多。

2.教师巡回指导,注意引导幼儿合作游戏,探索泡沫板的多种玩法。教师引导幼儿互相交流玩泡沫板的方法,鼓励幼儿积极示范自己的玩法并给予肯定。

3.教师进行小结,并示范个别玩法。

4.幼儿散开,自由结伴,玩自己没有尝试过的游戏,教师及时地引导并给予帮助(特别注意能力稍弱的幼儿)。

5.组织幼儿玩游戏:"抓坏蛋"。

教师扮黑猫警长,幼儿扮警士,"嘀铃铃……"(玩具电话响)。

黑猫警长:"是青蛙,什么,蝗虫在偷吃玉米!好,我们现在就出发。"黑猫警长带领警士们修路(教师提示有段路被水冲坏了,不能走,引导警士们用旁边事先放好的泡沫板修路)。到了"玉米地",黑猫警长带领警士们进行战斗,发射导弹(即用泡沫板投掷)。战斗胜利后,黑猫警长表扬警士们聪明、勇敢、能干。

(三)做身体放松操

1.播放音乐,幼儿跟着教师做放松操。

2.教师带领幼儿回到教室,放松、喝水,活动自然结束。

**活动延伸**

1.到美工区利用废旧物品,自制模拟滑行器。

2.回家后使用泡沫板与家长一起制作,尝试自制泡沫板的滑行。

(资料改编自:刘馨.幼儿体育活动设计与指导[M].北京:北京师范大学出版社,2004:97-98.)

### 2.静态平衡

关于静态平衡运动的内容,主要包括用脚尖站立、单脚站立、跑步骤停、侧身平衡、支撑和悬垂、燕式平衡、对抗性平衡练习等任务。教师可利用以上的内容及方式发展幼儿的静态平衡能力。教师应注意,静态平衡的练习适合5-6岁幼儿进行,当幼儿练习静态平衡时,应提醒幼儿呼吸自然,防止憋气。这有助于发展幼儿的平衡能力和锻炼腹肌、大腿屈肌。教师应使用下列的步骤慢慢地推进对动态平衡运动内容的教学,对每个新的动作和姿势进行展示,一步一步地进行。

(1)用脚尖站立。

用脚尖站立的动作要求如下:在所有的脚尖姿势中,脚后跟应该抬起,尽可能地远离地面;站着,踮起脚尖以抬高自己,坚持3-5秒,然后回到站立姿势;在踮起脚趾的时候,双手慢慢地举过头顶。

(2)单脚站立。

单脚站立的动作可以在不同平面上练习。单脚站立的动作要求如下:支撑脚全脚掌着地,膝部要用力绷直,上体正直,另一脚抬离地面,腿自然弯曲。

(3)跑步骤停。

跑步骤停有助于发展身体姿势控制和平衡能力,也有助于锻炼灵敏性。这类练习适合在教师主导下的集体活动中进行,可以采用游戏方式进行。例如,小班可以采用"红灯绿灯"的游戏,先使用走的动作进行游戏,后可以将动作换成用跑或者跳;中、大班可以做"老狼老狼几点钟"和"木头人"等游戏,排成一路纵队向前慢跑,听信号后急停。

跑步骤停的动作要求如下:在跑步或者快步走时,听信号急停,步子要迈大,脚跟先着地;两腿弯曲降低重心,上体直立,抬头向前看。跑步骤停易出现的问题如下。

容易出现身体站不稳、摔倒现象。原因在于跑步急停时下肢已停止前进,而上体由于惯性还继续向前运动,这时身体重心就容易超出两脚的支撑面,容易摔倒。跑步骤停的教师指导要点为:提示幼儿在听到停的信号时,最后一步要迈大并屈膝,这样既可更快地减速,又可加大支撑面积、降低重心、增大稳定角,就不易摔倒。

## 游戏设计2-4

### 我们都是木头人(中班)

**游戏目标**

练习单脚站立,发展身体的平衡能力。

**游戏准备**

宽敞平坦的户外场地。

**游戏玩法**

游戏开始,全体幼儿一边四散一边拍手唱儿歌:"我们都是木头人,一不许说话,二不许笑,三不许露出大门牙,还有最后一分钟,看谁意志最坚定,最——坚——定——。"唱完后,幼儿要快速在原地做出单脚站立的动作,即一条腿当主力腿，另一条腿屈腿抬起依附在主力腿旁。教师在木头人之间巡视观察。谁的两只脚同时落地了，谁就被淘汰，停止一次游戏。教师巡视两三次后再次开始游戏。

游戏可反复进行三四次。

**游戏规则**

1.当唱完儿歌最后一个字时，木头人才能做单脚站立的动作。

2.幼儿单脚站立时，不能触碰其他幼儿，也不能依靠外力保持平衡。

3.木头人的两只脚同时落地了，即为失败，将停止游戏一次。

4.幼儿熟悉游戏后，发出指令和检查的人可由幼儿充当。

**游戏建议**

每进行一次游戏，教师要提示幼儿变换单脚站立的主力腿。

（资料来源：刘馨，张首文.幼儿园健康资源（体育活动）[M].北京：人民教育出版社，2018：85.有修改）

（4）侧身平衡。

侧身平衡的动作要求如下：幼儿坐在地板上，双腿笔直并稍微分开，双臂向身体两侧伸展，与身体呈直角，摆出类似于天平的姿势，然后慢慢地、有节奏地左右弯曲；同时保持后背笔直，双臂与躯体的角度不变，逐渐引导幼儿左右弯曲身体，幅度尽可能大一些。进而可以让幼儿站好，双脚稍微分开，双臂与身体成直角，臀部尽可能保持不动，尽可能大幅度地向两侧弯曲，先向一边弯曲，再向另一边弯曲；同时抬起与倾斜方向相反的那条腿，例如当左手臂抬起时，左腿也要抬起，反之亦然。

（5）支撑和悬垂。

支撑和悬垂有助于发展幼儿上肢力量和腰、腹力量，发展幼儿力量、平衡、柔韧、协调等身体素质，有助于磨炼意志力。教师需要针对幼儿身高、体重、臂力不同设置不同难度的动作。学前儿童的支撑和悬垂练习适合在教师主导的集体教育活动中进行。

学前儿童的支撑练习主要有垫上支撑和叠罗汉等，对幼儿的动作技能要求较高，需要老师正确示范动作和规范指导。叠罗汉动作要点如下：底座跪撑的幼儿支撑时双手和双膝要成90度，手臂和膝盖尽量伸直，紧靠在一起；上方幼儿逐步平稳地上底座，一只脚先要站在两位幼儿腰部中间，另一只脚直接踩在跪撑着的幼儿背上，教师帮助上位幼儿不要踩在底座孩子腰部，避免造成底座幼儿受伤，也不能跳跃上底座。

学前儿童的悬垂练习主要是肢体悬垂。悬垂的动作要求如下：两手虎口相对握杠，距离略比肩宽，身体垂直、悬垂。教师指导悬垂动作的要点为：指导幼儿双手紧紧握杠，身体自然放松；在坚持不住时小脚轻轻站在垫子上，学习屈膝安全落地姿势；鼓励幼儿在悬垂后轻轻摆动或左右移动，体会“悬”的感觉和活动乐趣；鼓励幼儿探索多种动作，在掌握动作的基础上鼓励幼儿大胆进行多样化悬垂动作的探索，例如双手单杠移动、双手双杠移动、双手翻杠等；对于胆小、悬垂能力较弱的幼儿，可以在幼儿下方放厚垫，使幼儿的脚随时能够接触到地面，克服胆怯心理。幼儿在悬垂活动前，需要进行充分的身体热身，尤其是手指、手腕、手臂、肩部和腰部等，防止热身不足造成脱臼和扭伤。注意要在悬垂杠下放垫子，教师要侧身保护。悬垂活动后的身体放松很重要，可以采用捶腰、拍腿、捏臀、揉肩或者躺在垫子上等方式，使肌肉得到放松，鼓励幼儿最大限度地进行呼吸调整。

(6)燕式平衡。

燕式平衡的动作要点如下：一腿直膝、绷脚面、往后举，上体前倾，抬头挺胸，另一腿支撑站立，膝挺直，两臂侧平举。这个动作的练习主要锻炼幼儿的平衡能力、下肢支撑力，以及背部、大腿伸肌，可以先扶小椅子做，再由教师帮助做，最后自己独立做。保护和帮助方法是教师用手托起幼儿的膝部、胸部，并让幼儿在练习后做放松动作。

(7)对抗性平衡练习。

这个练习包括双人斗鸡、站立互推手掌等方式。斗鸡运动能有效提升身体平衡力、运动心率、肺活量等各项身体素质，能有效地提高身体的灵活性。双人斗鸡的动作要点如下：一脚独立，另一脚用手扳成三角状，膝盖朝外，双方一蹦一跳地用拐着的膝盖去撞击对方。

**拓展阅读2-4**

### 体育活动设计中常用的教学方法

1.探究法

探究法是一种发散式的问题解决方式，分为四个步骤：教师设置任务—幼儿进行探究—教师观察与评价—幼儿根据评价结果进行深入探究和练习。这个方法有助于幼儿充分发挥想象力，积极创造并且产生多种多样的答案。教师可以通过情境为幼儿提供不断探究的机会，还可以利用运动的元素（通过为动词添加一个副词从而改变运动的方式）来拓展活动。例如：探究走路的移动技巧：向前（后）走、走到另一边、围绕一个圈走、快或慢地走（速度）、强劲有力或步履蹒跚地走（力量）、是否有障碍地走（流畅性）、是否改变节奏地走（节奏感）。

2. 直接法

直接法的特点就是教师演示、幼儿模仿。幼儿逐渐成熟，能够遵循指导语并且能够模仿所看到的动作或者事物，而且非常喜欢“跟着信号或者指令做动作”这类游戏。直接法的优点之一在于它直接产生效果，教师可以立即确定幼儿是否能够理解教师的指令进而做出正确的动作。

### （二）旋转类、滚翻类、平衡类游戏的活动设计

为了促进幼儿身体控制能力的发展，可围绕旋转类、滚翻类、平衡类游戏进行活动设计。旋转类、滚翻类、平衡类的体育活动，以跑、翻、旋转、摇摆、滚动、平衡等动作为要领进行活动设计。围绕旋转类、滚翻类、平衡类游戏进行的活动设计，所需的器材及相应玩法的范例介绍见表2-9。进行旋转类、滚翻类、平衡类游戏的目的是调整儿童前庭系统和中枢神经系统的协调能力，提高前庭平衡能力和视听能力以强化中耳平衡体系，协调机体大小肌肉机能。

表2-9 前庭平衡能力游戏所需的器材及玩法

| 游戏类型 | 具体游戏 | 所需的器材及玩法 |
|---|---|---|
| 旋转类游戏 | 疯狂小象 | 以跳圈为器材，围绕原地旋转、直线奔跑套杆、绕过障碍进行活动设计。 |
| | 旋转陀螺 | 以大陀螺为器材，围绕坐在大陀螺里左右旋转进行活动设计。 |
| | 开火车 | 以滑板车为器材，围绕抓握绳索旋转、抓握教师双手旋转进行活动设计。 |
| | 呼啦圈旋转 | 以呼啦圈为器材，围绕呼啦圈旋转进行活动设计。 |
| 滚翻类游戏 | 小刺猬运水果 | 以垫子为器材，围绕团身前后滚动进行活动设计。 |
| | 圆木滚滚 | 以垫子、沙包为器材，围绕侧滚翻连续滚动送沙包进行活动设计。 |
| | 车轮滚滚 | 以垫子为器材，围绕前滚翻连续向前滚动进行活动设计。 |
| | 你爬我滚 | 以垫子为器材，围绕侧滚翻连续滚动、跪姿爬行进行活动设计。 |
| 平衡类游戏 | 飞鸽传书 | 以皮球、平衡木为器材，围绕保持身体直立、双手举球、双脚交替走过平衡木进行活动设计。 |
| | 不倒翁 | 以沙包、羊角球、箱子、平衡木为器材，围绕顶沙包、双脚交替走过平衡木、在平衡木上投掷，设置左右摆动障碍快速躲闪走过平衡木进行活动设计。 |
| | 顶物陀螺 | 以大陀螺、沙包为器材，围绕头顶沙包、走过不稳定大陀螺边缘进行活动设计。 |
| | 穿越丛林 | 以平衡木为器材，围绕双手侧平举、双脚交替走过平衡木进行活动设计。 |

## 实训练习2-3

根据幼儿各年龄段的身心发展特点，以小组合作的形式在旋转类、滚翻类和平衡类游戏中各创编一种新的游戏玩法，并撰写游戏设计方案(包括游戏目标、游戏准备、游戏玩法、游戏规则、游戏建议等内容)，挑选适合各年龄段的游戏在小、中、大班中进行活动。

### (三)儿童身体控制的发展水平及指导策略

## 案例探讨2-1

**天天走高平衡木**

在晨间的户外运动中，大班幼儿在进行走高平衡木的活动。高平衡木是在两个1米高的梯子上横着架上一根25厘米宽的长木凳。幼儿可以从一边梯子爬上去，翻过梯子，走过高架的长木凳，然后从另一边的梯子爬下。天天是一个5岁半的男孩，日常在班级里特别活跃，随时都处于跑跳状态。由此，教师对天天产生了一种误判：这个男孩子的运动能力应该很强。但在这次走高平衡木的活动过程中，教师观察到天天在走高平衡木时的状态：天天慢慢地爬上了梯子的上端，站到平衡木凳上后，他走了一步之后，停了下来，眼睛左右看了几次，然后慢慢地跪在木板上，双手紧贴木板，使用四肢向前快速地爬到了另一端，慢慢地翻身爬下了梯子。教师就产生了疑问：为什么天天日常很活跃，随时都在跑跳的状态，但事实平衡能力发展却不及跑与跳的能力呢?

在这案例之中，天天跑、跳的能力处于较高的功能性水平，但是天天的平衡能力却没有像跑、跳等能力一样处于较高的水平。这是由于学前阶段的幼儿会出现一个动作处于功能性水平高的阶段，但是另一个动作可能处于功能性水平低的阶段的现象。接下来，我们一起学习幼儿身体控制能力发展水平的相关内容，对幼儿的身体控制能力的发展进行进一步的了解与学习。

幼儿基本身体控制能力的发展，需要遵循一定的顺序和阶段，并经历一定的发展水平。幼儿身体控制能力的发展需要经历三种功能性水平和三种熟练水平阶段。

#### 1.幼儿身体控制能力发展的三种功能性水平

幼儿的不同动作并非都处于同一功能性水平，例如案例中的天天，会出现一个动作处于功能性水平高的阶段，但是另一个动作处于功能性水平较低的阶段的现象。教师应在实际的活动中去观察幼儿真实的身体控制能力和平衡能力，不能以部分运动能力的突出，而以偏概全地去判断幼儿其他的运动能力。同时，教师应根据幼儿不同的运动水平动作的发展特点，确定相应的教育目标和指导策略（见表2–10）。

表2–10　幼儿不同运动水平动作的发展特点及相应的教育目标和指导策略①

| 运动水平 | 幼儿发展特点 | 教育目标 | 幼儿学习方式 | 教师指导策略 |
|---|---|---|---|---|
| 功能性水平（低） | 从不能有意识地控制或重复一项动作，逐渐发展到动作的偶然性减少，身体开始受意识控制。总体从会到不会的水平。 | 基本动作的习得 | 幼儿需要许多机会来探索和发现动作。 | 提供正确、优美的示范动作，简短准确的语言提示或口令，以及在有难度动作学习中提供保护与帮助。用口令提示幼儿正确的动作节奏和发力的时间等，提高儿童在运动中对不同方向、不同空间位置的正确认识。 |
| 功能性水平（中） | 动作日益自动化，在类似的游戏情境中，能够将一种运动能力与另一种能力结合起来。幼儿动作技能不稳定。 | 表现出多种运动方式，在此过程中，发展幼儿多种身体素质和运动创意。 | 探索和练习仍是此阶段的中心。 | 通过降低或者提高动作难度改变练习方式，使动作更加稳定；针对幼儿对复杂动作容易恐惧和胆怯的现象，可采用保护或者提高安全性来减少幼儿的恐惧心理；对于简单或完成较好的动作可采用口令、提示等，进一步巩固正确的动作技能。教师指导的重点在于让儿童注意动作的正确性，观察并纠正错误动作。通过动作回放进行讨论。鼓励双人、多人合作游戏，鼓励幼儿尝试多样化运动方式，给予幼儿自主表现的空间和时间。 |
| 功能性水平（高） | 动作更加自动化，似乎不需要努力就可以进行，此时可以参加正规的比赛。在发展体能的同时发展合作与竞争意识。 | 在合作（集体）运动中发展幼儿的协同运动能力，提高团队意识、竞争合作等能力。 | 可以参加比赛。 | 重点在于促进幼儿灵活运用、创造和迁移能力的发展。鼓励幼儿将竞赛成分融入多种玩法。 |

**2.幼儿身体控制能力发展的三种熟练水平**

幼儿在发展身体控制能力的过程之中，在功能性水平逐渐提高的过程之中，也会表现出由功能性熟练水平发展到表现水平，最后发展到社会性交往熟练水平的特点。幼儿身体控制能力需要经历功能性水平、表现水平和社交水平三种熟练水平阶段。

①柳倩，周念丽，张晔.学前儿童健康学习与发展核心经验[M].南京：南京师范大学出版社，2016：51–52.

(1)功能性熟练水平。

在功能性水平方面，幼儿从不会该动作到会该动作，能够逐步地进行身体控制、保持身体平衡。例如，幼儿从不会走并总是会摔倒，到能够平稳地完成行走动作。

(2)表现性熟练水平。

在表现性水平方面，幼儿能够进行个体的多样化运动表现。例如，幼儿在不同宽度或者不同高度的支撑面上，进行不同方向的行走。

(3)社会性交往熟练水平。

在社会性交往水平方面，幼儿能够完成协同运动、竞争或合作式的动作。例如，幼儿和同伴合作进行“两人三足”的活动，进行合作行走。

教师应根据幼儿的年龄特点，并在活动中观察幼儿所达到的身体控制能力的熟练水平，由此制定相应的活动目标及指导策略。

## 活动设计2-2

### 我当司机把车开(小班)

**活动目标**

1.学习与他人协调运动并灵活地调控身体。

2.发展平衡、走、跑能力。

**活动准备**

塑料圈(幼儿每人一个)，红绿灯指示牌，装有水的可乐瓶若干，场地布置(如图2-19)。

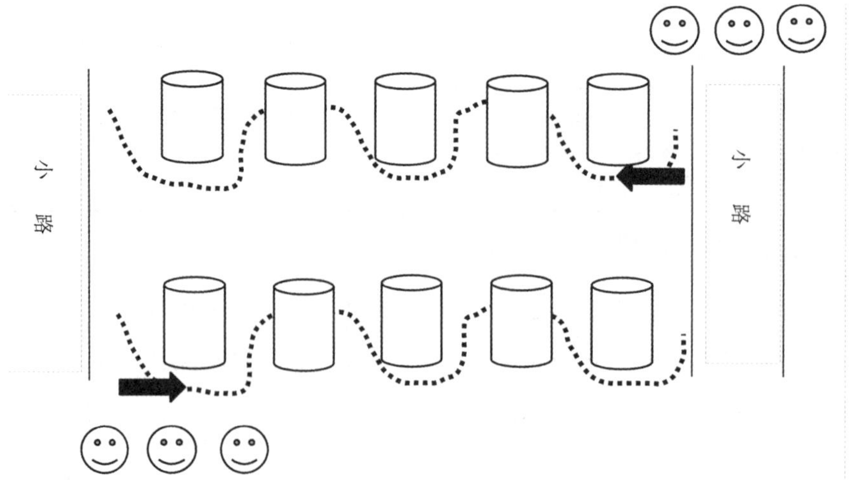


图2-19 场地布置

**活动过程**

1.检查小汽车

(1)教师带领幼儿在场地上自由跑动。

(2)一个幼儿当小汽车,教师带领其他幼儿玩检查汽车各个部件的游戏,如车头(头部),前轮(上肢),后轮(下肢),车身(躯干)等,检查到哪个部分,扮演小汽车的幼儿就活动身体的相应部分。

2.开汽车

(1)幼儿每人拿一个塑料圈,双手握好放于胸前,当汽车方向盘,准备玩"开汽车"游戏。

(2)教师介绍开车路线:从起点出发,边向前跑边转动手中的方向盘,先沿"S"形曲线跑过"小树林"(可乐瓶),再沿直线跑过"小路"(两条平行线),然后继续循环进行。

(3)幼儿自愿分成两个小组,分别由两名教师带领,从两个起点出发,开始游戏。

(4)待幼儿能在场地上循环跑起来后,教师扮演警察,玩"红绿灯"的游戏:警察举起红灯指示牌,小司机要停车;举起绿灯指示牌,小司机可继续向前开车。

3.去旅行

(1)乘坐小汽车。

女孩把手中的圈放在场地四周,男孩把圈套在自己身上,一个女孩站在一个男孩身后,双手拉着圈,两人一起开车向前走。

围着场地跑一圈后,男孩和女孩交换角色,继续开车。教师提示小司机控制好开车的速度。

(2)乘坐火车。

幼儿每人拿一个圈套在身上,排成两列三路纵队,每人双手握住前一名幼儿身上的圈,连成一列"小火车",慢慢地向前走动,休息、放松。教师提示扮演火车头的幼儿不要走得太快。

**活动建议**

1.在活动中,教师要随时提醒幼儿控制好速度,并保护好幼儿的安全,掌握好幼儿在每个环节开车的时间。

2.玩“乘坐火车”游戏的时候，为了避免火车过长，教师可以根据幼儿的人数，将幼儿分成几组进行游戏。

（资料来源：刘馨，张首文.幼儿园健康资源（体育活动）[M].北京：人民教育出版社，2018:324.）

## 三、学前儿童身体控制能力教育应注意的问题

在进行幼儿身体控制能力训练的活动过程之中，教师应注意调节幼儿的心理负荷，注意对动作进行分解，难度的设置由容易逐渐过渡到困难。

### （一）注意儿童心理负荷的调节

身体控制练习中不仅需要考虑儿童年龄、体能、适宜的运动量，还需要考虑幼儿的心理负荷。生理负荷又被称为运动强度，一般用心跳频率来表示。心理负荷指人在运动时所承受的心理负担，包括注意、情绪、意志等方面的负荷（见表2-11）。在运动能力的学习和发展过程中，需要合理地安排和调节生理负荷和心理负荷，才能达到最佳的锻炼效果。

表2-11　心理负荷评价参考表[①]

| 项目 | 等级 | | | | |
|---|---|---|---|---|---|
| | 一级 | 二级 | 三级 | 四级 | 五级 |
| 注意 | 很集中 | 集中 | 一般 | 不太集中 | 分散 |
| 情绪 | 很高涨 | 高涨 | 一般 | 不太高涨 | 低落 |
| 意志 | 很努力 | 努力 | 一般 | 不太努力 | 疲沓 |

平衡能力的练习需要承受较大的心理负荷，例如在走平地上的独木桥时，人们一般不会紧张，可以平稳地走过去。但在走悬空独木桥时，许多人会感到眩晕而失去平衡，这与心理负荷大密切相关。因此，在学前儿童身体控制能力的教育中，教师需要注意平衡练习的趣味性，以此降低练习带来的心理压力；注意平衡练习中障碍物和支撑面的选择；注意平衡活动与其他活动的协调安排。

#### 1.注意平衡练习中障碍物和支撑面的选择

在幼儿身体控制的练习过程中，障碍物和支撑面的选择会影响到儿童身体控制活动的开展情况。设置障碍物时应遵循由软到硬的原则。幼儿在越过软质的橡皮筋、软棒时，不容易产生害怕的心理。随着幼儿身体控制能力的增强，教师可以提供硬质的

①任绮，高立.学前儿童体育与健康[M].北京：清华大学出版社，2012:130.

竹竿、木条等障碍物，既锻炼了幼儿的身体控制与平衡能力，也培养了勇敢的品质。支撑面的选择应遵循由低到高与由连续到间断的原则。幼儿走地上连续的线、较矮的连在一起的平衡木，不容易紧张，更容易激发起运动兴趣，以后可以逐渐提高支撑物的高度，提供间隔支撑物，鼓励幼儿挑战、探索。教师还可以采取一些策略减少视觉和心理作用的影响。例如，当支撑面由低到高时，可以指导幼儿双目注视远方的固定物，不要注视脚底下的危险地带或者其他刺激物，这样可以减少视觉和心理作用的影响，有助于保持原来的稳定度。

**知识链接 2-2**

**支撑面的大小影响人体平衡的稳定性**

支撑面不仅包括支撑点的接触面积，同时还包括这些支撑点边缘所围成的面积。支撑面越大，稳定度越高；支撑面越小，稳定度越低。例如，单脚站立要比双脚站立的支撑面小，所以稳定度小；在窄道上走或者跑比较难也与支撑面小有关。可以常用单脚站立，或在较窄的支撑面(人行道边缘、树干、平衡木上)上走、跑来锻炼人体平衡的稳定性。

（资料来源：柳倩，周念丽，张晔.学前儿童健康学习与发展核心经验[M].南京：南京师范大学出版社，2016：21.）

**2.注意平衡活动与其他活动的协调安排**

平衡活动需要与其他活动协调安排。一是平衡活动对儿童的注意力和心理负荷的要求较高，对生理负荷的要求较低，要注意生理负荷和心理负荷的调节。例如，在平衡练习期间，可穿插一些生动活泼的过渡性游戏；在安排课外或户外活动时，平衡活动适宜与运动负荷较大的跑、跳等活动组合。二是在安排各项活动的顺序时，应把平衡活动安排在儿童精神较集中、体力较充沛、情绪较稳定时进行，不宜安排在剧烈活动之后、情绪比较激动和身体疲劳时进行。三是平衡练习所需的生理负荷较低，为了保证运动量，可以和身体操控移动器具等发展速度、力量、灵敏、耐力、柔韧等身体素质的练习紧密结合，以保证一定的运动量。

### (二)注意对动作进行分解，难度设置由易到难

动作技能学习由易到难，先分解或做辅助练习再进行完整动作学习，降低学习难度，以免学前儿童产生畏难的恐惧情绪。例如，学习滚翻动作时，将动作分解后，可以

先学习前后滚动的动作。例如,先学习团身前后滚动,再学习团身前滚翻;掌握团身前滚翻后,再要求学习两腿蹬地的团身前滚;在幼儿熟悉掌握前滚翻的动作后,可尝试后滚翻和侧手翻动作,循序渐进地增加动作难度。注意:练习动作时在软垫上进行,教师要做好保护工作。

## 本章小结

身体控制能力和平衡能力是维持身体姿势和运动的基本前提。本章首先讲述了学前儿童身体控制能力的概念及其发展的特点与内容,分析了各年龄阶段儿童身体控制能力的目标。围绕各年龄段的发展目标,提出了拓展教育任务的多样性和层次性,提供多样化的环境和运动设备,与其他领域进行整合与延伸学习的教育途径及方法。以旋转类、滚翻类和平衡类游戏进行活动设计,以儿童身体控制发展水平为依据选择合适的活动指导策略,关注做平衡动作的要领及指导要点。最后,讨论了在开展儿童身体控制能力教育中教师应注意的问题,以期帮助大家在实践中更有效地进行幼儿身体控制能力的教育。

## 思考与实训

1. 学前儿童身体控制能力的发展有何特点?
2. 学前儿童不同年龄段的身体姿势控制与平衡动作的关键特征分别是什么?
3. 举例说明几种开展学前儿童身体控制能力教育的途径。
4. 说明幼儿不同水平动作的发展特点,以及相对应的教育目标和指导策略。
5. 根据学前儿童的身体发展特点及本章所学内容,为大、中、小班年龄段的儿童设计身体控制与平衡能力的活动方案,并尝试在幼儿园实施该方案。

## 专题探讨

### 为什么学前儿童的运动应以愉快的游戏为主要形式?

学前儿童运动的主要形式应为愉快的游戏。

第一,游戏是孩子的天性。学龄前期的儿童活泼好动,注意力较难集中;善于形象思维,喜好模仿,想象力丰富;同时他们更愿意自己玩,不喜欢被控制。而游戏的特点是幼儿可以自愿参与,重过程不重结果;可充分发挥幼儿的想象力,让幼儿在玩耍中感到愉悦。因此,游戏是最为符合幼儿身心特点的活动形式,也是幼儿特有的学习方式,是幼儿身心发展的基础。

第二，幼儿在奔跑、跳跃、滚翻、投掷等日常游戏中，可促进身体的新陈代谢，并能促进骨骼和肌肉的成熟，发展大肌肉动作技能，锻炼身体的灵敏性、协调性和平衡性等可快速发展的素质。在穿珠子与搭积木等游戏中还可发展小肌肉动作技能，从而实现幼儿身体的均衡发展。

第三，运动游戏对幼儿的好处，不仅表现为发展基本技能、增强身体素质与技能，还表现为影响大脑发育。运动游戏能够刺激幼儿相关脑区，促使大脑释放各类神经递质，加强大脑神经网络联结，实现对大脑结构和功能的良好塑造。通过对大脑的塑造，运动游戏能够提升幼儿的记忆力、注意力、推理能力等，促进幼儿的认知功能和学业表现提升。

第四，运动游戏还可以让幼儿体验不同的情感，促进其个性和社会性的发展。幼儿在游戏的过程中会体会到成功的喜悦，即被认可、被鼓励的情感，也会体会到失败后的挫折、愤怒和嫉妒等情感。不管是成功还是失败，这些都会丰富幼儿的情感并使之趋向成熟。同时在游戏中，幼儿会与其他幼儿发生联系，从以自我为中心到考虑他人，并通过合作、协商、沟通等社交技能达成游戏的目的，在这样的过程中促进人格的完善。

由此，作为教师如何开展以游戏为主要形式的运动呢？

（资料来源：罗冬梅，赵星，陈皆播.《学龄前儿童（3–6 岁）运动指南》指导手册[M]. 北京：科学出版社，2015:36.）

# 第三章

# 学前儿童身体移动能力的教育

## 学习目标

●了解学前儿童身体移动能力的概念。

●了解学前儿童身体移动的方式和方向,以及不同元素的组合形式。

●了解学前儿童身体移动对应的能力发展。

●掌握学前儿童身体移动能力的内容及各年龄阶段的目标。

●理解学前儿童身体移动能力教育的途径和方法。

●了解学前儿童身体移动能力教育应注意的问题,能进行学前儿童身体移动能力的活动设计及指导。

## 学习重难点

●重点:了解学前儿童身体移动能力的概念、特点和组织形式,形成学前儿童身体移动能力相关的理论和实践体系。

●难点:结合理论,科学设计和指导学前儿童身体移动能力发展的活动。

## 案例破冰

**移动能力对学前儿童的重要意义**

动作发展,贯穿人的一生。走、跑、跳、钻爬、攀、翻滚是学前儿童发展过程中与身体移动相关的动作。生物基础、环境因素都可能成为学前儿童移动能力发展的影响因素。

美国对动作发展的研究已有很多的积累,并形成了专门的研究领域。发表于《美国医学会杂志》的一项针对移动能力——"走"的研究表明：步态与人的生理和心理存在密切关系，不仅与肌肉、骨骼、内脏、中枢神经机制相关，还反映了智商、语言、抗压、情绪控制和大脑健康状况。国外基本动作技能(Fundamental Motor Skills，FMS)测试体系发现，儿童最好是在7岁前学习基本移动技能，这些学习是未来参与学习生活、体育运动和动作向高级层面转化，全面发展的基础，对实现学前儿童全面发展有着重要意义。

学前儿童身体移动能力对学前儿童全面发展十分重要，在科学理论体系的指导下，组织学前儿童进行身体移动能力的学习就更加有意义。那么，我们如何科学地认识学前儿童移动能力，了解学前儿童移动的特点和方式，掌握与不同移动方式相关的能力发展呢？这就是本章节所需要进一步学习与探讨的内容。

# 第一节 学前儿童身体移动能力概述

学前期是身体移动能力发展的重要阶段。掌握学前儿童身体移动能力发展的特点，有助于教师提高观察和指导的有效性，为幼儿提供适宜的运动环境，促进幼儿身体移动能力的发展①。

## 一、身体移动能力的内涵

身体移动（Locomotive Skills）指的是独立和安全地将自己从一处移动到另一处，是身体在空间上移动的技能。学前儿童在日常生活中离不开身体移动，身体移动能力的发展为其独立生存提供了重要条件。

## 二、学前儿童身体移动能力的发展特点

动作总是朝“更高级”和“更精细”的方向发展。学前阶段发展起来的移动动作是儿童、青少年和成人充分参与体育活动所必需的。可见，学前儿童身体移动能力是基本动作的重要组成部分，是未来动作往“更高级”和“更精细”发展的基础。

### （一）学前儿童身体移动初级阶段特点

从婴儿着地阶段起，髋关节屈肌群开始具有初步的缓冲能力，角度变化呈现出周期性的规律；膝关节负重能力增强，缓冲能力也有所增强。到两岁以后，步态逐渐稳健，脚跟开始先着地，然后依次过渡到全脚掌着地。三岁以后，踝关节开始积极地参与缓冲和蹬伸，到四岁后踝关节缓冲开始稳定。

此阶段的学前儿童跑动时动作有极小的腾空，全脚掌着地，脚趾外展，摆动腿外展。手臂对跑动没有作用。跳跃移动时，以单脚起跳为主，几乎没有屈膝准备，手臂无动作或耸肩。钻爬时若手脚不够协调，膝关节无法着地，行进速度慢。攀上或攀下移动中若是手脚不协调，身体位置感不足，每一步都需频繁确认手脚位置，并伴随畏惧心理。滚翻时，空间感和本体感觉欠缺，无法维持身体姿态及判断空间位置，滚翻动作松散。

① 柳倩.学前儿童身体移动能力发展的特点及教师的教育策略[J].幼儿教育，2017(13)：4-7.

### （二）学前儿童身体移动中级阶段特点

幼儿在四岁半以后，行走时髋关节弯曲缓冲的动作开始明显。跑动时，身体腾空时间增加，经常出现全脚掌着地，步幅加大，膝关节折叠至少呈90度角，但大腿有侧摆，导致摆到腿的脚越过身体中线置于身体后侧。手臂摆动的方向与同侧髋部和腿的动作方向相反，但越过身体中线；肘关节在前摆时弯曲，后摆时伸展。

做起跳动作时，脚跟离地前膝关节伸展开，手臂外展，向前或向两边摆动，但没有超过头的位置。钻爬时，周期动作中手脚间断性协调，动作速度快但出现卡顿，时有手膝相撞现象。攀登时信心增强，手脚配合协调，出现一只脚蹬伸和一只手勾拉动作。做滚翻的动作时，本体感觉和空间感有所加强，可以完成动作启动，但没有过程姿态，动作后期松散，无法团身。

### （三）学前儿童身体移动高级阶段特点

在此阶段，幼儿行走过程中髋关节的运动模式接近成人，膝关节缓冲能力基本达到稳定状态。

跑动时，腾空的支撑腿完全伸展，脚跟或脚掌着地，摆动腿的脚踝放松，膝关节提起来往前摆。摆动方向与腿的动作方向相反，手臂前后摆动，肘关节弯曲。

跳远或跳高时，膝关节伸展与脚后跟离地同步，随后膝关节伸展，跳跃时身体明显前倾。起跳时手臂完全伸展并超过头的位置。

钻爬过程中，手脚协调，头部抬起正视前方，爬行流畅、速度快，且可直线行进。

做攀登动作时，手脚协调，位置感较强，无须依靠眼睛确认手脚位置，且有较快的攀登速度。滚翻时有较好的本体感觉、位置感觉和身体控制能力，能够按照预定路线完成团身滚翻。

#### 经典研究介绍3-1

**3–6岁幼儿跑步动作发展特征及教学策略分析**

一、本研究结果有以下三点

1.3–6岁幼儿跑的发展水平存在3个阶段，即初级、中级以及高级阶段。其中，5–6岁幼儿多处于高级阶段且女生数量多于男生。

2. 支撑腿膝角与步幅/下肢长：处于高级阶段的幼儿显著高于处于初级与中级阶段的幼儿。

3.摆动腿膝角：初级与中级阶段的幼儿显著高于高级阶段的幼儿。肘角：中级阶段幼儿显著高于初级与高级阶段幼儿。

二、结论

幼儿跑步动作发展特征：随着跑步动作发展逐渐成熟，步幅逐渐增大，蹬离地面时的支撑腿膝角趋于完全伸展状态，摆动腿膝角趋于减小。

三、教学建议

开展幼儿跑步动作的课程时，对于3–4岁幼儿，应着重锻炼其下肢的肌肉力量与身体的平衡能力；针对4–5岁幼儿，应更多地从脚前掌着地与蹬地等内容进行指导；对于5–6岁幼儿，则主要从全身协调等方面进行指导。建议通过改变运动方向、改变身体重心以及走跑交替等方式来丰富活动内容。在中、小班的课程实施中要注意情境化引导，发展大班幼儿跑步动作时，可以选择绳梯等器材，通过延伸或演变其用途增加幼儿的运动兴趣。

（资料来源：范雪，罗冬梅，陈皆播，等.3–6岁幼儿跑步动作发展特征及教学策略分析[J].体育科学，2017，37(11)：40–47.）

## 三、学前儿童身体移动能力的主要内容

### 1.身体移动的方式

学前儿童移动的方式主要有：走、跑、跳、钻爬、攀、滚翻六种。这六种移动方式都是人类完成更高级和更精细动作的基础。

鉴于学前儿童活动趣味性特点，六种移动方式又可分别体现为直线、“S”形、四散、躲闪等多种表现形式。如：直线跑、“S”形跑、四散跑、躲闪跑等，这几种是同一移动方式多种表现形式。

其他的一些移动方式：均速和快速地走跑；直立、下蹲、跳上和跳下的跳类移动方式；正向和侧身钻爬；攀上和攀下；前滚翻、后滚翻和侧滚翻等多种滚翻形式。

### 2.身体移动的方向

身体移动的方向基本分为水平移动和垂直移动两种类型。水平移动体现为在平面上各方向的移动，垂直移动为上下移动。走、跑、钻爬、滚翻一般在平面进行，属于水平移动。攀分为攀上和攀下两种方式，在纵向轴移动，属于垂直移动。跳融合了水平和垂直移动两种特点，即趋势上保持水平移动，在形式上表现为垂直移动。

### 3.身体移动的能力

由不同方式、形式、方向组合而成的移动练习发展的能力也有所不同,速度、力量、耐力、灵敏性、控制是学前儿童身体移动练习中主要的发展能力。速度包括反应速度、动作速度、位移速度,学前儿童身体移动能力主要与位移速度相关。位移速度指周期性运动中人体在单位时间内通过的距离,或通过一定距离所需要的时间。力量指肌肉在工作时克服阻力或对抗负荷的能力。耐力分为有氧耐力和无氧耐力两类,学前儿童主要通过身体移动的练习发展有氧耐力。有氧耐力是人体长时间进行有氧工作的能力,对促进学前儿童心肺功能发展和机体健康有着重要作用。灵敏性是迅速改变体位、转换动作和随机应变的能力①,是运动能力的综合表现(表3-1)。

表3-1　学前儿童身体移动能力元素

<table>
<tr><th>移动方式</th><td>走</td><td>跑</td><td>跳</td><td>钻爬</td><td>攀</td><td>滚翻</td></tr>
<tr><th rowspan="2">移动方向</th><td colspan="4">水平移动</td><td colspan="2">垂直移动</td></tr>
<tr><td>前</td><td>后</td><td>左</td><td>右</td><td>上</td><td>下</td></tr>
<tr><th>移动形式</th><td colspan="6">直线 | S形 | 四散 | 躲闪 | 负重</td></tr>
<tr><th>能力发展</th><td colspan="6">速度、力量、耐力、灵敏、控制</td></tr>
</table>

以学前儿童身体移动涉及跑的多种形式为例。

(1)在“猫和老鼠”中,教师扮演猫的角色,幼儿扮演老鼠,在“猫抓老鼠”的过程中主要发展幼儿四散跑的能力。在“猫”有目的地追赶过程中,幼儿快速跑动,促进速度能力的提高。

(2)在以板鞋为主题的民族传统体育活动中,幼儿穿戴板鞋负重跑。这个活动可以发展幼儿髂腰肌、股前肌群和踝关节肌群力量。

(3)在“渔夫捕鱼”活动中,教师持网扮演渔夫,幼儿扮演小鱼。渔夫有目的地捕捉小鱼,小鱼运用躲闪的移动形式发展其灵敏能力。

(4)在“小小运动员”活动中,以20米为距进行直线跑。这个活动可有效发展学前儿童的有氧耐力。

(5)在“小猪过河”活动中(图3-1),在一定范围内设置一条河,并在河上使用海绵砖铺

图3-1　小猪过河

① 邓树勋,王健.运动生理学[M].北京:高等教育出版社,2015:211-242.

设桥墩，要求幼儿通过脚踩桥墩的方式过河而不落水。这个活动可以发展幼儿以平衡为基础的身体控制能力。

**经典研究介绍3-2**

**基本运动技能发展对儿童身体活动与健康的影响**

基本运动技能对儿童身体活动习惯、健康体重、心血管适能、肌肉力量耐力具有积极影响。

我国应重视基本运动技能对儿童青少年健康的促进作用，重新认识儿童运动技能学习的阶段，加快学前运动技能教学研究，提高儿童运动技能学习效率，为儿童青少年形成终身运动习惯和健康生活奠定基础。

（资料来源：马瑞，宋珩.基本运动技能发展对儿童身体活动与健康的影响[J].体育科学，2017，37(04)：54-61.）

## 四、学前儿童身体移动能力的阶段目标

### （一）身体移动能力表现目标

#### 1.初级阶段表现目标

学前儿童身体移动能力发展初级阶段，幼儿要建立自信，通过语言交流过程和适量练习，初步形成动作表象。幼儿需了解动作基本协调方式，使动作由粗糙、缓慢、不稳定逐渐向动作协调平稳过渡。

#### 2.中级阶段表现目标

学前儿童身体移动能力发展中级阶段，幼儿经过单位时间的动作学习积累，动作已经更加准确、连贯、稳定，对移动动作整体有较为清晰的认识，并能够自我修正和应用动作，将动作与任务相关联。

#### 3.高级阶段表现目标

大量学习之后，学前儿童身体移动能力在高级阶段表现为“自动化”，即移动动作进入无意识状态，灵活组合地运用动作，注意力着重于任务的完成。此阶段动作娴熟，并能够通过消耗最少的身体能量和最短的时间获得最大的效率。

## (二)身体移动能力动作目标

### 1.走的能力目标

走的初级目标:幼儿能在走动中由仅摆动小臂过渡至前后摆动大臂,上肢在走动时保持平衡,躯干挺直,目视前方,步幅增大,形成控制下肢直线走的能力。中级目标:幼儿能够直线走、转弯走、避让走,形成随意开始和停止的能力,对走的运用更加熟练。高级目标:幼儿的走发展为不随意运动,在走动时不用刻意关注走的本身,能够在走动的同时使用上肢或下肢,或上肢协调地进行操作性动作学习。如行进运球、穿板鞋、踩高跷等。

### 2.跑的能力目标

双腿有足够的力量推动身体向前和向上运动,具备保持身体动态平衡的能力。有协调双腿连续稳定向前迈进的能力。在跑步前进的方向上增大力量,减少对跑步起消极作用的多余动作。前倾上身使身体移动更平稳,掌握正确的摆臂动作且前后摆臂不再越过身体中线而造成左右摆臂,使跑步动作更加符合生物力学原理。

### 拓展阅读3-1

**熟练跑的动作特征**

**力的产生**

• 上体前倾
• 在蹬离地面时,腿伸展成180度
• 摆动腿,屈膝,前摆
• 屈臂与同侧腿脚反向用力

**摆动阶段**

• 双脚离地的空中阶段
• 离地后摆动腿弯曲以缩短腿的摆动力矩,从而再尽快变为支撑腿

**支撑阶段**

•前脚掌着地

(资料来源:GREG PAYNE,耿培新,梁国立.人类动作发展概论[M].北京:人民教育出版社,2008.)

### 3.跳的能力目标

幼儿常见的跳类移动包括立定跳、纵跳和单脚跳三种。

立定跳的成熟模式在跳的整个阶段都具备了精细化的动作，能够精确地协调身体各部位以产生最大的力朝目标跳去。起跳阶段，手臂可以充足后拉，以带动身体腾空；腾空阶段，可以收腹，身体前倾，改变手臂和腿部动作；着地阶段，有明显的缓冲。

**拓展阅读3-2**

**成熟跳远的动作特征**

**准备阶段**

•膝关节屈蹲

• 手臂摆动

**起跳阶段**

• 手臂用力向前或上方摆动，腿部向上方用力蹬地

• 从脚趾到躯干、手臂和手指等部位，做好充分的展体

• 前倾角度大约45度

**腾空阶段**

• 手臂向下向后摆动

• 腿向前上方快速移动，同时保持膝关节弯曲

**缓冲阶段**

• 脚后跟触地

• 大腿与地面平行

• 手臂向前摆动促使身体前移

•臀部呈弧线，几乎贴近脚后跟时向上方移动

（资料来源：GREG PAYNE，耿培新，梁国立.人类动作发展概论[M].北京：人民教育出版社，2008.）

纵跳有发展和成熟两个阶段。在发展阶段，幼儿应能做到起跳时膝关节屈蹲，双脚同时起跳，身体有伸展动作，手臂用力发挥辅助和保持平衡的功能。成熟阶段，起跳时膝关节能够原地屈蹲至60°-90°，手臂向下蓄力后向上发力带动身体，有身体伸展和顶头动作，落地时以前脚掌着地，逐渐过渡到脚掌着地，实现有效缓冲。

单脚跳起始阶段，幼儿非支撑腿因力量不足而几乎无法抬起，大腿与地面垂直，小腿略收起，手臂无法配合身体，整体动作笨拙，跳动吃力且距离短。此阶段目标是非支撑腿不着地，有单脚跳动意识。发展阶段，幼儿平衡能力和下脚力量增强，单脚跳整个动作周期的各环节衔接较流畅。成熟阶段，跳跃时手臂能与身体协调配合，身体前倾，摆动腿后置，并能随着跳动实现前后摆动，支撑腿起跳时完全伸展，落地时趾、踝、膝关节缓冲，跳动也更远。

### 4.钻爬的能力目标

3–4岁幼儿钻爬的能力目标为在移动过程中能够抬头目视前方，膝关节着地，手脚协调向前爬行。4–5岁幼儿钻爬移动目标为在手脚协调爬行的基础上，加快手脚爬行的频率，形成快速直线爬行能力。5–6岁幼儿在快速钻爬的基础上基本形成空间感，能够根据钻爬的管道、拱门等高度调节自身头部和身体高度，防止碰撞。

### 5.攀的能力目标

攀分为攀上和攀下两种方式。幼儿动作发展初期，由于幼儿空间感还没有完善，身体对空间的感知不足，在攀的过程中表现的特点是手脚攀登不协调，攀上或攀下速度慢，必须借助视觉的极大注意才能完成攀的动作。因此，攀的初级目标要求幼儿以先看再动的方式，通过视觉为手、脚找准握点和落点，以稳定的方式攀上和攀下。攀的中级阶段，幼儿能够脱离视觉辅助，通过手脚协调能力，借助身体本体感觉实现无视的方式，速度稳定地攀上、攀下。攀的高级阶段，幼儿本体感觉和空间感通过攀的练习达到完善，能够以空间感快速适应攀登器材，将身体对器材的陌生感降到最低；以本体感觉使手部精细感觉和足部精细感觉联动，实现手脚高度协调，在无视状态下达到熟练的攀上和攀下水平。

### 6.滚翻的能力目标

滚翻动作本身对幼儿安全方面有着极其重要的保护作用，能够保护幼儿安全地倒地，最大限度防止受伤。幼儿滚翻教学主要以常用的前滚翻为主。滚翻的初级目标，要求幼儿在下蹲起始时和滚翻过程中有收腹团身的意识和动作雏形。中级阶段，要求幼儿能够达到从直立状态进入滚翻过程，并在身体触地瞬间能够适度弯曲手臂，表现出缓冲。高级阶段，要求幼儿能够在缓冲状态下开始滚翻，滚翻过程中收腹团身，最后顺势起立，使滚翻动作自动化，尤其是能够在摔倒等突发状态下完成滚翻保护动作。

# 第二节 学前儿童身体移动能力的活动设计与指导

## 一、学前儿童身体移动能力教育的途径和方法

### (一)学前儿童身体移动能力教育的途径

#### 1.幼儿园教育

幼儿园是学前儿童学习的主要场所,因此学校教育是学前儿童身体移动能力教育的主要途径。幼儿园通过早操或课间操、运动课程、体育活动发展学前儿童的身体移动能力。

早操及课间活动时,以队形队列和不同类型的移动穿插队形,锻炼学前儿童移动能力。运动课程中,通过走、跑、跳、钻爬、攀、滚翻等针对性的教学内容设置情境活动,发展学前儿童身体多种形式的移动能力。此外,幼儿园还通过移动能力主题活动、运动会、家园亲子趣味比赛等多种移动能力竞速活动,让学前儿童身体移动能力在实际生活中得到运用。

#### 2.家庭教育

父母是孩子的第一任老师,也是孩子终身教育深刻的影响者。父母需在孩子处于学前儿童阶段时,自身树立动作发展的意识,知晓儿童不同阶段移动动作的特征和该阶段移动能力应达到的发展水平,时刻与标准对照,关注并积极促进学前儿童身体移动能力的发展。

父母在与孩子的亲子活动中,适时引导,增加幼儿身体移动能力练习的比例。以趣味性为导向,在与孩子的游戏互动中,加入走、跑、跳、钻爬、攀、滚翻等元素,在无形中发展学前儿童身体移动能力。

#### 3.社会活动

社会活动本身具有趣味性和任务达成性的特点,在趣味和任务达成的双重刺激下,能够更好地激发学前儿童身体移动的主动性。家庭和幼儿园积极组织学前儿童参加身体移动类主题社会活动,如放风筝、轮滑、攀岩、跳绳、游园等,有助于发展学前儿童身体移动能力。

### (二)学前儿童身体移动能力教育的方法

#### 1.徒手练习

徒手练习即在不使用器材的情况下,通过自身活动发展身体移动能力的方法。徒手方法较为常见,具有简单、直接、普适、易操作等特点,适用于低学龄中简单、直接的学前儿童游戏。如采用"老狼几点了""木头人""渔夫捕鱼""跳房子""顽皮猴"等徒手游戏发展学前儿童身体移动能力。

#### 2.器材辅助

器材辅助是在学前儿童身体移动能力教育活动中使用器材促进移动能力发展的方法。器材辅助最大的特点是趣味性,使幼儿在器材操作规范内同时完成移动能力练习及附属功能发展,常见的器材有跳箱、拱门、平衡木、折叠梯、攀爬索等。利用跳箱练习学前儿童身体移动能力跳的同时,发展幼儿本体感觉;拱门练习钻爬移动的同时,发展学前儿童空间感觉;平衡木练习幼儿走、跑能力的同时,发展学前儿童的平衡能力;折叠梯发展幼儿攀上和攀下能力的同时,发展幼儿手部精细动作和手—眼—脚协调能力。

#### 3.操控器材

操控器材是以身体移动为载体,幼儿使用手、足等部分操控器材发展身体移动能力。操控器材有较强的趣味性,但对学前儿童而言具有一定的难度,因此需要学前儿童基本动作发展至相应水平,同时具有一定的运动认知能力才能使用操控器材。常用的操控器材有篮球、足球、套圈、平衡车,以及民族传统体育器材板鞋、高跷、铁环等。这些器材都可以发展学前儿童身体移动能力,如打篮球和踢足球时,运球可发展学前儿童多种形式地走、跑移动能力,套圈可发展四散跑和躲闪能力;民族传统体育器材可以发展学前儿童直线、"S"形走跑能力,同时发展幼儿手—眼、视—足协调和动态平衡能力。

## 二、学前儿童身体移动能力的活动设计与指导

### (一)走的活动设计与指导

走是人体移动的基本形式。学前儿童走的类型分为徒手走和操作器械走两类,形式包括直线走、"S"形走、平衡走、负重走等,通过不同方式和形式的组合发展学前儿童身体基本移动能力。

以走为主体的活动设计示例3-1中,通过"平衡小蜻蜓"活动,让学前儿童走过高矮、宽窄、长短不同的器材,在发展学前儿童身体基本移动能力的同时,促进学前儿童

前庭器官功能发展，增强本体感受器的敏感性，发挥视觉和位觉的联合作用，从而提升学前儿童平衡能力。"蒸汽小火车"活动以壮族民族传统体育用具板鞋为载体，在发展学前儿童下肢操控移动能力走的同时，提高髂腰肌、踝关节和足底小肌群的力量，并在多人协作走中培养团队意识和协作精神。

## 活动设计示例3-1

### 平衡小蜻蜓——徒手：平衡走

**活动目标**

1. 练习走过高矮、宽窄、长短不同的器械，发展幼儿平衡能力。

2. 培养幼儿参加体育活动的兴趣。

**活动用具**

平衡木八根，两折垫八张，大轮胎八个。

**活动流程**

（一）导入

教师张开双手变成蜻蜓围着幼儿飞，幼儿也张开双手跟着教师到圈上排队。

（二）热身

教师扮演大蜻蜓，带领幼儿扮演的小蜻蜓做热身小游戏。

（三）开展

教师做小蜻蜓过平衡木的动作示范：头正，眼往前下方看，两臂自然摆动或侧平举。两脚脚尖朝前，交替向前迈步，动作自然放松通过平衡木。将幼儿分成四组进行游戏，游戏进行两次。

小蜻蜓穿过小桥，现在要回到家里，因为家在高处，所以所有蜻蜓要走过小山坡。幼儿在15-20厘米的斜坡上走上走下后回到家里，游戏进行一次。

（四）放松

教师带着小蜻蜓们在家挥动翅膀做放松运动，然后跟着教师排成一列飞回班上。

**游戏规则**

1. 平衡小蜻蜓：小蜻蜓在回家的路上遇到小桥，飞累的小蜻蜓决定要走过桥，幼儿分成四组张开翅膀，保持身体平衡依次走过桥。

2. 小蜻蜓回家：垫子搭在轮胎上形成斜坡，小蜻蜓要飞过这些斜坡回到家中。幼儿分成四组打开翅膀，保持平衡走上斜坡，再慢慢走下来飞回到家中。

**教学建议**

本活动的教学重点是指导幼儿学习走过高矮、宽窄、长短不同的物体，这里要特别关注胆怯的幼儿，鼓励他们大胆尝试。同时教师要贯彻循序渐进的原则，即由慢到快、由低到高、由宽到窄、由易到难、由简单到复杂，要合理增加难度，逐步提高要求，不可操之过急。

## 活动设计示例3-2

### 蒸汽小火车——木板鞋：两人穿板鞋直线走（图3-2）

**活动目标**

采用民族传统体育“木板鞋：两人穿板鞋直线走”趣味游戏为幼儿基本动作走的练习载体，发展幼儿下肢控制能力。

**活动用具**

幼儿板鞋，蒸汽小火车卡通挂画，小火车音乐（汽笛声、隆隆声），塑胶跑道（轨道）。

**活动流程**

（一）导入

老师使用挂图为幼儿介绍蒸汽小火车的特征和跑动方式。

（二）热身

老师引导幼儿，以手搂腰的方式模仿车厢连接方式。

老师带领幼儿，在轨道内徒手模仿蒸汽小火车行进。

（三）开展

1. 徒手练习

幼儿小组徒手原地踏步练习。

幼儿小组徒手直线行走练习。

2. 上板练习

幼儿小组穿板鞋原地踏步练习。

幼儿小组穿板鞋直线行走练习。

**游戏规则**

每两名幼儿为一列/组扮演蒸汽小火车，每列第1位幼儿为车头，另一位幼儿为“车厢”。

从后至前，让幼儿以手搂前方小伙伴腰部，车头做自然走路姿势，车厢手臂搂腰固定，不允许向前推。

步调一致，沿轨道直线行进。

**教学建议**

引导幼儿着重观察小火车挂画中车轮、连杆的特征。

教师时刻观察幼儿游戏状态，防止行走偏离直线造成两列火车路线相交。

图3-2　学前儿童“走”的身体移动能力训练（板鞋）

## （二）跑的活动设计与指导

跑是走的延伸，在学前儿童身体移动能力中具有重要意义，有直线跑、“S”形跑、四散跑、躲闪跑、负重跑等多种形式。跑作为一种快速移动能力，与人类生存和健康生活息息相关。跑在发展学前儿童身体快速移动能力的同时，其不同速度和方式的组合也能够发展学前儿童与健康相关的多方面能力指标，如心肺功能、有氧能力。

以下以跑为主体的活动示例中，“动物运动会”让学前儿童模仿小鸭子、小兔子、小乌龟、大象和鸵鸟不同形式的跑，速度快慢结合，发展学前儿童的有氧运动能力和速度素质，并在模仿过程中培养幼儿观察力和专注力。“贪吃蛇”以汉族传统体育滚铁环为载体，在发展学前儿童直线、“S”形跑动能力的同时，促进手指和腕关节精细肌肉调控能力和本体感觉，在跑动过程中发展幼儿神经高级功能——手眼协调能力。

## 活动设计示例3-3

### 动物运动会——徒手:模仿跑

**活动目标**

1.学习和掌握不同跑步方法与动作要领,提高下肢力度与身体的协调性。

2.模仿动物走路和跑步的姿势,体验游戏中奔跑的快乐。

**活动用具**

雪糕筒二十个。

**活动流程**

(一)导入

教师告诉幼儿:今天是动物运动会,会有很多动物来参加,现在带大家去看看运动会。

(二)热身

教师带领幼儿跟着音乐进行运动会热身小游戏。

(三)开展

由教师做动物运动员的动作示范:幼儿跟着教师朝前后左右四个方向慢走,每走到一处便停下学一种动物叫,然后学习这种动物的走路姿势,并尝试用这个姿势跑步,最后回到原地。动物运动员分别是小鸭子、小兔子、小乌龟、大象和鸵鸟。游戏进行一次。

教师做跑步比赛的示范动作:上体稍前倾,眼向前看,两手轻轻握拳,两臂屈肘于腰侧,前后自然摆动。腿向后用力蹬地,向前摆腿,方向正,幅度大,膝放松。前脚掌先着地,脚尖朝前,落地要轻,呼吸自然且有节奏。幼儿进到跑道内,进行四人一组的跑步比赛。游戏进行两次。

(四)放松

教师带着幼儿在跑道进行放松运动,然后听着颁奖音乐回到班级里。

**游戏规则**

1.运动员进场:幼儿模仿动物的走路姿势,并尝试跑步,看看哪个动物的动作跑起来最快。动物分别是小鸭子、小兔子、小乌龟、大象和鸵鸟。

2.动物运动会:看过动物运动员比赛后,让幼儿来比赛。把幼儿分成四队,让幼儿在跑道起点听到发令声后开始跑,跑到终点处(距起点十米)排好队。

**教学建议**

跑的教学应以形成正确姿势为主，不要追求数量和速度上的发展。可以定期检查动作质量。以动作教学的效果来了解幼儿动作发展水平。但不宜制定指标，不宜搞评分，可以多给予幼儿鼓励。

## 活动设计示例3-4

### 贪吃蛇——铁环：滚铁环四散跑（图3-3）

**活动目标**

以民族传统体育滚铁环四散跑趣味性游戏为载体，进一步发展幼儿跑的基本动作。在四散跑中，强化幼儿手指、手腕灵活性和手部本体感觉，在趣味性练习中发展跑的移动能力。

**活动用具**

铁环、推杆、标志桶、平坦场地。

**活动流程**

（一）导入

教师语导入："小朋友们，小蛇是怎样行走的呢？""小蛇的行走路线是什么样的，是直线还是曲线？""太棒了，我们都是小青蛇，大家跟着老师一起去找吃的吧。"

（二）热身

全部跟随教师，教师带领幼儿以四散跑的方式进行热身。

（三）开展

1.滚铁环直线跑练习。

2.滚铁环转弯跑练习。

3.滚铁环随意四散跑练习。

**游戏规则**

滚铁环四散跑过程中不要触及自己及他人的标志桶。

**教学建议**

1.教师注意观察幼儿的学习进度，熟练当前开展环节后可进入下一环节。

2.练习循序渐进，先学会左转和右转后，再进入四散跑的左右连续转弯跑。

图3-3　幼儿跑的趣味移动练习(滚铁环)

### (三)跳的活动设计与指导

跳是学前儿童跨跃式身体移动的主要发展动作,有利于作为后期参与和享受复杂精细运动的能力储备。跳类动作可在水平和垂直两个维度进行,分为前后跳、左右跳、上下跳三种形式,可以增强学前儿童全身协调能力,提高小腿后肌群和踝关节力量,增加骨密度。

以下以跳为主体的活动示例中,“我是小伞兵”根据学前儿童学情,设计适宜高度,使幼儿通过扮演小伞兵角色,以向下跳的形式形成跳的身体移动能力,在提高学前儿童力量素质的同时,还锻炼了下肢牵张反射和落地缓冲姿势反射能力。“袋鼠过河”以京族黎族传统体育跳竹竿为跳类身体移动能力练习的载体,通过趣味性的游戏发展学前儿童跳的身体移动能力。跳竹竿可以根据幼儿发展需要设计双脚跳、单脚跳、前跳、侧跳、单人或多人跳等不同方式,在提高弹跳能力的同时发展学前儿童听—动协调能力。

#### 活动设计示例3-5

**我是小伞兵——徒手:向下跳**

**活动目标**

1.学习寻找合适的地方并从高处往下跳,懂得从高处跳落的自我保护方法。

2.通过活动锻炼幼儿的跳跃能力,让他们的身体得到锻炼。

3.培养幼儿不怕困难、勇于挑战的意志品质。

**活动用具**

幼儿椅子三十张，跳箱四组，体操垫四张。

**活动流程**

（一）导入

教师扮演队长，幼儿扮演降落伞兵，手臂搭肩膀排队进入游戏场地。

（二）热身

教师让幼儿原地进行降落伞兵空中练习，为接下来的跳伞战斗做准备。

（三）开展

教师让每个幼儿找到一个小椅子，站稳后看教师做动作示范：两腿屈膝半蹲，上体前倾，两臂后摆，当两臂由后向前摆动时，两前脚掌用力蹬地，两腿蹬直向前跳下，落地时屈膝缓冲，两臂前平举维持平衡。幼儿听指令尝试从椅子上跳下，游戏进行三次。

教师将幼儿分成四组，要求每个幼儿从跳箱上往下跳，重点强调落地动作，要求幼儿落地时屈膝半蹲，保持平衡。游戏进行两次。

（四）放松

教师带着跳伞兵安全着陆，做原地放松运动，然后排好队跟着教师回到班上。

**游戏规则**

1. 小伞兵练习：幼儿找到小凳子后，先自由探索高处往下跳的动作，然后进行集体练习，教师示范过后，幼儿听到口令就往下跳。

2. 我是小伞兵：将跳箱调整至30厘米高，落地点放好体操垫。幼儿分为四组，依次从跳箱上跳下，要求幼儿的落地点必须是体操垫中间，而不是跳到边缘或者外侧。

**教学建议**

教师在教学前要做好准备活动，以免出现伤害事故。同时在教学时要注意自己的示范动作，以正确的示范动作让幼儿模仿。在幼儿分散练习环节要注意观察，纠正部分幼儿不到位的姿势，引导幼儿想出不同的跳法，并对勇敢的幼儿加以鼓励。

## 活动设计示例3-6

### 袋鼠过河——跳竹竿：横杆双脚并步跳（图3-4）

**活动目标**

以民族传统体育“跳竹竿：横摆竿正面双脚并步跳”趣味活动为基本动作

跳的练习载体，提高下肢连续前跳能力及落点精准性，发展幼儿视—足协调能力和空间位置感。

**活动用具**

粗竹竿（底竿）2条、细竹竿（打竿）2–4条、袋鼠头饰。

**活动流程**

（一）导入

教师戴头饰，语言导入："小朋友们，这是什么动物呀？（袋鼠）那袋鼠是怎么走路的？""和袋鼠妈妈一起跳起来吧！"

（二）热身

教师带领幼儿，模仿袋鼠，双臂弯曲置于体前，向前方做双脚并步连续跳动作。

（三）开展

1. 徒手正面双脚向前并步连续跳。
2. 空竿（不打竿）双脚并足连续向前跳。
3. 跟随打竿节奏连续正面双脚并步跳。

**游戏规则**

跟随打竿节奏，不要踩竿。

**教学建议**

教师可以和幼儿配合，或教师教会幼儿跟随节奏自主打竿，让打竿和跳竿的幼儿进行轮换。

图3–4　幼儿"跳"的趣味移动练习（跳竹竿）

### （四）钻爬的活动设计与指导

俗语"三翻七坐八爬"（有其他说法，此为一种），即婴儿约3个月时就可以学会翻身，7个月时身体有了足够的支撑力就可以坐起来，8个月的时候就能自行爬行。可见，爬是人类最初级的身体移动能力。因此，爬也是学前儿童身体移动能力的重要内容之一。由于爬行过程中要求抬头目视前方，上下肢通过腰腹联动交替前移，颈部、上肢、腹部、下肢都会发力，是一项全身性的学习内容。

以下以爬为主体的活动示例中，"小乌龟过河"的主要内容为徒手向前爬，可以有效提升幼儿颈部、四肢、核心肌肉耐力，增强上下肢运动的协调性，同时提升幼儿的速度素质。"大象拔河"是藏族传统体育，也称"押加"（音译），是以爬行的方式较力较技，具有很强的趣味性。"大象拔河"可以提高幼儿颈部、核心肌肉、下肢和精细肌群的力量，练习爬行过程，可塑造幼儿坚忍拼搏、勇于竞争的品质。

## 活动设计示例3-7

### 小乌龟过河——徒手：爬行

**活动目标**

1. 通过活动发展幼儿手脚着地爬行的动作。

2. 通过活动发展幼儿的灵敏性和协调性，锻炼手臂和腿部力量。

3. 培养幼儿遵守纪律的良好行为品质；培养幼儿的安全意识，学会遇到危险保护自己。

**活动用具**

呼啦圈20个，大鼓1个。

**活动流程**

（一）导入

教师扮演乌龟爸爸，今天要带领幼儿扮演的小乌龟们一起做游戏。

（二）热身

教师扮演乌龟爸爸，幼儿扮演小乌龟，大家蹲在场地一角作睡懒觉状。当音乐声响起，教师带领小乌龟们做生活模仿操进行热身：伸懒腰、起身、穿衣服等。

（三）开展

教师做示范动作：双手撑地、两腿稍屈膝、头稍抬起、眼向前看，左（右）手和右（左）脚协调配合用力向前爬行。然后带着幼儿进行小乌龟过河的游戏，游戏进行两次。

然后加入大鼓，教师做示范动作：听到鼓声后，幼儿要停止爬行，轻轻将手臂和小腿贴到地面，身体向中间收拢，低头面朝地面，鼓声响起继续向前爬。幼儿进行勇敢小乌龟的游戏，游戏进行两次。

（四）放松

教师指导用洗澡、敲敲乌龟壳等模仿动作进行肢体放松，然后跟着乌龟爸爸在音乐声中退场。

**游戏规则**

1. 小乌龟过河：配课教师坐在离“家”20米远的地方扮演乌龟妈妈。幼儿在“家”里排成一列，手脚撑地，双膝离地，听到游戏开始的指令开始向前爬，去到乌龟妈妈的身边，喊她起床。然后再手脚着地爬回“家”里。

2. 勇敢小乌龟：配课教师坐在离“家”20米远的地方扮演乌龟妈妈。幼儿在“家”里排成一列，手脚撑地，双膝离地，听到鼓声开始向前爬，鼓声停止要立刻将头、手、脚都缩进“龟壳”，保护自己不被鳄鱼咬到，进到安全区域乌龟妈妈会保护幼儿，幼儿可以蹲下休息。游戏进行一次后会加入呼啦圈变成荷叶，要求小乌龟们绕过荷叶去找妈妈。

**教学建议**

在手脚着地向前爬时，幼儿常会出现不屈膝、手脚配合不协调等现象。教师让幼儿看正确动作示范后，可以在旁边用语言提示，并放慢速度帮助幼儿掌握动作（如图3-5所示）。游戏中提醒幼儿注意安全，爬行过程中保持合适的间距，避免运动中发生意外伤害。

图3-5　幼儿标准爬行姿势

## 活动设计示例3-8

### 大象拔河——押加：两人爬行对拉

**活动目标**

以民族传统体育“押加：两人对拉”趣味游戏作为练习幼儿基本动作爬的载体，发展幼儿爬行能力，提高全身肌肉协调能力。

**活动用具**

套绳、大象头饰、平整场地、垫子。

**活动流程**

（一）导入

教师语言导入："小朋友们，大森林中谁的力气最大呀？没错，是大象。大象又高又大又结实，哪位小朋友可以表演一下大象是怎么走路的呢？"

（二）热身

教师带领幼儿在垫子上以爬行的方式，集体模仿大象的走路姿势进行热身，为后续练习做准备。

（三）开展

1. 分组爬行，教师以押加爬行要求为标准，给幼儿讲解动作要领。

2. 教师分发套绳，将幼儿两两分组，进行爬行对拉。

3. 教师组织幼儿进行爬行对拉挑战赛。

**游戏规则**

幼儿须以爬行姿势进行较力。

**教学建议**

1. 幼儿双方分组较力时，教师应进行同质分组，即身高、性别、体重相同的幼儿分为一组。

2. 幼儿双方对拉过程中，应有带班教师和辅助教师两位教师同时位于幼儿正前方作为保护者。

### （五）攀的活动设计与指导

攀是纵向移动的方式，能够在克服重力纵向移动过程中锻炼上下肢协调能力，提高四肢力量素质，发展手部和足部精细控制能力。

以下以爬为主体的活动示例中，"勇敢攀雪山"为徒手斜坡攀爬。斜坡攀爬不同于平地爬行，不仅需要为身体提供向前的动力，还需在保持平衡过程中通过上肢的拽拉和下肢蹬伸，为身体提供向上的力量。因此，徒手斜坡攀爬能够发展幼儿手部抓握与脚部跖屈和精细动作，提高肱二头肌及大腿前肌群和小腿后肌收缩力量。"小小粉刷匠"以折叠梯为器材，培养学前儿童攀上和攀下能力。攀上和攀下初期视觉发挥重要作用，通过视觉寻找手和脚的落点；后期，由于儿童手脚协调能力和空间感提高，无须借助视觉寻找手脚落点，视觉作用从主要逐渐过渡为辅助。

## 活动设计示例3-9

### 勇敢攀雪山——徒手:斜坡攀爬

**活动目标**

1. 能大胆尝试利用不同材料、不同难度的物体和器械进行攀爬练习,动作协调。

2. 锻炼幼儿手臂力量,提高身体运动的协调性和灵敏性。

3. 感受红军战士当年爬雪山的艰难,培养幼儿爱国主义精神。

**活动用具**

攀爬架四个,攀爬网一张。

**活动流程**

(一)导入

教师扮演长官,幼儿扮演小士兵,在训练场听口令于站点集合。

(二)热身

教师扮演长官,带领幼儿扮演的小士兵绕场地周围慢跑热身。

(三)开展

教师让幼儿观察四周是否有可攀爬的地方,让幼儿分散在场地中探索三分钟,教师巡回观察指导,提示注意安全。之后集合,请幼儿展示和介绍自己攀爬的方法。

来到雪山入口,教师做攀爬雪山的示范动作:两手两脚交替向上攀登。攀登时先移手,后移脚。下行时先移动脚,后移动手。幼儿尝试进行勇敢攀雪山的游戏,穿过雪山的幼儿在对面警戒,守护阵地等所有幼儿到齐。游戏进行两次。

(四)放松

教师指导小士兵们进行肢体放松,然后跟着教师在胜利的号角声中退场。

**游戏规则**

小红军们千辛万苦来到了雪山,要攀爬过雪山,去到阵地。前面有四座雪山,将幼儿分成四组,依次攀爬过雪山,回到阵地。

**教学建议**

在以前的户外体育活动中,出于安全考虑,教师组织攀爬这方面的活动较少,以至于幼儿在这方面的经验积累不够。所以在攀爬的游戏活动中,教师要时刻关注幼儿,多给予幼儿保护和帮助,也可通过示范和语言提示等方法,增加幼儿的信心和勇气。

## 活动设计示例3-10

### 小小粉刷匠——攀梯子:攀上和攀下(图3-6)

**活动目标**

1.通过“粉刷匠”角色扮演,引导幼儿使用梯子练习在纵向空间攀上和攀下的身体移动。

2.在攀上和攀下练习过程中,发展幼儿用于攀登的粗大肌肉和用于抓握的精细肌肉,促进幼儿手脚协调能力。

3.在抓点和登点交替中,促进本体和空间感觉。

**活动用具**

折叠梯。

**活动流程**

(一)导入

教师情境导入:

“小朋友们,最近我们活动室的白墙好像有点灰灰的,怎么办呀?”

“让我们变身粉刷工人,一起参加劳动吧!”

“哎呀,墙似乎有点高呢,这可怎么办?”

“你们的主意太棒了,我们一起搬梯子吧。”

(二)热身

教师带领幼儿,模仿粉刷工人,双臂弯曲置于头顶上方做挥舞刷墙动作,在场地中从一点随机跑至任意一点,活跃课堂气氛,活动幼儿全身。

(三)开展

1.原地徒手做向上和向下攀登动作。

2.带领幼儿手脚着地向前爬,在横向空间模拟攀登时的手脚交替动作。

3.摆开梯子,幼儿纵向列队,教师站在梯子旁边辅助并保护幼儿攀上、攀下。

**游戏规则**

幼儿须在教师指导下从梯子正面攀上,从梯子反面攀下,依此循环。

**教学建议**

教师可以根据本班幼儿人数摆放不同数量的梯子和安排攀登队列,如是初次练习,可在梯子周围铺设垫子,增强幼儿攀登的信心。

图3-6　移动能力攀的练习

## （六）滚翻的活动设计与指导

好动是学前儿童的天性，动作发展较好的幼儿喜欢自由跑动，一定数量的儿童聚在一起也会很快自发形成追逐跑，或跑动地打闹。在自由跑、追逐跑或打闹的过程中，因跑动绊倒或同伴在背后向前推搡，正向摔倒的概率很大，牙齿或下颌、手掌根部、肘关节、膝关节是正向摔倒时受擦伤概率较大的部位，骨裂、骨折发生的概率较小。

滚翻是学前儿童身体移动的保护性动作，熟练掌握该动作，能够保护幼儿正向摔倒时不受到伤害。“顽皮猴”活动以滚翻为主要内容，使用体育运动软垫，为幼儿提供安全的滚翻条件，能够使幼儿通过团身—滚动—站立系列动作提高前庭功能、位置感、本体感和空间感。幼儿在动作熟练后，能在摔倒时下意识团身滚翻，保护正面部位免于受伤。

## 活动设计示例3-11

### 顽皮猴——徒手：滚翻

**活动目标**

1.通过顽皮猴游戏，以滚翻作为教学内容，发展幼儿滚翻能力。

2.在滚翻中发展幼儿本体和空间感觉，增强幼儿安全保护意识，形成合理倒地的技能。

**活动用具**

运动保护垫。

**活动流程**

（一）导入

教师戴猴子头饰，语言导入："小朋友们，我是谁呀？"

"你是一只小猴子，一个顽皮又快乐的小猴子。"

"小猴子今天太开心了，我要在地上打个滚儿，哈哈。"

（二）热身

教师带领幼儿，模仿猴子，在垫子上蹦蹦跳跳，任意打滚。

（三）开展

1.教师带领并辅助幼儿练习滚翻，起始时手撑地缓冲（图3-7）。

图3-7　幼儿滚翻练习

2.教师示范，幼儿模仿，仰卧团身抱腿，用背在垫子上前后滚动，初步形成滚动的本体感觉（图3-8）。

图3-8　幼儿滚动练习

3.滚翻起始—团身—站立完整动作练习(图3-9)。

图3-9　幼儿翻滚完整动作的练习

4.在顽皮猴游戏中,要求幼儿滚翻前进,完成摘桃子任务。

**游戏规则**

以滚翻为移动方式,在垫子前方放置“桃子”,每滚过一块垫子可摘桃子一颗。

**教学建议**

教师作为“猴王”,以示范的形式带领幼儿学习滚翻,让幼儿在充分模仿的基础上掌握滚翻移动的能力。

## 学习研究3-1

### 心率研究

心率与心肺功能、运动强度等有着紧密关系。幼儿运动强度相对其他方面而言是当下学前体育领域研究较少的一方面,需要承担幼儿运动类课程的教师及学前体育科研人员付出努力,积累宝贵的幼儿运动心率研究成果。

学前儿童心脏功能的直接外部表现为运动时心率的变化,理论上讲,阶段性移动能力学习后会出现心脏功能良性的适应性变化,表现为心脏泵血能力的提升。我国幅员辽阔,各地经济发展水平和家庭养育方式,以及学前儿童身体发育阶段和心脏功能差异性较大,心率数据也有较大差异。因此,幼儿安静心率、运时心率的标准,以及某一运动项目阶段实施后对心率的影响效果都有待研究。

请根据以上现状,在教学活动中尝试研究制定运动与幼儿心率的标准体系。

## 三、学前儿童身体移动能力教育应注意的问题

### （一）重视幼儿动作发展的意义

人类早期在与自然抗争的过程中，身体移动能力是重要的生存能力之一。移动能力作为动作的主要组成，也是当今幼儿粗大和精细动作发展的重要内容。人类所有领域的发展彼此影响并且贯穿人的一生，动作发展水平与人的体力、智力、行为、健康、社会的发展关系十分密切，经历着由初级走向高级的变化过程，具有质变的、序列的、累积的、有方向的、多因素的、个性化的特点。

在我国由体育大国向体育强国转型的过程中，“健康中国”和“双减”大背景下，重视幼儿动作发展的意义在于：第一，促进健康。身体移动能力教育是实现全民健康强基的重要手段，能够促进学前儿童健康素质发展，从根本上提高全民健康素质。第二，提高动作水平和神经—肌肉控制能力。通过徒手和操作器材方式练习移动能力，可提升学前儿童粗大和精细动作水平，增强本体感觉和空间感觉，发展手—脚协调、手—眼协调、听—动协调等神经系统综合控制能力。第三，格雷格·佩恩（Greg Payne）指出动作总是朝更高级和更精细方向发展。移动能力的发展，可以促进学前儿童动作向更高级和更精细方向发展，为儿童日后更精湛的动作模式打下基础，实现更高级的动作水平和享受生活乐趣。

### （二）运动中促进幼儿动作发展

运动是实现动作发展的基本途径。进入3岁后，幼儿身体的活动性水平大大提高，对运动的需求量也更大。运动可以释放幼儿的能量，满足其好动的天性。

《3-6岁儿童学习与发展指南》要求幼儿每天的户外运动时间不少于两小时，其中体育活动时间不少于一小时，季节交替时要坚持。教育者可以根据幼儿年龄特点和兴趣爱好安排丰富多样的运动，使幼儿在运动的过程中锻炼大肌肉动作，同时让动作更加协调、流畅。

精细动作主要涉及手和足部的动作。精细动作以粗大动作为基础，需要手眼协调并加以适量的练习才能完成。可选用由手部操作和足部操作的民族传统体育游戏来促进精细动作发展。

幼儿动作的发展是幼儿在探索欲望和新目标支配下对先前已掌握的能力进行重新建构，即幼儿主动把已有的动作技能重新组成新的、更复杂的动作系统。因此，要为幼儿提供运动的机会，在运动中，幼儿可巩固已有的动作技能，并发展新的动作技能。

### （三）关注幼儿生理特点

幼儿有其年龄段特殊的生理特点，主要体现在与移动相关的骨骼、关节、肌肉、呼吸系统和神经系统上（如表3-2所示）。

表3-2　幼儿生理特点概览

| 机体部位 | 特点 | 注意事项 |
| --- | --- | --- |
| 骨骼 | 1.软骨、水分和有机物质多<br>2.无机盐少，骨密度较差<br>3.骨骼富有弹性而坚固不足<br>4.不易完全骨折但容易发生弯曲和变形 | 1.养成正确的身体姿势<br>2.注重身体的全面训练<br>3.力量训练时，注意负荷的重量<br>4.选择合适的训练场地<br>5.适当营养 |
| 关节 | 1.关节面软骨较厚<br>2.关节囊、韧带伸展性大<br>3.关节牢固性较差，容易脱位 | 外力介入要慎重 |
| 肌肉 | 1.水分多<br>2.蛋白质、脂肪和无机盐类少<br>3.收缩机能较弱，耐力不足，容易疲劳 | 1.根据年龄特点安排运动负荷<br>2.选择适宜的练习方式 |
| 呼吸系统 | 1.胸廓小、呼吸肌力弱<br>2.呼吸表浅，肺活量小<br>3.呼吸频率快 | 1.不宜做过多和过长的憋气练习<br>2.注意呼吸卫生<br>3.有意识地加大呼吸深度 |
| 神经系统 | 1.神经活动过程不稳定<br>2.兴奋过程占优势<br>3.兴奋和抑制过程在皮质容易扩散 | 1.课程内容要注重多样性、趣味性<br>2.训练时以直观形象教学为主<br>3.练习可以少量多次，合理地安排休息<br>4.注意培养意志品质和组织纪律意识 |

### （四）注意活动过程中的安全因素

学前儿童自我保护意识还未完善，对危险状况的反应也相对滞后。学前儿童的耐力、力量、速度、平衡、协调等身体素质处于发展的初级阶段，各项机能指标较弱，因此在活动中受身体素质发展水平的影响，会较快出现疲劳而无法更好地控制身体导致受伤。

因此，受学前儿童年龄和认知因素制约，教师在组织幼儿实施移动能力的教育前和实施过程中都应把幼儿安全因素放在首位。

#### 1.评估活动内容的难度是否与幼儿现有的能力发展相匹配

实施学前儿童身体移动能力教育前，首先，教师要评估本次活动内容的难易程度是否与幼儿现有能力发展相匹配。若难度过高，则有幼儿受伤概率增加的可能。其次，教师要考虑本班幼儿的整体特性，如是否属于活泼好动型，从而控制当次活动的难易程度。再次，全面考量活动用具的安全性，是否是硬、尖、重类器材，器材特性要与幼儿班级整体特性相关联。如活泼型班在使用硬类、重类器材时需采用更加科学合理的组织形式，以防幼儿受伤。最后，教育实施前要结合本班幼儿整体特性和活动内容，选择合适的教学方法和组织形式。

**2. 合理规划活动路线及器材的摆放**

合理的活动路线规划和器材摆放可以增加教育活动的有序性、趣味性，提高活动密度和教学效果。因此，教师要根据器材特点提前摆放好器材、规划好路线，做好场地布置，对于较轻的器材也可组织幼儿摆放，培养其动手能力和劳动素养。此外，注意安全保护器材的使用。如走平衡木或攀爬练习中，可在平衡木或攀爬梯两侧放置垫子，以防幼儿跌落。在幼儿练习过程中，随时观察所有幼儿动向，把控练习过程。如有配班教师协助，主班教师要与其密切协作，共同维持练习过程的有效性和安全性。

### （五）注重在教育过程中测量幼儿阶段性数据

教师不仅要重视学前儿童身体移动能力教学方法和活动的组织与实施能力，同时还需具有科学精神和科研意识，还要学会运动测量器材的操作方法。教师要在学前儿童身体移动能力活动教学、课程开发、课程实施过程中关注并测量记录幼儿心率、运动强度、各种移动形式主要肌群的肌力、移动速度、移动中的动态平衡、手—眼协调、手—足协调、听—动协调等指标数据。科学监测，比较阶段性个体样本的前、中、后期纵向数据变化，或实验组与对照组横向比较，呈现身体移动能力学习的效果，以及比对不同移动方式对幼儿影响程度的差异。

## 本章小结

身体移动指的是独立和安全地将自己从一处移动到另一处，是身体在空间上移动的技能。移动能力是人类生存和生活的基本能力，对人类的终身发展有着重要意义。学前儿童身体移动能力是终身发展的基础，最终的形式是向更高级和更精细发展，对成年后的生活质量起到奠基作用。身体移动能力的形式包括走、跑、跳、钻爬、攀、滚翻，表现方式有直线、“S”形、四散、躲闪，移动方向有水平移动（前、后、左、右）和垂直移动（上、下），不同的移动形式和表现方式组合能够发展学前儿童的速度、力量、耐力、灵敏、控制等能力。根据学前儿童年龄特点和动作发展水平，可将不同的移动方式划分为初级、中级、高级阶段目标三种水平。

学前儿童身体移动能力教育可通过学校教育、家庭教育、社会活动三种基本途径实现，在具体实践中可采用徒手练习、器械辅助、操控器械三种基本方式。

教师在儿童身体移动能力教育过程中要重视幼儿动作发展的意义，在运动中促进幼儿动作发展，关注幼儿生理(骨骼、关节、肌肉、呼吸系统、神经系统)特点，注意活动过程中的安全因素，注重在教育过程中测量幼儿阶段性数据。

## 思考与实训

1. 简述不同阶段学前儿童身体移动能力走、跑、跳、钻爬、攀、滚翻各有何特点。

2. 不同移动方式发展了学前儿童的何种身体素质?

3. 描述身体在不同移动方式中运用粗大动作和精细动作的部位?

4. 哪种移动方式可以促进学前儿童神经系统功能发展?

5. 年龄和移动方式不限，请运用专业知识设计一个学前儿童身体移动教育活动方案。

## 专题探讨

### 学前儿童身体移动能力学习活动需要注意哪些事项?

一般情况下，学前儿童参加身体移动能力练习的活动都是在教师、教练或者家长的陪同下、监护下进行的，那么在运动的过程中应该注意哪些事项，从哪几个方面给予关注呢? 这就要求我们知道一个完整的活动过程包括哪些环节，以及各个环节具体需要注意哪些内容。

一个科学完整的运动过程，可以简要地分为热身环节、运动环节、放松环节三个部分。这三个部分环环相扣，在整个运动的过程中都有着重要的意义。

想一想:这三个环节的注意事项有哪些?

# 第四章

# 学前儿童器械(具)操控能力的教育

## 学习目标

- 了解学前儿童器械(具)操控能力的概念。
- 理解学前儿童器械(具)操控能力的发展特点。
- 掌握学前儿童器械(具)操控能力的内容及各年龄阶段的目标。
- 理解学前儿童器械(具)操控能力培养的途径和方法。
- 能进行学前儿童器械(具)操控能力的活动设计与指导。
- 树立问题探究意识。

## 学习重难点

- 重点:理解学前儿童器械(具)操控能力的发展特点,能进行学前儿童器械(具)操控能力的活动设计及指导。
- 难点:掌握学前儿童器械(具)操控能力的内容及各年龄阶段的目标。

## 案例破冰

**爱扔东西的月月**

月月10个月时,特别喜欢把纸巾从盒子里抽出来,还会把纸巾撕碎。月月还喜欢把捡到的东西塞到嘴巴里;看到桌面的东西都会去抓过来,敲打桌面,敲了一阵后举起来甩一甩,玩够了就将物品从桌上扔下去,听到落地的声音会低头去看,成人捡起来递给她后,继续扔到地上,乐此不疲。1岁的月月则会反复尝试用手指捏起小圆柱体放进圆孔里。

案例中体现了学前儿童动作发展的什么阶段呢？这个阶段孩子为什么喜欢扔东西呢？

案例中的月月正是在无数次摆弄物体的过程中逐渐提高了操控器械(具)的能力，使她更有目的地拿、敲、举、扔，这个过程促进了手眼协调能力的发展，渐渐能较为准确进行更高水平的器械(具)操控。如月月到了幼儿期在不断地探索和引导下，能准确将图4-1中的圆柱体放进正确的位置。

那么，作为教师需要为学前儿童器械(具)操控能力的发展提供什么指导和条件呢？

图4-1　插孔圆柱体

# 第一节 学前儿童器械(具)操控能力概述

器械是具备一定使用功能的物体。器械大多有一定的机械原理,比如杠杆、滑轮、铆钉等,一般器械至少有两个部件靠螺栓或者铆钉等构件组成,具备相对复杂的使用功能,人们通常能借助器械完成仅靠手无法完成的工作,即器械必须是具有某种机械属性和手工辅助功能的组合产品。器具是指能够方便人们完成工作的用具,即工具①。如,绳子,具备某种功能,但是却不符合器械的特点,只能被当作工具、器具,而不是器械。幼儿园常用的运动器具包括绳、球、圈等。

## 一、学前儿童器械(具)操控能力的内涵

器械(具)使用和器械(具)操控的区别:器械(具)使用是指在器械上完成各种诸如跑、钻、爬、攀等基本动作,而器械(具)操控是指运用各种诸如拍、投、抛、接、踢、击、顶等身体动作对器械(具)进行操作和控制。前者使用的器械一般为中大型器械,而后者操控的器械则大小、重量适当,便于人为操控,达到游戏及运动目的。

操控能力,即操作或控制器械(具)类物体的能力,包括投掷、接、拍、击打物体,运球、滚球、踢球、空中截击的能力。操控能力具体是指个体用拍、投、抛、接、踢、击、顶、踩、踏等方式主动作用于各种目标物体,并有意识地使目标物体在方向、位置、速度、状态等方面发生改变的运动能力②。完成这些动作,还需要有一定的身体姿势控制能力和运用能力,如投掷需要手、眼、躯干等身体部位共同参与配合。器械(具)操控能力同时也能促进身体协调性、灵敏性与力量进一步发展。生活自理、写作、绘画等任务中所需要的精细动作,属于器具操控能力。本章主要是学习大肌肉方面的器械(具)操控,小肌肉方面的学习会在第五章中进行讲述。

① 柳倩,周念丽,张晔.学前儿童健康学习与发展核心经验[M].南京:南京师范大学出版社,2016:145.

② 柳倩,周念丽,张晔.学前儿童健康学习与发展核心经验[M].南京:南京师范大学出版社,2016:145.

**经典研究4-1**

**精神运动学——通过感知和运动来促进发展**

德国的精神运动学是由基普哈特(Kiphard)开创的,他研究的出发点是:把运动作为一种矫治方案,引入到对身体有缺陷、行为古怪以及发育中断的孩子的治疗中。这种矫治方法的原理即精神运动学,认为儿童的身体体验可以打开他们内心世界的大门。儿童运动的举止也向我们表明了他们的心理状态,帮助我们了解儿童那些不能或者不愿通过口头表达出来的心理历程。这个学说对于我们理解儿童明显表露出来的问题和儿童的举止具有很重要的意义。不仅如此,借助于开展游戏和运动而设置一定的任务,我们和儿童进行沟通也会变得轻松一些。儿童对运动和游戏的反应也会更加直接,自发性也更强,我们要鼓励他们参与到其中也更加容易。

(资料来源:柳倩,周念丽,张晔.学前儿童健康学习与发展核心经验[M].南京:南京师范大学出版社,2016.)

## 二、学前儿童器械(具)操控能力的发展特点

学前儿童器械(具)操控能力发展遵循一定的规律,教师及家长理解学前儿童器械(具)操控能力的发展模式和动作发展特点,是对学前儿童观察、指导、支持的前提。《学前儿童健康学习与发展核心经验》(柳倩、周念丽、张晔主编)中则把学前儿童器械(具)操控能力分为四类:单人单一身体部位、单人多个身体部位、多人单一身体部位、多人多个身体部位。

### (一)学前儿童器械(具)操控能力的发展规律

#### 1.动作技能发展经历三个水平

柳倩、周念丽、张晔在《学前儿童健康学习与发展核心经验》(2016)中把学前儿童器械(具)操控能力发展水平分为三个:前控制水平、控制水平、运用水平。

(1)水平Ⅰ:前控制水平。

这一水平是学前儿童器械(具)操控动作发展的最初掌握阶段。具体表现为:操控动作不稳定、不协调,常常有停顿;不够灵活、自然,操控起来比较费力;操控动作需要明确的认知控制,思维过程明显。这一阶段,儿童在认知上处于感知和表象阶段,主要依靠视觉表象来控制和调节动作。

（2）水平Ⅱ：控制水平。

在初步尝试阶段的基础上，通过经常、不断的练习，这一水平中的儿童对器械（具）操控的动作逐渐趋向正确、稳定，通常表现为：紧张动作或多余动作明显减少，大部分的错误动作得到纠正，身体的控制能力得到增强，动作要领和程序开始内化，思维过程明显减弱，动作完成省时省力，动作的多个环节之间过渡自然，动作连贯并关注细节。此时，儿童已经逐步形成了动作概念，建立起了动力定型，但动作仍会受到环境因素的干扰。

（3）水平Ⅲ：运用水平。

随着经常练习，这一阶段动作形成较为巩固的动力定型。此时的儿童对器械（具）操控动作完成的质量提高，通常表现为：儿童的动作反应速度加快，动作稳定、熟练，能较准确、协调、省力地完成动作，整体动作简洁明快、协调优美，甚至还出现动作的自动化，但同时也有可能出现高原期现象。

**2. 以上肢功能为主的器械（具）操控能力发展在前，以下肢功能为主的器械（具）操控能力发展在后**

根据参与器械（具）操控的主要身体部位，可以把器械（具）操控能力分为两类：一是以上肢参与为主的能力，如投掷、拍球、接球等动作；二是以下肢参与为主的器械（具）操控能力，如踢球、盘球、跳绳、踢毽子等。根据动作发展的首尾原则，学前儿童上肢器械（具）操控要易于下肢。

**3. 器械（具）直接操控能力发展在前，器械（具）间接操控能力发展在后**

根据如何使用器械（具）作用于目标物，可以把器械（具）操控能力分为两类：一是器械（具）直接操控能力，如直接用手拍球、接球；二是器械（具）间接操控能力，如用乒乓球拍拍球，用球棒击球。由于间接操控能力需要更多个身体部位的控制，因此直接操控能力发展在前，间接操控能力发展在后。

**4. 同侧操控动作发展在前，异侧操控动作发展在后**

根据操控动作是否过身体中线，我们可以把操控动作分为不过身体中线的同侧操控动作和过身体中线的异侧操控动作。如用右手在身体右上方举哑铃属于同侧操控，用右手在身体左上方举哑铃属于异侧操控。同侧操控动作属于更加贴近自然状态的动作模式，而异侧操控动作需要更多的视觉调节，因而对幼儿来说更难，一般在动作发展较为成熟的阶段才能较好掌握。

**5. 从机械单一动作向整合性动作协调发展**

幼儿在进行操控活动的最初阶段，往往只是身体的某一部位做出动作反应。如投掷时,幼儿往往只用手臂做出“砍”的动作,没有脚步和身体的扭转动作;踢球时,幼儿是静止地站在球后,仅仅用脚把球踢出去。但随着身体协调能力的发展和动作经验的不断丰富,幼儿的操控动作从机械单一动作向更为成熟的整合性动作发展,并且各部位逐渐有效协调配合,如投掷时能上肢和下肢协调配合。

**6.单一任务的操控动作发展在前,多任务的操控动作发展在后**

多任务有两种类型,一是指运动类的多任务,二是指运动和非运动类的多任务。运动类多任务的操控动作需要身体不同部位相互协调用力。单一任务对身体各部位协调能力、反应速度要求比较低,比较容易完成,多任务则需要身体更快做出反应,更难完成。例如,接皮球属于单一任务,抛出并接住皮球属于多任务。

运动和非运动类的多任务的操控动作常常将认知任务与操控任务相结合。例如,先抛起红色皮球并且接住,然后抛起绿色皮球并且接住。该任务中在抛接皮球的基础上,还有记忆颜色、顺序的认知任务。

因为单一任务比较容易完成,所以,在低幼阶段的操控任务应该以单一运动任务为主,在此基础上,逐渐增加其他运动任务、简单的认知任务以及速度任务等。

**7.从延迟反应发展为积极主动的操控动作**

学前儿童眼睛跟踪物体、目测、判断能力较弱,因此操控物体时的最初表现是延迟反应。例如当儿童接球时,会有两种情况,一是等球飞到胸前才做出反应,伸出双臂做出抱球或者胸前捞球动作,但往往易被球击到。二是提前伸出双臂等候,但不会随着球的方向适时地移动身体,通常等球落地后跑向球。随着神经系统的发育,学前儿童逐渐能够快速地做出反应,并且采用主动积极的策略,在球飞向自己时,就已经移动身体到最佳接球位置,从而完成用双手接球的动作。

同时,学前儿童对固定靶向的操控比较容易,对于移动靶掌控较难,如站着投球进篮筐比跑着投球进篮筐要更易掌握。

### (二)学前儿童器械(具)操控动作发展特点

人的动作一般分为大肌肉动作和精细动作两种类型,大肌肉动作发展早于精细动作,包括非位移技能、位移技能和操作技能,是各种感觉动作的基础。李静等人(2005)在介绍人类动作发展的基础上引入美国的大肌肉动作发展测试(简称TGMD-2),其中物体控制(object control)测验,包括原地拍球(stationary dribble)、接球(catch)、踢球(kick)、击固定球(striking a stationary ball)、上手投球(overhand throw)和地滚球(underhand roll)6个动作[①]。

① 李静,刁玉翠.3-10岁儿童基本动作技能发展比较研究[J].中国体育科技.2013(49):3.

**1.滚(球)动作**

学前儿童滚(球)动作发展有四种水平,具体如表4-1所示。

表4-1 3-6岁儿童滚(球)动作发展水平

| 水平 | 具体表现 |
| --- | --- |
| 水平Ⅰ | 经常接触不到物体(球),手指常常把物体(球)挑起,两臂用力不均匀,物体(球)滚动距离短。 |
| 水平Ⅱ | 每次都能接触到物体(球),双臂用力均匀,双臂有力地操控物体(球),物体(球)滚动距离增加。 |
| 水平Ⅲ | 可以进行两个及以上同伴互相滚球。 |
| 水平Ⅳ | 能将物体(球)从小门或小洞中滚过,能滚物体(球)击物。 |

滚(球)对学前儿童动作灵敏性、协调性和视觉运动能力有促进作用,因此,我们可以让学前儿童练习滚动各种大小的橡皮球、塑料球、布球、木质球等,促进动作发展。

**2.抛(球)的动作**

抛可分为双手抛以及单手抛两种形式,手臂动作一般在体前进行,不出现跨越身体的情况,同时身体方向没有变化,客体运动轨迹多为向上。学前儿童双手抛(球)的动作发展有四种水平,如表4-2所示。

表4-2 3-6岁儿童双手抛(球)的动作发展水平①

| 水平 | 具体表现 |
| --- | --- |
| 水平Ⅰ | 掌心向上、伸直手臂作为准备动作;手臂僵直,活动范围小,抛球动作牵动全身,依靠全身向上的力量;双手用力不均,不能控制抛球方向及抛球的高度。 |
| 水平Ⅱ | 能通过摆动双臂将球抛起;抛球时双手均匀用力,但力量、方向控制还存在问题。 |
| 水平Ⅲ | 能通过有效摆臂将球抛起,双手均匀用力;抛起一定的高度。 |
| 水平Ⅳ | 能全身协调配合用力,通过摆臂、抖腕将球向上抛起;能自主调节抛球高度和方向;尝试屈臂胸前抛球。 |

抛的动作能促进学前儿童的上肢肌肉力量和动作协调性的发展,因此教师可以提供一些小型的器具,如自制的“飞碟”“沙包”等让幼儿练习单手抛的动作。

**3.投掷的动作**

与抛的动作不同的是,投掷动作多采用单手进行(有时也有双手),随着动作能力的提高,手臂可做出跨越身体的动作,并伴有转体动作,客体运动轨迹多为向前。学前儿童投掷的动作发展有四种水平,如表4-3所示。

① 柳倩,周念丽,张晔.学前儿童健康学习与发展核心经验[M].南京:南京师范大学出版社,2016:168.

表4-3　3-6岁儿童投掷的动作发展水平

| 水平 | 具体表现 |
| --- | --- |
| 水平Ⅰ | 下肢静态支撑,面向前方,无腿部动作,躯干无扭转,从最初的站立姿势开始扔球;手臂没有后引动作,球直接从最初持球位置出手;挥臂前没有转体动作,髋部会相应地前屈以配合上肢发力动作;投掷动作主要靠手臂完成;手臂呈现为砍切动作。 |
| 水平Ⅱ | 同侧上步,迈出的脚与扔球手臂同侧;手臂有意识地上举,呈现投掷动作,后续动作手臂跨越身体;上体“组块”转体。以右手投掷为例:躯干和髋部如一个整体一样先向右转体,再向左转,有时髋部正对投掷方向保持僵直状态。 |
| 水平Ⅲ | 异侧上步,短步伐,迈出的脚与扔球手臂异侧;手臂向后上引,球从头后侧出手,出现投掷的动作,投掷距离明显增加;上体“组块”转体;后续动作表现为手臂跨越身体。 |
| 水平Ⅳ | 异侧上步;躯干小幅度扭转;手臂后引高挥并能与躯干联动;当上臂前挥至水平方向时将球抛出;后续动作表现为手臂跨越身体。 |

## 经典研究4-2

### 投掷动作发展的影响因素[①]

一项为期两年针对6名2-5岁儿童投掷动作的追踪研究,得到了一个关于整体序列法的有趣发现。在这两年中,研究者们通过对3469个投掷动作的样本进行分析,发现儿童的投掷动作会在两个相邻或非相邻阶段之间转移。个人或环境约束因素,例如动机、身体意识、学习环境等都会影响投掷的次数以及向更成熟投掷动作发展的程度。所以说,投掷动作的发展是一种个体的、易变的、非线性的并且与环境密切相关的过程。就性别和年龄而言,各年龄段的绝大部分男孩在投掷的每个方面都表现得比女孩更出色。在所有基本动作中,投掷受性别差异的影响最大,不仅在美国有这种性别差异,其他国家也有类似情况,如日本和德国。

### 4.双手接(球)的动作

接是一个常见的动作,3-6岁儿童双手接球动作发展表现为四个水平,具体如表4-4所示。

① 柳倩,周念丽,张晔.学前儿童健康学习与发展核心经验[M].南京:南京师范大学出版社,2016:172.

表4-4　3-6岁儿童双手接(球)的动作发展水平①

| 水平 | 具体表现 |
|---|---|
| 水平Ⅰ | 掌心向上、伸直手臂作为准备动作,并依靠手臂接球;把头转到侧面,闭上眼睛,害怕飞来的球;反应延迟、原地不动,球经常弹开或穿过双臂空隙而掉落,有的甚至会因球的惯性而摔倒。 |
| 水平Ⅱ | 掌心向上、伸直手臂并依靠手臂接球;当球碰到手臂后,会屈肘抱球,能够接住抛到胸前和手臂上的球。 |
| 水平Ⅲ | 掌心向上;当球接触手臂时主动屈肘捞球;身体能够主动移动一小步,但还是略显笨拙。 |
| 水平Ⅳ | 能自然张开手指双手接球,在接球瞬间有屈肘抱球动作出现;会在一定范围内调整、移动身体和手臂位置接球。 |

5.拍(球)的动作

拍球动作不仅锻炼幼儿的手眼协调能力,同时在拍球过程中幼儿学会运用手臂、手腕、手指的配合及适宜的力度,因此也促进其思维水平的发展,反过来也是其思维水平的表现。幼儿拍球动作发展水平概括为四种,如表4-5所示。

表4-5　3-6岁儿童拍(球)的动作发展水平②

| 水平 | 具体表现 |
|---|---|
| 水平Ⅰ | 球离手后,手仅能模仿示范动作无节律地拍动,但手难以再次触及球面。 |
| 水平Ⅱ | 球离手后,手能再次触及球面若干次,但用整个手臂拍动,动作较为费力,手的节律与球的弹跳节律不十分吻合,手用力不均衡,球往往越拍越低,拍球持续性较差,球很快便不可弹起。 |
| 水平Ⅲ | 球离手后,手能根据球的弹起适当调整节律,实现手与球的节律匹配,拍球的持续性增强,但还不能控制击球的落点,往往追着球拍。 |
| 水平Ⅳ | 球离手后,手臂、手腕能高度协调,并能持续定点拍球,能自如控制球的运行方向。 |

6.踢(球)的动作

相对于接球、拍球、抛球、投掷等这些以上肢参与为主的操控动作的发展而言,踢球属于以下肢参与为主的操控动作,对幼儿来说难度较大。踢球需要具备眼脚协调能力、平衡能力和感知动作的能力。学前儿童踢球动作表现为四种水平,如表4-6所示。

① 柳倩,周念丽,张晔.学前儿童健康学习与发展核心经验[M].南京:南京师范大学出版社,2016:169.
② 柳倩,周念丽,张晔.学前儿童健康学习与发展核心经验[M].南京:南京师范大学出版社,2016:170.

表4-6　3-6岁儿童踢(球)的动作发展水平[1]

| 水平 | 具体表现 |
| --- | --- |
| 水平Ⅰ | 原地站立,用脚推动静止的球,出脚前没有收腿、摆动动作;球往往被轻触,滚动范围小;踢球后会站立不稳。 |
| 水平Ⅱ | 原地腿摆动,准备姿势为原地站立;出脚前主力腿先摆动踢静止的球;踢球动作比较有力,球滚动距离增加;踢球后能站稳。 |
| 水平Ⅲ | 脚以较低的弧度迈出;踢球前收腿,摆动后踢球;踢球动作有力;踢球时胳膊反向运动。 |
| 水平Ⅳ | 身体快速移动(奔跑、大跨步)接近球;踢球前主力腿的摆动幅度大,同时身体前倾,在触球的同时身体后仰,有力地将球踢出。 |

## 活动案例4-1

### 大班户外游戏:背篓投球[2]

背篓上贴有3-5的数字,幼儿根据背篓上的数字去拿取相应数量的沙包,然后进行投包进篓的游戏。也可两人合作游戏,一人持篓,一人投沙包,投中一定数量可交换角色。背篓可背在身后,进行追逐投沙包游戏,也可双手持背篓进行互相抛接游戏。

游戏形式多样,幼儿可自主选择游戏玩法,自由选择游戏伙伴,在运动中尝试各种运动技能,如追逐、躲闪、投准,体验运动的乐趣。大班幼儿已习惯于每天的体育锻炼。随着年龄的增长、知识经验的不断丰富,他们需要更具挑战性、变化性、合作性的活动。给幼儿提供感兴趣的、开放性的、不同层次的材料和自主选择活动的机会,能够引导幼儿尝试学习各种运动技能,体验运动的乐趣。

## 实训练习4-1

### 大班幼儿健康领域关键经验发展现状访谈(教师版)[3]

被访者编号:　　教龄:　　学历:

访谈时间:　　访谈地点:　　工作类别:

① 柳倩,周念丽,张晔.学前儿童健康学习与发展核心经验[M].南京:南京师范大学出版社,2016:170.
② 杭梅.幼儿健康教育与活动指导[M].北京:北京师范大学出版社,2014:106.
③ 吴巧娇.大班幼儿健康领域关键经验发展现状研究——以F幼儿园大班为例[D].芜湖:安徽师范大学,2020.

访谈内容：

1. 您在什么场合或领域听到过关键经验？您认为什么是关键经验？

2. 您是如何看待关键经验和活动目标之间的关系的？

3. 您认为健康领域关键经验会涉及哪些方面？

4. 您在实施健康教育过程中会将关键经验作为考虑要素吗？

5. 您认为什么因素会对幼儿健康领域关键经验产生影响，是如何影响的？

6. 您之前学习过关于健康教育的内容吗？是在何种场合之下学习的？

7. 对于提高教师健康领域关键经验您有什么好建议？

讨论：

1. 上述访谈提纲中收集了哪些信息？有哪些值得借鉴的地方？你还有什么建议？

2. 请你尝试编制一份大班幼儿器械（具）操控能力发展现状的访谈提纲。

## 三、学前儿童器械（具）操控能力的内容及目标

根据《3–6岁儿童学习与发展指南》，有关大肌肉运动中器械（具）操控能力内容有：抛球、接球、拍球、投掷。具体目标如表4–7所示。

表4–7 《指南》中不同年龄阶段幼儿大肌肉运动器械（具）操控能力内容及目标

<table>
<tr><th rowspan="2">年龄阶段</th><th colspan="4">具体目标</th><th rowspan="2">动作发展目标</th></tr>
<tr><th>抛球</th><th>接球</th><th>拍球</th><th>投掷</th></tr>
<tr><td>3–4岁</td><td>能双手向上抛球</td><td></td><td></td><td>能单手将沙包向前投掷2米左右。</td><td rowspan="3">1.具有一定的平衡能力，动作协调、灵敏。<br>2.具有一定的力量和耐力。<br>3.手的动作灵活协调。</td></tr>
<tr><td>4–5岁</td><td>连续自抛自接球</td><td></td><td></td><td>能单手将沙包向前投掷4米左右。</td></tr>
<tr><td>5–6岁</td><td></td><td></td><td>能连续拍球</td><td>能单手将沙包向前投掷5米。</td></tr>
</table>

一些国家在各自的学前儿童课程标准中规定了有关大肌肉运动器械（具）操控能力内容，如表4–8所示。

表4-8　部分国家幼儿大肌肉运动器械(具)操控能力内容①

| 国家 | 器械(具)操控能力 |
| --- | --- |
| 澳大利亚 | 投掷、接球、击球、颠球(反弹)、盘球/带球/运球、踢球、过头扔、在下面滚 |
| 新西兰 | 双手拍球、投掷、接球、盘球/带球/运球、踢球 |
| 英国 | 投掷、踢球、击球、抓球、盘球/带球/运球 |
| 加拿大 | 滚球、投掷、接球、踢球、用长柄或者球拍击球 |

在这些课程标准中也体现出对不同年龄阶段的要求,如:澳大利亚的课程标准在接球动作上的要求是3岁幼儿可以伸展手臂去接住一个大的软球,5岁幼儿可以用手接住一些小的球。通过对我国与澳大利亚、新西兰、英国、加拿大等国幼儿器械(具)操控能力学习和发展的内容进行比较,发现共同之处在于都关注幼儿对球的操控能力。区别在于,其他国家不仅有上肢参与的操控能力,还有下肢参与的操控能力;不仅有身体直接操控的内容,还有间接操控的内容,如用球拍或球棒击球,而《指南》以上肢参与操控和直接操控的学习内容为主,比较缺少下肢参与操控和间接操控的学习内容。相对来说,我国学前儿童大肌肉运动方面的操控能力整体要求相对较低,范围较窄②。

## 学习研究4-1

**幼儿对球的操控有什么价值?**

为什么澳大利亚、新西兰、英国、加拿大等国家都这么重视发展幼儿对球的操控能力呢?这种能力对幼儿发展有什么价值?请查阅资料,并尝试从幼儿身体素质、认知、情感、社会性等方面进行分析。

① 柳倩,周念丽,张晔.学前儿童健康学习与发展核心经验[M].南京:南京师范大学出版社,2016:150.
② 张晨晨,柳倩.学前儿童的器械操控能力[J].幼儿教育,2017(6):18.

# 第二节 学前儿童器械(具)操控能力的活动设计与指导

《3-6岁儿童学习与发展指南》中指出,利用多种活动发展身体平衡和协调能力,及幼儿动作的协调性和灵活性。鼓励幼儿进行投掷、拍球等活动,以及玩滚铁环等传统体育游戏。对于拍球、跳绳等技能性活动,不要过于要求数量,更不能机械训练。

## 一、学前儿童器械(具)操控能力教育的途径和方法

促进学前儿童器械(具)操控能力发展的途径主要包括:生活活动、游戏活动、体育教学活动等。如果幼儿器械(具)操控动作发展较难,难以依靠生活活动或者游戏活动自己操作、练习完成,就需要教师设计高结构化的专门的教学活动来促进幼儿相关动作的发展。平时则可以充分利用幼儿园一日活动各个环节,如晨间锻炼、午间操、散步、户外体育游戏等来促进幼儿身体动作的全面发展。

### (一)创设适宜的环境

要想促进幼儿器械(具)操控能力发展,激发幼儿参与器械(具)操控活动的兴趣,需要创设良好的环境,如:为幼儿户外体育活动提供丰富多样的活动材料,提供良好的练习条件和机会。充分利用幼儿园的活动场地,为幼儿创设富有趣味且具备挑战性的户外活动环境,鼓励幼儿积极参与各项户外活动。还可以自制各种体育活动器械(具)。收集无毒、无污染、安全的废旧物品,如旧轮胎、塑料瓶、易拉罐、纸盒等,制成不同用途的体育活动器械(具)。在活动中可以引导幼儿探索一物多玩以及多种器械(具)的自由组合,通过多样的活动材料不断增强孩子对体育活动的兴趣。

教师需要考虑创设适宜的环境激发幼儿操控器械(具)的兴趣和意愿,同时需要考虑环境能否促进幼儿器械(具)操控能力的发展。

#### 1.空间大小适宜

(1)不同器械(具)操控活动的空间需要。

学前儿童在进行器械(具)操控活动时由于任务不同,对空间需求也有所不同。比如幼儿拍球活动,通常可以安排个别活动,拍球时球的位置变化不大,所以拍球这一活动对空间要求相对较低,不仅可以在户外进行,也可以在室内进行。但踢球活动中球

的位置变化大,而且常常是两个或两个以上的集体活动,所以对空间的要求相对较高[①]。如图4-2和图4-3,由于任务和器械(具)特点,就需要相对宽敞的空间。

图4-2 跳竹竿、敲竹竿

图4-3 和轮胎玩游戏

(2)不同操控能力的幼儿运动空间需要。

在安排器械(具)操控活动时,我们还需要考虑儿童不同操控能力所需要的空间。比如单手将沙包向前投掷的动作,小班幼儿可以投掷2米左右;中班幼儿可以投掷4米左右;大班幼儿则可以投掷5米左右。因此,大龄组幼儿的投掷区域应该更宽敞一些。

**2.环境富有挑战性**

运动空间是幼儿运动的场所,所以运动空间应该具有安全、适当变化、富有挑战的特点。比如对于5-6岁儿童的拍球活动,教师不仅提供球,还可以简单而有效地加以

① 柳倩,周念丽,张晔.学前儿童健康学习与发展核心经验[M].南京:南京师范大学出版社,2016:176.

变化，如在场地上画圈，儿童在圈里连续拍球不能出界。任务需要儿童投掷，就需要创设能够激发儿童投掷的场所；任务需要儿童有克制地移动，就需要向儿童提供让他们甘愿自我克制的情境（如图4-4）。

图4-4 骑车

**拓展阅读4-1**

### 幼儿园常用运动器械及其运用价值①

1.摇摆、颠簸类运动器械

摇摆、颠簸类运动器械有秋千、摇马、浪船、跷跷板等。这类器械活动对幼儿的锻炼价值在于：(1)幼儿在活动中随着器械的摇摆，需要及时调整自己的身体位置，有助于发展幼儿整个身体的动态平衡能力。(2)活动中使幼儿获得各种生理和心理的感受，如特殊的听觉、视觉以及兴奋与刺激等，可以丰富幼儿的感知经验，增强幼儿前庭器官的机能。(3)幼儿依靠自己的力量让运动器械动起来，能产生对自己能力的确信，从而建立起较强的自信心和独立感。(4)活动所带来的有关肌肉紧张和放松的感觉，使幼儿更容易理解周围事物的变化与自己身体运动的关系。(5)活动为幼儿提供了丰富的想象空间，并由此产生愉悦的心情。

2.各种车辆玩具

幼儿车辆玩具的品种很多，如三轮脚踏车、小手推车、三轮运货车、四轮小

① 柳倩，周念丽，张晔.学前儿童健康学习与发展核心经验[M].南京：南京师范大学出版社，2016：195-196.

汽车、电瓶车等。车辆玩具类活动对幼儿的锻炼价值在于:(1)使幼儿身体不同部位的肌肉得到锻炼,促进大肌肉的发展以及身体控制能力的发展,同时使幼儿身体动作更协调、更灵敏。(2)使幼儿获得视觉运动经验,发展幼儿的空间知觉和判断能力。(3)幼儿依靠自己的努力使小车运动起来,并独立控制和掌握小车运动的快慢、方向,会产生极大的独立感、满足感和自豪感。(4)幼儿在进行车辆玩具类活动时会非常愉快、兴奋和自在,并能获得许多角色游戏的体验,可以开发想象力。(5)在活动场地上设置相应的交通标志,使幼儿熟悉和理解各种标志的含义,引导幼儿学习和掌握最基本的交通规则。

### 3.材料投放适宜、丰富多样

教师要根据幼儿发展需要提供种类多样、数量充足,适合各能力层次的儿童使用的材料,这些材料还应是能产生运动目的的操控材料。如,给幼儿提供可以用来扔、投掷、踢、打和接等能够产生运动目的的材料。这些材料应满足幼儿上肢、下肢、躯干及身体多部位配合的操控能力发展需要(如图4-5)。

图4-5 户外活动

同时,也可以提供低结构材料,引导幼儿在自主活动中实现一物多玩。另外,教师可以利用一些安全、无毒、简便的废旧物自制操控器械(具),如饮料瓶自制的保龄球,各种纸球、餐盘自制的飞碟等。如表4-9和表4-10所示,利用生活中的油壶,一物多玩,开展了丰富多样的幼儿器械(具)操控活动。

因此,教师不仅要提供丰富的材料,还要提供多样的活动形式及组织形式(包括集体、小组、个别),给幼儿充分、多样的活动机会。

表4-9 幼儿徒手玩油壶情况

| 游戏名称 | 油壶玩法 | 力量发展情况 |
|---|---|---|
| 我是大力士 | 双手举或拎起两个油壶到达目的地 | 手和手臂力量 |
| 我可以举过头顶 | 双手托举油壶过头 | 手臂力量 |
| 叠叠高 | 同伴协作将油壶叠高 | 手部力量 |
| 袋鼠跳 | 夹住油壶往前跳 | 腿部力量 |
| 好玩的枕头和陀螺 | 平躺将油壶放置颈部下 | 腰部力量 |
| 助跑跨油壶 | 将油壶间隔放置,跳跃油壶 | 腿部力量 |

表4-10 加入辅助材料后玩油壶情况①

| 辅助材料 | 游戏名称 | 油壶作用 | 相关动作 |
|---|---|---|---|
| 平衡木 | 提油壶走平衡木 | 所提物品 | 平衡和提 |
| 划桨、曲棍球和球 | 堡垒保卫战 | 作为堡垒 | 投 |
| 橄榄球和筐 | 进球比赛 | 障碍物 | 双脚协调 |
| 扁担 | 挑油壶 | 所挑物品 | 挑 |
| 扁担 | 钻山洞 | 垫高扁担 | 爬、钻 |
| 奶粉罐 | 超级保龄球 | 作为保龄球 | 推 |
| 奶粉罐 | 梅花桩 | 双手负重 | 平衡、跨 |
| 轮胎 | 运油壶 | 所运物品 | 拖 |
| 彩带 | 运油壶 | 所运物品 | 拖 |

## 活动案例4-2

### 大班体育活动:好玩的圈圈②

**活动目标**

1.探索转身一周接圈的动作,尝试迅速转身一周并手眼协调地接住圈。

2.发现、分享成功的方法。

3.体验竞赛游戏,初步形成集体荣誉感。

① 陆琴.大班幼儿自制运动器械一物多玩的游戏探究与思考[J].福建教育,2016(4):42.

② 杭梅.幼儿健康教育与活动指导[M].北京:北京师范大学出版社,2014:113-114.

**活动准备**

塑料圈人手一个、场地布置,准备游戏音乐、录音机。

**活动过程**

1.幼儿开小汽车入场(慢开、加速、上坡、下坡、转弯……)

导语:我们开着汽车逛一逛吧!

2.圈操:头部、上肢、体侧、全身、跳跃

导语:回到了停车场,我们一起检查一下汽车吧!

3.幼儿自由玩圈,鼓励幼儿创造新玩法,引出转身接圈的新玩法

导语:我们除了可以玩开汽车的游戏,还能玩什么?看谁的玩法多。

4.幼儿尝试探索转身接圈的动作

(1)幼儿第一次尝试。

导语:你会玩转身接圈的游戏吗?你是用什么方法玩转身接圈的?

(2)幼儿第二次尝试。

导语:请你们再去试一试,把你们转身接住圈的好方法记住等会儿告诉大家。(快速转圈、稳定后快速抓圈)

(3)幼儿按要领练习转身接圈。

导语:请大家用我们想出的好方法再去玩一玩吧。

5.幼儿玩竞赛游戏

(1)师幼共同布置场地,教师介绍游戏规则:

幼儿分3组进行比赛,每组1名幼儿到指定位置按场地提示标志完成转身接圈动作一次后,迅速将圈递交给对面的幼儿继续游戏,小组全体幼儿轮回一次后以最快的那组为胜。

(2)幼儿比赛两次。教师指导幼儿快速转身接住圈。

(3)教师小结。

6.放松,结束

(1)玩音乐游戏“雁儿飞”。幼儿自由放松(拍手臂、拍腿、拉伸)。

(2)幼儿手持圈,开汽车离场。

### (二)提供适宜的指导方法及策略

幼儿在活动中离不开教师的指导,而教师适时的指导能促进幼儿器械(具)操控能力的提高。教师指导时需要把握时机和指导的具体方法、策略。

### 1. 讲解示范

体育活动中，讲解、示范能帮助幼儿较好地掌握正确的动作要领。根据幼儿的发展规律，3岁儿童能辨别上下，4岁能辨别前后，5岁开始能以自身为中心辨别左右，7-8岁能以客体为中心辨别左右。因此，教师在示范动作时，特别是对动作方向和顺序要求较高的运动项目，一般采用以幼儿为中心的镜面示范。示范可以是教师示范，也可以是幼儿同伴间的示范，但教师需要注意的是：讲解指导与示范必须和儿童动作实践相结合[①]。

幼儿体育活动中的其他方法如下。

探究学习法：发挥幼儿主体性，引导幼儿有目的地进行器械（具）操控动作探究。

语言辅助法：除了讲解法，还可以通过把动作过程变为口诀、顺口溜、儿歌等，帮助幼儿形象理解动作过程。

图示帮助法：利用图示形象直观地呈现动作顺序。

情境教学法：利用幼儿喜欢故事的特点，创设一定的教学故事情境，吸引幼儿的注意力，让幼儿体验活动的乐趣。

音乐调控法：根据活动的不同类型和情绪需要，选择不同类型的音乐，以调动幼儿的积极性和主动性。

榜样激励法：幼儿对同伴的示范较有兴趣，因此，教学活动中可利用同伴示范，激发幼儿运动的积极性。

### 2. 教师合适的站位观察及适时指导

教师在活动中要站在恰当的位置，以观察幼儿活动中的情况，方便及时给予指导，并保障活动安全开展（如表4-11）。因此，教师的站位点要能使教师观察到操控活动中的每位幼儿，还要有利于师幼之间的相互交流。

器械（具）操控活动中，教师需要注意观察几点：观察幼儿在器械（具）操控活动中是否存在某些安全隐患，如有问题及时处理；观察幼儿的身体活动状态，如对运动量过度的幼儿要提醒其休息、喝水等；观察幼儿的活动情况，例如他们的兴趣、态度、爱好、专注程度、合作水平等，并以此做出及时的、有利于幼儿发展的指导（如表4-12）。

---

① 柳倩，周念丽，张晔. 学前儿童健康学习与发展核心经验[M]. 南京：南京师范大学出版社，2016：186.

表4-11　3-6岁儿童器械(具)活动中教师站位及指导举例①

| 类别 | 器械(具)及名称 | 教师站位 | 观察与指导 |
|---|---|---|---|
| 投掷类 | 沙包 | 幼儿投掷点后 | 如何准确投掷到目标点 |
| 车辆类 | 滑板车、独轮车、自行车 | 不时在区域间走动观察 | 怎样灵活地避开车辆及快速到达目的地 |
| 球类 | 足球、篮球、排球 | 区域外围 | 团体如何协作,安全踢、投、打 |

表4-12　不同操控动作的教师提示要点及指导策略②

| 操控动作 | 教师提示要点 | 具体指导策略 |
|---|---|---|
| 投掷 | 看准目标,手臂尽量向后,要有出手角度,要有转动肘关节、挥臂的动作;两腿分开,两腿有前有后或者平行打开;有转腰、转身体、转肘关节的动作。 | • 具体的投掷要求应该是从投远到投准,从投向大目标物到投向小目标物,从投向固定物到投向移动的物体,在投远的基础上追求精确性。<br>• 投掷目标可以设置为过线或者是击中目标物(目标物可以是圆形、正方形及幼儿喜欢的动物形象,也可以是规格不同的纸箱或盒子,让幼儿把物体投入其中)。幼儿投掷能力提高后,投掷的目标物可以变小,或者把固定的目标物换成移动的目标物,以增加难度,提高幼儿参与活动的积极性。单一的投掷活动有时可能无法吸引幼儿的兴趣,因此教师可增加情境性内容,如给"小动物"喂食。 |
| 接球 | 看着球,跑向球的位置,迎着球并抱住它。 | • 提醒幼儿尽量用手接球,而不是用手臂去抱球。<br>• 材料的投放,教师可以选用沙包,网球,皮球,塑料制品(飞盘、塑料圈等)等器材(具),让幼儿充分地感知这些器材(具)的特征,知道这些器材(具)不会对自己的身体造成伤害,以减少幼儿在接球时因害怕被球砸中而躲开球的行为。对于处于水平Ⅰ的幼儿,教师可为其提供较大的软皮球,随着幼儿接球能力的提高,可以换用沙包、网球等较小的器材。 |
| 用球拍接球 | 用球拍平的一面对准球,手腕要用力,并要灵活扭动手腕。做好接球姿势准备,早点判断来球的方向和位置。 | • 提供多样的掌控球拍的练习机会。<br>• 可先让幼儿用球拍进行自抛自接球练习,之后可让幼儿做互相抛接球活动,随后教师可通过慢慢拉大距离来增加难度。 |
| 抛接球 | 注意抛接的方向、抛接的力度以及抛接的方法,提示幼儿加上躯干动作、增大接球的面积。抛球后要盯着球,做好接球姿势准备,早点判断来球的方向和位置。 | 教师可先让幼儿进行向下抛球、接反弹球,以锻炼幼儿的抛球能力。幼儿较好地掌握了抛球动作后,可进行向上自抛自接球,如双手向上抛接气球、沙包和皮球,初步掌握抛接不同材料的球体时对速度和力量的判断。不管是抛球还是接球,要先关注幼儿的动作发展水平,再增加连续性的要求。 |

① 柳倩,周念丽,张晔.学前儿童健康学习与发展核心经验[M].南京:南京师范大学出版社,2016:188.
② 张晨晨,柳倩.学前儿童器械操控能力发展的特点及教师的教育策略[J].幼儿教育,2017(8):14-16.

续表

| 操控动作 | 教师提示要点 | 具体指导策略 |
| --- | --- | --- |
| 踢 | 脚向后，脚背踢，踢后停止身体动作等。 | • 在幼儿刚接触踢球时，教师可让幼儿用脚与球进行各种互动，也可以组织一些用脚传球的活动。<br>• 可先让幼儿踢静止的球，再让幼儿踢移动的球，进而可以让幼儿练习用脚传球、向前或向后运球等较为复杂的动作技能。在踢固定球时，教师可以用绳子把球吊起来，但是不能太高，稍稍离开地面就可以，以此锻炼幼儿踢的动作技能；还可以由近到远设置不同的距离。<br>• 目标物可以是与足球运动相似的球门，也可在墙上画一些不同的形状或动物，还可以用大的硬纸板箱自制目标物。除了个体的踢球玩法外，还可进行踢球射门等竞赛游戏。 |
| 拍球 | 双腿略分开，两手抱球往下用力丢，迅速用手去找球，找到球后要用力压球，手与球的节奏配合。 | • 可先空手练习下压—弹起的动作，或一边做动作一边数数，以帮助幼儿掌握手的节律性动作。<br>• 在拍球活动内容的安排上，在幼儿刚接触拍球活动时，教师可让幼儿尝试去拍球，感知球的特点，如拍的力气大，皮球就弹得高，体验通过拍击球的不同部位可改变球的运动轨迹，向下拍球的中心部位可以让球在原地弹起，拍球的右边部位可以让球往左边跑。幼儿学会原地拍球后，可尝试行进拍球，如要求幼儿沿着直线、曲线、折线等边拍球边行走；放一些障碍物，让幼儿一边拍球一边绕过障碍物；要求幼儿跟随音乐节奏进行拍球。<br>• 小班可以投放颜色鲜艳的皮球，中、大班可投放小篮球。 |

### 3.鼓励幼儿用多样化的方式进行练习并探索操控技能

教师可以鼓励幼儿探索运用不同材料、采用不同方式、运用各种身体动作创造出各种玩法。教师还可以将器械(具)加以组合，形成新的玩法。器械(具)操控动作是需要幼儿身体直接参与的，以体验为导向的运动都是有意义的[①]。因此，教师要创设幼儿体验的机会和环境，鼓励幼儿的实践与探索行为。

① 雷纳特·齐默尔.幼儿运动教育手册[M].杨沫，易丽丽，译.南京：南京师范大学出版社，2008.

## 活动案例4-3

### 大班足球游戏活动:红蚂蚁和黑蚂蚁[①]

**活动目标**

1.尝试快速移动身体,用手借助竹筛,阻挡足球的行进方向。

2.通过游戏掌握脚内侧传球和脚前掌停球的技能。

3.在团队合作中,感受胜利带来的快乐。

**活动准备**

1.竹筛6个、足球30个。

2.20米×30米活动区域。

**活动过程**

1.开始准备环节

(1)教师带领幼儿来到活动场地,站成一排。如图4-6所示。

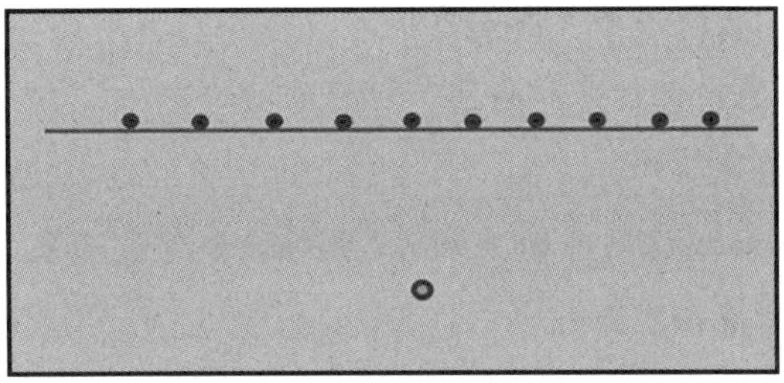

图4-6　幼儿站成一排

教师:小朋友们,请站在线上开启我们的游戏之旅。

(2)教师示范,与幼儿互动玩地滚球游戏。

教师:请小朋友们站在线上,快速移动身体用脚停住或者用手接住我发的地滚球哦!

(3)幼儿3人一组,轮流发球,玩地滚球游戏。

游戏的目的是让幼儿更多地练习快速左右移动身体,为后面使用竹筛积累运动经验。教师可以制造一些动作,增加游戏的趣味性。

2.体验分享环节

(1)两名幼儿组成一个组合,站成两列。如图4-7所示。

① 陈慧,吴小勤.添加辅助“器械”促幼儿操控能力发展——记大班足球游戏活动《红蚂蚁和黑蚂蚁》教学探索[J].家教世界,2019(21):3.

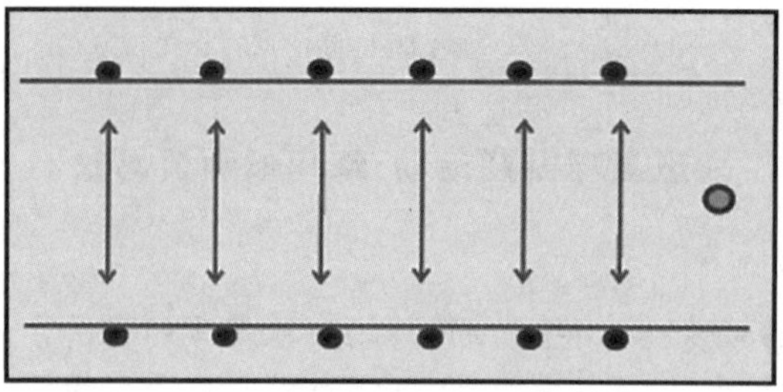

图4-7 幼儿两人组合站成两列

(2)幼儿进行黑蚂蚁传运果实游戏,教师观察,师幼交流分享经验(脚内侧传球和脚前掌停球练习)。

(3)幼儿进行红蚂蚁拦截果实游戏,教师观察,师幼交流分享经验(了解手握竹筛不同位置的阻挡效果,练习手持竹竿快速移动身体)。

教师:秋天快到了,我们的黑蚂蚁和红蚂蚁都需要囤粮食。现在请小蚂蚁练习一下传运、拦截果实的本领,小蚂蚁们操练起来吧!

(4)教师示范,讲解准确传球的方法。

(5)再次练习脚内侧传球和脚前掌停球的动作。

3.练习提高环节

(1)教师讲解游戏规则并示范动作(黑蚂蚁合作传运果实,红蚂蚁使用竹筛在规定的范围内进行拦截)。

教师:秋天来了,黑蚂蚁们准备好了吗?

教师:现在我邀请两名小朋友来中间当红蚂蚁,使用竹筛阻挡黑蚂蚁的果实,将阻挡成功的果实,用竹筛拨进自己的粮仓中(如图4-8所示)。

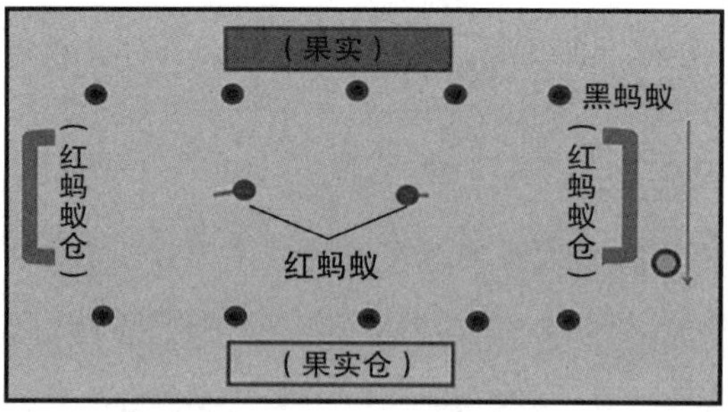


图4-8 黑蚂蚁传运,红蚂蚁拦截

意图:游戏中,当足球滚动的速度很快、力度很大时,幼儿发现拦截这样的球是比较困难的,双手需要更好控制竹筛的稳定性。另外,当黑蚂蚁队传接球的速度变快,红蚂蚁队需要更快地将拦截的足球运到粮仓。这些问题都可以在此环节引导幼儿去思考,从而提炼出用竹筛间接操控足球的新经验。

(2)幼儿尝试进行游戏。8分钟后师幼数一数黑蚂蚁成功传运了多少果实,红蚂蚁成功阻挡了多少果实。

教师:游戏结束了,我们一起数一数黑蚂蚁成功传运了多少果实?红蚂蚁成功阻挡了多少果实?

教师:红蚂蚁如何操控竹筛可以快速阻挡更多的果实呢?

(3)游戏增加难度(增加红蚂蚁的数量,黑蚂蚁继续合作传运果实)。

(4)游戏结束后,师幼数一数黑蚂蚁、红蚂蚁分别成功获得了多少果实。

**结束环节**

(1)放松活动。

(2)幼儿分享、评价。

教师:今天你们喜欢这个游戏吗?在这个游戏中,你给自己本领几颗星?

意图:增加幼儿的自我评价是激发幼儿成功的"催化剂",将运动中的思维外化能够帮助幼儿更好地提炼运动经验;同伴间的相互评价,让幼儿学会倾听他人、欣赏他人,在良好的同伴关系下树立自信心。

(3)幼儿自主结伴摆放游戏材料。

## 二、学前儿童器械(具)操控能力教育的设计与指导

幼儿器械(具)操控能力教育活动可以通过教学活动、游戏活动、生活活动等形式实施,并且可以向其他领域进行渗透。

### (一)晨间活动

晨间活动是幼儿园体育活动的一种基本组织形式,也是幼儿每日体育活动的重要组成部分。教师可以在晨间活动开展器械操和自选小型器械(具)活动。轻器械操,使用铃圈时,其具有色彩、声响及动作的多变性,易激发幼儿兴趣等特点。自选小型器械活动,就是利用不同的中小型器械以及一些自制的小型器械开展的灵活多样的锻炼活动。教师可以更偏向于开放的、低结构材料的活动,主要采用的是间接控制的方式。

活动中,教师是活动的观察者、参与者和环境的创设者,幼儿则有更多的机会自我决定、自我选择,这样利于幼儿主动建构。同时,还可以在活动中选择适宜的背景音乐,创设宽松、愉悦的情境氛围。

## 活动案例4-4

### 有趣的晨间活动

小班幼儿早晨入园后，看到户外活动场地上摆上了很多玩具：有一筐筐皮球，还有用大纸箱做成的“篮筐”，有沙包和飞盘，还有很多动物小车摆在墙边，一些彩绳也让幼儿感到新奇。游戏开始了，老师带着孩子玩起各种游戏，每个孩子都快乐得像只小蝴蝶，穿梭在活动场地。

## 拓展阅读4-2

### 如何编制轻器械操①

器械操是手持轻器械做单人或集体的体操练习。为适应各类教学活动的需要，许多幼儿园教师想创编一些幼儿轻器械操。创编时应注意以下几个问题。

一、针对幼儿的年龄特点

创编成套轻器械操时，必须要考虑幼儿的生理、心理特点，健康水平及活动能力，使幼儿乐于接受，具有可行性。如：幼儿的骨骼、肌肉处于稚嫩阶段，所以，在设计动作时，同一部位的肌肉群活动时间不宜太长，动作要简单易学，并以大肌肉群活动为主。又如：幼儿呼吸器官娇嫩，肺活量不大，负荷差，所以一套动作的时间不能过长，运动强度、运动量都要适当。针对幼儿控制能力较差，注意力不易集中的特点，所设计的动作应是幼儿容易模仿、形象化、多样化、趣味化的。通常来说，小班操通常为4–5节，动作简单、变化小、有对称，每节4×4拍或2×8拍；中班5–7节，动作有一定难度，节奏有快慢的变化，活动量增大；大班6–9节，动作复杂、变化多，每节2×8拍或4×8拍。

二、注意全面锻炼身体

成套轻器械操的动作设计一般应有锻炼上肢、下肢、躯干等身体主要部位的动作，并注意上下、左右、前后等不同方向的交替转换，同时也要考虑手腕、脚踝等局部的训练，当然也不能忽视锻炼肌肉的柔韧性、跳跃的弹性、转体的灵活性等，使身体的各个部位都能得到锻炼。

三、合理安排运动量

轻器械操的整套动作编排应由浅入深，速度由慢到快，运动量由小到大。

① 袁朝霞.如何创编幼儿轻器械操[J].幼儿教育，1992(2)：2.

通常从离心脏较远的上、下肢运动开始，接着为胸部、侧体、转体和腹背运动，再转入到较剧烈的全身运动和跳跃运动，最后逐渐减少运动量，用放松整理运动结束。每套操的节数以及每节操的动作重复次数，应根据不同年龄来确定。

四、要体现各类器械的特点

轻器械操由于所持的器械不同而使每套操各具特点。这些特点具体表现在动作幅度、用力特点、速度节奏、花样造型等方面。哑铃、筷子、铃鼓、响板等器械节奏鲜明，声音色彩浓，创编时应充分利用其能发声的特点，一般每节操都有碰撞使这些器械发声的动作。撞击声可由少到多，如开始时可每四拍撞击一次，逐步过渡到每四拍撞击二至四次。哑铃可编多种敲法，如水平相击(左右水平两锤顶端相碰)，平行相击(指哑铃的两锤侧面相碰撞)，还有垂直相击(指哑铃的两锤上下相叠)。

筷子操除筷子相互敲击外，还可敲击身体的四肢、肩膀等部位，也可敲击地面或两人对敲等。设计铃鼓操可充分利用击鼓、摇铃等动作，形成节奏鲜明的鼓声和清脆的铃声，引起幼儿做操的兴趣，提高锻炼效果。

创编红旗操，动作幅度宜大，挥旗应刚劲有力，使之发出“呼呼”的挥旗声，给人一种振奋向上的感觉。棍棒操的动作应干脆利索，握棍应有所变化，可正握、反握、单手或双手握棍一端、握棍两端、握棍中间等。练习形式除单人外，也可双人，还可利用棍棒编些模仿动作。如模仿解放军练兵，各种劳动动作及模仿孙悟空等。

创编球操，以轻松活泼为基调，利用拍、抛、传、滚、接等动作编操。利用花环、花条、纱巾、圆环、红花等编操，动作设计应优美、舒展大方，速度可慢些，用力宜柔和、连贯。

### (二)集体教学活动

幼儿器械(具)操控能力还可通过有目的、有计划、有组织的教学活动来发展。集体教学活动是幼儿器械(具)操控能力活动的基本组织形式，是以幼儿器械(具)操控相关的知识、技能、情感为主要内容，以增进幼儿健康为主要目的一种体育教学活动。

首先，设计幼儿器械(具)操控能力教学活动目标要适宜，符合幼儿年龄阶段特点，目标具体并具有可操作性。内容要全面，涉及认知、情感、能力三个维度。

### 活动案例4-5

**小金鱼吹泡泡(中班)**[1]

**活动目标**

1.学习肩上挥臂投掷,提高投掷能力。

2.初步感知投掷力度与不同物体及目标远近之间的关系,有调节自己动作的潜在意识。

3.体验投掷游戏的乐趣,想要投得更远、更准。

**活动重难点**

重点:掌握肩上挥臂投掷动作,知道手持物体于肩上,用力向前投出。

难点:感知投远投准的投掷力度,有初步的调节意识。

其次,幼儿器械(具)操控能力教学活动应遵循人体生理机能活动变化及动作机能形成的规律(粗略动作掌握阶段—动作提高阶段—动作巩固阶段)。体育教学活动一般由开始部分、基本部分和结束部分组成。开始部分一般占教学时间的10%-20%,目的在于迅速集中幼儿的注意力,激发幼儿参与活动的兴趣,并进行热身活动,从身心两方面做好准备。基本部分占教学时间的70%-80%,目的是通过身体动作的练习提高幼儿的身体素质,发展其动作能力,培养积极的情绪情感和学习品质,如勇敢、乐观、具有合作精神等,主要内容学习在这个部分完成。结束部分占教学时间的10%-20%,目的是放松身体,使身体和情绪由高度的紧张、兴奋、激动状态逐渐过渡到相对平静的状态。

### 活动案例4-6

**好玩的轮胎(大班)**[2]

**开始部分**

引导幼儿进行热身,做好心理和身体的准备。

1.热身跑:教师带领幼儿进行两路纵队变一路纵队跑、圆形跑、蛇形跑等。

2.教师带领幼儿做热身操,包括头部运动、伸展运动、下肢运动等。

---

① 杭梅.幼儿健康教育与活动指导[M].北京:北京师范大学出版社,2014:86.

② 叶平枝.幼儿园健康领域教育精要:关键经验与活动指导[M].北京:教育科学出版社,2015:155-157.

**基本部分**

1. 洪水来了——站轮胎：通过站轮胎游戏，培养幼儿的合作及平衡协调能力。

教师引导：小朋友模仿各种动物在绿草地里围绕轮胎跑步，跟着教师拍手的节奏跑，教师拍手停止就代表洪水来了，这时幼儿就迅速站在高地上(轮胎上)，规定一个轮胎只能站2个人或3个人、4个人等，没能站在轮胎上的小朋友，在绿草地里模仿游泳的样子。

2. 运物资——抬轮胎：通过合作抬轮胎游戏，提高幼儿手臂和下肢的力量，培养幼儿与同伴合作的能力，体验帮助他人的快乐。

(1)教师导入：洪水来了，今天我们要做小小的救援队，去给灾区的人民运送物资。你们敢不敢去?

(2)探索运送物资的最好办法。

方法：两个人抬一个轮胎从场地的一边运到另一边，讨论两人抬轮胎最安全最快速的方法。

(3)练习两个人合作抬轮胎。

(4)4人运3箱物资，7人运6箱物资等。

小结：表扬小朋友与同伴合作完成任务和不怕苦不怕累的品德。

**结束部分**

1. 幼儿跟教师一起做放松运动，调整呼吸。如：抖动上肢和小腿、轻拍上肢和小腿、模仿打气球动作、想象在大自然中……

2. 教师总结，并充分肯定幼儿在活动中的表现。

3. 师幼共同回收器材。

### (三)户外游戏活动

户外游戏可以采用中、大型运动器械进行，教师应根据幼儿年龄特点选择器械活动范围，并进行指导，如：活动安全引导。也可以开展自选小型体育新器械的探索活动，引导幼儿通过探索一物多玩，操控运动材料，并挖掘多种操控动作的运动功能。

开展幼儿户外体育游戏的组织形式包括集体、小组、个别三种。

除了上述三种常见的幼儿园体育活动组织形式外，结合课程、季节、节日等，幼儿园还可以开展运动会、体育活动室(区域)活动、亲子活动等多种形式的器械(具)操控能力活动。

## 活动案例4-7

### 玩响罐(中班)[①]

**活动目标**

1.身体协调完成跳的动作,锻炼跳的能力。

2.喜欢玩响罐,愿意探索不同的玩法。

**活动准备**

1.幼儿人手一副响罐(用椰奶罐内装豆类并用胶布封住罐口,瓶外可用油漆、彩纸进行装饰)。

2.游戏"敲小球"的场地布置图:草地用绿色垫子代替,小沟用响罐组合摆成,小球分低(黄色)、中(蓝色)、高(红色)三个高度。

3.录音机,磁带(分别录有进场音乐、响罐操音乐、玩响罐背景音乐、退场"开火车"音乐)。

**活动过程**

1.做响罐操

在教师的带领下,幼儿随音乐手持响罐进入操场,并做响罐操:(1)伸展运动;(2)下蹲运动;(3)扩胸运动;(4)转体运动;(5)腹背运动;(6)跳跃运动。

2.玩响罐

(1)师生共同玩响罐,鼓励幼儿一物多玩。注意观察玩得好的幼儿,帮助能力差的幼儿。参考的玩法有:抛接响罐、滚响罐、脚踢响罐、脚跨响罐、将响罐竖放在地上。

(2)教师敲击响罐,请幼儿说说刚才自己是怎样玩的,并演示给大家看。

(3)重点练习:跳过响罐动作。提出看谁跳得多,可以一个人玩,也可以几个人玩。

跳响罐参考动作:①阶梯形跳;②"米"字形连续跳;③重叠跳。重点观察幼儿跳的动作,并随机指导,分别请幼儿演示各种跳跃动作,同时教师给予鼓励和评价。

(4)纵跳击小球,教师引导幼儿观察绳子上悬挂着的许多小球。要求幼儿向上跳起,并用手中的响罐去敲击小球。提示可敲击不同高度、颜色的小球。

3.游戏:敲小球

(1)教师组织幼儿站至起跑线后。

---

① 张晓辉.幼儿园健康教育活动设计与指导[M].北京:北京理工大学出版社,2018:155.

(2)讲解游戏方法并示范:小朋友爬过草地、跳过小沟,再跑到小球下,用罐敲小球,

跑回起跑线后再出发,重复第一遍的动作。最后看哪个幼儿在老师说停后,来回跑的次数和击小球的次数最多。

(3)教师组织游戏1-3遍。

4.放松活动

幼儿手持响罐,随音乐做开火车动作离开活动场地回到教室。

### (四)其他形式

#### 1.与其他领域相整合的综合教学活动

健康领域的体育活动是幼儿器械(具)操控能力活动的主要途径。除此之外,还可以结合其他领域培养幼儿器械(具)操控能力。比如,结合艺术领域的打击乐器实施操控能力活动。如图4-9中,演奏鼓时需要用到幼儿的大肌肉动作,手臂摇动并需要力量的控制,也需要手腕等运动。图4-10中,在演奏音条琴时,不仅需要用手臂带动木槌敲击发出声音,还需要准确敲击到琴键上,相对于鼓类演奏,这类乐器需要更精确的操控能力,对手眼协调能力水平要求较高。

图4-9 打击乐器:鼓

图4-10 打击乐器:音条琴

#### 2.与社区、家园合作

除了幼儿园自身活动外,还可以结合社区实施幼儿器械(具)操控能力活动。教师可以充分利用社区资源培养器械(具)操控能力,增强幼儿体质,如利用社区的健身器械(具)进行相关活动,利用社区球场开展球类活动等。这样做不仅整合了社区资源,还能促进幼儿社会性发展。

同时,幼儿园还需要和家庭进行合作。鼓励家长在家庭中支持幼儿进行器械(具)操控能力活动,必要时教师对家庭亲子活动进行指导。家庭中可以选择一些生活用品

或者自制器械(具)进行操控能力游戏。如利用塑料瓶灌水或者沙,排成倒三角形状,根据幼儿的年龄选择合适的距离进行击球。也可以利用塑料瓶装沙变成乐器沙锤,随着音乐节奏进行摇动演奏(如图4-11所示),还可以装满沙或者石头变成哑铃进行操控游戏。

图4-11 塑料瓶乐器

## 三、学前儿童器械(具)操控能力教育应该注意的问题

### (一)关注儿童器械(具)操控动作特征,把握教学中的动作指导要点

3-6岁儿童在完成如持棒击球、拍球、接球、踢球、抛球等器械(具)操控动作的过程中,会呈现出一定的动作差异。儿童的每项操控动作均有发展较好的地方,也存在一些主要问题。因此,教师应熟悉儿童各项器械操控动作特征,把握在教学过程中的指导要点。如:球拍击球中,有些幼儿的球棒没有打中球或者打在支撑架上,针对这一问题,教师应注重锻炼儿童的眼手协调能力,引导幼儿反复练习,逐渐熟悉击球动作以及手臂挥动的位置与方向①。

### (二)教育活动中关注幼儿个体差异

儿童的器械(具)操控能力存在一定的年龄与性别差异,教师需要根据这些差异有针对性地指导。如,在性别差异上,小、中班儿童整体器械(具)操控能力发展无明显性

① 黄嘉琪.3-6岁儿童器械操控能力发展研究[D].上海:华东师范大学,2019:88.

别差异,大班儿童器械(具)操控能力发展呈现出显著性别差异①。因此,在实际教学过程中,教师应根据儿童的年龄与性别表现出的动作差异,练习不同的任务,合理安排任务量及任务难度。如大班的任务量和动作难度应在中班基础上逐渐提高,幼儿教师应给予女童更多练习时间并及时指导。

### (三)科学投放活动材料

儿童器械(具)操控能力发展受到幼儿园运动环境的影响,主要是运动材料的投放和运动活动组织的差异带来的影响②。因此,为促进儿童器械(具)操控能力发展,幼儿园运动材料投放应具有丰富性、多样性、层次性。例如,在投放常见的球类材料基础上,补充投放更多适合儿童完成不同操控动作的球类,并扩充对球的玩法。根据幼儿不同的层次水平,调整材料操控难度。幼儿园应鼓励儿童进行一物多玩,引导儿童对同一球类材料采用不同的操控玩法。投入的球类活动材料越多样化,活动内容越丰富,越有助于儿童器械(具)操控能力的发展。

## 本章小结

器械(具)操控是指运用各种诸如拍、投、抛、接、踢、击、顶等身体动作对器械(具)进行操作和控制。器械(具)操控能力,即操作或控制器械(具)类物体的能力,包括投掷、接、拍、击打物体,运球、滚球、踢球,空中截击的能力,具体是指个体用拍、投、抛、接、踢、击、顶、踩、踏等各种方式主动作用于各种目标物体,并有意识地使其在方向、位置、速度、状态等方面发生改变的运动能力。

学前儿童器械(具)操控能力遵循一定的规律:操控动作发展经历前控制水平、控制水平、运用水平三个水平;以上肢功能为主的器械(具)操控能力发展在前,以下肢功能为主的器械(具)操控能力发展在后;直接操控能力发展在前,间接操控能力发展在后;同侧操控动作发展在前,异侧操控动作发展在后;从机械单一动作向整合性动作协调发展;单一任务的操控动作发展在前,多任务操控动作发展在后;从延迟反应发展为积极主动操控动作。

学前儿童器械(具)操控能力受年龄、性别、任务、环境等因素的影响。具体的教育策略有:创设适宜的环境提供丰富、多样的材料,给予多种活动形式等。活动中可以采用多种指导方法:讲解示范、适时动作要点提示、适宜的站位观察指导等。教学设计时注意目标、内容适宜性,及合理地安排内容。

---

① 黄嘉琪.3-6岁儿童器械操控能力发展研究[D].上海:华东师范大学,2019:89.

② 黄嘉琪.3-6岁儿童器械操控能力发展研究[D].上海:华东师范大学,2019:90.

## 思考与实训

1. 请设计一种适合发展3–6岁儿童操控能力的器械(具)的不同玩法,并示范展示。

2. 请观察幼儿园器械(具)操控能力教育现状,并查阅相关资料,撰写一篇现状调查报告。

3. 自选年龄班和材料,设计一次幼儿器械(具)操控能力教学活动并尝试实施。

## 专题探讨

### 学前儿童器械(具)操控能力水平的影响因素有哪些?

生活中同样是连续拍球的任务,3–4岁以及4–5岁的幼儿中只有小部分幼儿能够完成,完成的质量(拍球动作、拍球数量等)参差不齐;在5–6岁幼儿中绝大部分能够完成连续拍球的任务,但有的已经能够一下子连续拍球百次以上,而有的只能连续拍球十几次或几十次。有研究发现:全蓝色和黄色的球比白色的球更容易被接到,7岁的儿童在白色背景下接蓝色的球,效果最好。

那么,学前儿童器械(具)操控能力的发展,是否存在性别差异?是否存在年龄差异?影响学前儿童器械(具)操控能力发展水平的因素究竟有哪些?

# 第五章

# 学前儿童生活自理能力的教育

## 学习目标

● 了解学前儿童生活自理能力的概念。

● 理解学前儿童生活自理能力的发展特点。

● 掌握学前儿童生活自理能力的内容及各年龄阶段的目标。

● 理解学前儿童生活自理能力教育的途径和方法。

● 了解学前儿童生活自理能力教育应注意的问题,能进行学前儿童生活自理能力的活动设计及指导。

## 学习重难点

● 重点:理解学前儿童生活自理能力教育的途径和方法,理解学前儿童生活自理能力的发展特点,能进行学前儿童生活自理能力的活动设计及指导。

● 难点:掌握学前儿童生活自理能力的内容及各年龄阶段的目标。

## 案例破冰

### 西西又找不到东西了

6岁的西西是一名大班的小朋友,他能够积极参与幼儿园的各项活动,并能非常认真地完成各项挑战,对待小朋友和老师们也非常热情。但是经过老师们一学期的观察发现,西西经常找不到自己的东西,不是汗巾不见了就是袜子不见了。每次放学时收拾书包也是把所有东西团在一起塞到书包。这使得教师们开始观察西西在日常生活中的生活自理能力。老师们发现,西西是家里的独生子，平时在家的东西都是爷爷奶奶或者妈妈帮忙收拾的，家长对于西西也是事事包办，没有给西西自己尝试的机会，因此西西还没有养成整理、看管自己东西的能力，不知道自己收拾自己的物品是自己应该做的事情。随着现在物质水平的逐渐提高，家长也努力给幼儿更好的生活，悉心照料幼儿的日常起居。家长总觉得幼儿还小，能帮忙做的事都会帮他们完成。其实，随着幼儿年龄的增长，他们已经完全有能力做一些力所能及的事情。幼儿在处理自己的事情的过程中不断丰富自己的生活经验，也在亲身实践的过程中锻炼自己的生活自理能力。如果家长事事包办，代替幼儿完成，他们就会缺少日常生活的经验，无法养成自己动手的习惯，自身的生活自理能力就不能得到提高。那么，我们该如何正确认识学前儿童的生活自理能力呢？学前儿童的生活自理能力又是如何发展的呢？成人又该如何基于学前儿童生活自理能力的特点和发展目标来为幼儿提供锻炼的机会呢？这就是本章需要探讨的问题。

# 第一节　学前儿童生活自理能力概述

## 一、学前儿童生活自理能力的内涵

埃里克森把人一生的发展划分了八个阶段，其中3-6岁是第三个阶段，被称为学前期或游戏期。埃里克森认为该阶段幼儿最主要的发展任务就是获得主动感，克服内疚感，体验在目标实现之后所获得的愉快体验。因此学前儿童在这一阶段，他们的感知觉、身体动作以及语言发展都有了很大的提升，幼儿开始主动尝试一些自己之前做不到的事情，开始逐渐地认识到自我，感受到自己和他人的情绪，开始尝试与他人合作等，这些都是儿童社会化的表现。自理能力作为自我管理学习的核心内容，对于儿童社会化的发展有积极的促进作用。

关于自理能力，美国护理理论家奥瑞姆最早提出了自理模式这一说法，他认为自理就是自我照顾，是个体为了保持自身健康和维持生命需要自己进行的活动。[①]虽然国内外众多学者在自理能力的看法和见解上并没有形成统一的概念，但都认为自理能力是个体自我照顾的一种能力。按照个体从事活动的主要方面，自理能力可以分为生活的自理、学习的自理以及人际交往的自理三个部分。对于学前儿童的生活自理能力，苏联亚德什科在其主编的《学前教育学》一书指出，儿童的劳动包括自我服务、日常生活中的劳动、与大自然接触的劳动和手工劳动。其中自我服务是指幼儿自己照顾自己，也就是幼儿的生活自理能力。

生活自理能力可以包括两个部分的内容：日常生活自理能力和独立生活自理能力。[②]日常生活自理能力主要是独自处理日常生活过程中的各类事项所具备的能力，比如洗澡、吃饭（如图5-1）、如厕、穿脱衣、喝水等。独立生活自理能力主要是指为了应付独自生活所具备的能力，如基本的沟通交流能力，使用工具、做饭、做家务、理财、开车、修理等能力。

---

① JONAS SIMPSON，CHRISTINE OREMS. Self—Care Nursing Theory [J]. Nursing Science Quarterly，2004，(3)：273.

②柳倩，周念丽，张晔.学前儿童健康学习与发展核心经验[M].南京：南京师范大学出版社，2016：203.

图5-1　幼儿自己用勺子吃饭

学前儿童的生活自理能力主要指幼儿在生活中自己能够照顾自己的行为能力。[①]生活自理能力是人的一生中都应具备的最基本的生活技能。幼儿在日常的家庭和幼儿园生活、活动中不断掌握其年龄段所应具备的完成力所能及的事情的能力，也能比较熟练地解决生活中遇到的困难。在幼儿园，幼儿首先需要意识到，进入幼儿园就没有了爸爸妈妈的帮助，需要尝试着自己做一些力所能及的事情，逐渐开始有自我服务、自我管理的意识，能够认识到自己的事情自己做，例如可以发餐具、整理床铺、自己吃饭（图5-1）、帮忙把小朋友的杯子放在杯架上等（如图5-2）。在之后的学习生活中，学前儿童通过不断地做一些力所能及的事情来提高自己的动手能力，并不断掌握生活自理的技巧，养成自己做事的好习惯，并在其中感受到自己的成长和进步，增强独立自主的意识和能力，积累生活经验。

图5-2　幼儿在整理水杯

生活自理能力是人类生存能力的重要组成部分，是一个人独立生存、独立发展的必要能力和先决条件，是个体适应社会，在社会生存和发展的必备的基本技能。对于幼儿来讲，掌握基本的生活自理能力是发展进步的

①卢乐山，林崇德．中国学前教育百科全书［M］．沈阳：沈阳出版社，1994．

前提。随着幼儿年龄的增长，身体的各项系统以及大脑控制能力也会随之发展与增强。幼儿在做一些生活中力所能及的事情的同时，自身大肌肉动作与精细动作的发展也能得到锻炼，动作协调性和手眼协调一致性也得以发展。幼儿掌握生活自理能力对发展责任感与独立性起到了良好的促进作用，这些优良的品质对幼儿以后的成长和发展也会带来深远的影响。因此，不论是在家庭还是在幼儿园，家长和教师都需要在尊重幼儿发展水平的基础上，提供科学的、形式多样的支持，帮助幼儿进行生活自理能力的学习和巩固，使其尽快掌握生活自理技巧，摆脱他人的帮助，树立自我意识，进行自我服务。

**拓展阅读5-1**

**幼儿生活自理能力的关键经验①**

幼儿的生活自理能力是指幼儿在日常生活中照料自己生活的能力，是幼儿应具备的最基本的生活技能。幼儿的生活自理能力首先表现为愿意自己做自己的事情，尝试不依赖他人照料自己，这一点在一日生活的所有环节中都有所体现。包括自己穿脱衣服、鞋袜，收拾整理衣服，独立进餐，自己洗脸等。幼儿生活自理能力的形成，有助于培养幼儿的责任感、自信心及自己处理问题的能力，对幼儿未来的生活也会产生较深远的影响。

## 二、学前儿童生活自理能力的发展特点

### (一)学前儿童的生活自理能力随着年龄的增长而发展

在婴儿时期，婴儿的行为主要是在成人的帮助下展开的。随着言语和动作的发展，幼儿在3岁时，已经开始有了明显的自我意识和主观能动性，幼儿的生理机制愈加成熟，精细动作得到发展与完善，身体的协调能力以及解决问题的能力不断提高。因此，幼儿的自理能力逐步显现，开始要求摆脱成人的帮助，产生了独立和自理的需要，尝试独立完成更多、更为复杂的自理行为。3岁以后，幼儿进入幼儿园，开始学习如何进行集体生活，家长和教师对幼儿的行为要求也会愈加严格，也会放手让幼儿去做一些力所能及的事情。随着幼儿年龄的增长，幼儿的自理欲望就会愈加强烈，开始自我探索和自我练习，幼儿经历长时间的反复练习，生活技能技巧也会逐渐趋于熟练。因

① 叶平枝.幼儿园健康领域教育精要:关键经验与活动指导[M]北京:教育科学出版,2015:173.

此，成人在给幼儿提出发展自理能力的任务时，要根据幼儿的年龄特点，符合幼儿年龄发展目标，循序渐进，由浅入深。这样不仅可以达到理想的发展效果，也能激发幼儿的自信心，让幼儿有信心去尝试下一步挑战。

## 经典研究介绍5-1

### 学前儿童生活自理能力水平等级①

美国高瞻计划课程专家Ann S.Epstein从自理能力高低、自理意识强弱以及是否从自理发展到照顾他人三个维度，将学前儿童生活自理能力发展分成初级、中级和高级三种水平，如表5-1。

表5-1　学前儿童生活自理能力水平分级

| 初级 | 中级 | 高级 |
| --- | --- | --- |
| 1. 所有或大多数的个人生活自理任务都需要帮助(例如，需要成人帮忙穿衣等)。<br>2. 尚未或者很少表现出对生活自理的兴趣。 | 1. 能够自己完成一些生活自理任务，在需要时寻求帮助(例如，可以自己穿上衣，但在穿鞋子时需要寻求帮助)。<br>2. 观察和模仿其他幼儿的生活自理行为。 | 1. 能够完成大多数的生活自理任务(例如，自己穿外套、穿鞋子、戴帽子、戴手套，不需要或者很少需要帮助)；耐心学习以掌握新的生活自理技能。<br>2. 帮助其他同伴完成生活自理任务。 |

### (二)学前儿童生活自理能力的发展存在性别差异

因为生物因素和社会环境因素的影响，幼儿产生了性别差异。学前儿童生活自理能力的发展也受到性别因素的影响，相对于男孩，女孩的生活自理能力整体表现要更好一些。这与成人对幼儿的性别期待、性别角色认同以及幼儿的性格差异相关联。在日常生活中，女孩更加温顺听话、细心懂事，会努力做好自己的事情，也会更喜欢完成自己力所能及的事情。也是因为女孩的乖巧懂事，成人也会更乐意让女孩帮助自己整理家务或者清洁教室，女孩也会在此过程中锻炼自己的生活自理能力；而男孩相对粗犷、比较大大咧咧，做事情时注意力容易分散，缺乏耐心和恒心。但由于男孩女孩生理结构的差异，男孩手部力量的发育要早于女孩。因此，男孩在一些需要力量的自理能力上要强于女孩。成人在培养学前儿童的生活自理能力时，也要注意配合幼儿双性化角色的培养要求，不能一味因为女孩听话仔细，就让女孩多做一些整理、清洁等事情，

① 柳倩，周念丽，张晔.学前儿童健康学习与发展核心经验[M].南京：南京师范大学出版社，2016：212-213.

也要注意培养力量方面的自理能力。对于男孩也不能只培养体现力量的自理能力，更要在其他方面加强对男孩的要求，在锻炼男孩自理能力的同时，培养他们细心做事的习惯。

**（三）学前儿童生活自理能力的发展是幼儿、家长及教师三方面共同作用的结果**

学前儿童自身动作发展、心理发展特点、气质类型以及自身的情绪等因素都会对幼儿生活自理能力的发展产生影响。随着幼儿生理的成熟，幼儿的生活自理能力也会随之加强。同时家庭环境、家长的教养方式以及教养态度都会在日常生活中对幼儿生活自理能力的发展产生潜移默化的影响。研究表明，不同的教养方式会对学前儿童生活自理能力的发展产生不同的影响。民主型教养方式下幼儿生活自理能力发展得最好，专制型次之，溺爱型最差。[①]如果在家庭中家长给予幼儿过度的照顾和疼爱，就会使幼儿产生依赖心理，不利于幼儿生活自理能力的发展。除此之外，成人对于幼儿生活自理能力的重视程度也与幼儿的年龄成正比，幼儿的年龄越大，成人就越注重锻炼幼儿的生活自理能力。因此，教师和家长要格外注意自身对幼儿生活自理能力的影响。以自身为榜样，带动幼儿去做一些力所能及的事情，给予幼儿鼓励与支持。当幼儿主动承担家务或者班级事务时及时给予表扬，但当幼儿没有按照所期望的结果发展时，也不要责怪谩骂，而是细心与幼儿交流，了解幼儿内心所想，再根据幼儿的反应采取相应的措施。

**（四）学前儿童在生活自理上持有积极的态度，有自理的愿望，但愿望与能力上存在差距，持续性较差**

学前儿童随着自我意识的萌发，对各类新鲜事物都充满了好奇心，也会有尝试的想法。因此，在生活自理上大多都是积极主动的。在家长和教师的鼓励下，幼儿也会积极尝试各种力所能及的事情。同时幼儿也会因为尝试之后受到成人的表扬而更为积极主动。但由于幼儿年龄小，动作发展不够协调，小肌肉发育也未完备，又缺乏知识经验，未完全掌握料理自己生活的各种本领，虽然拥有发展自理能力的强烈愿望，但常因能力不足在发展过程中存在力不从心的现象。例如，由于小班孩子精细能力发展不够完善，不能很好地抓握勺子，因此在吃饭的过程中常常将汤饭洒在桌子上；也会因为上肢力量不够，无法将袖子卷到胳膊肘上方，因此在洗手时衣袖会滑落被水浸湿。中

①郭柯然.幼儿生活自理行为特点研究[D].武汉：华中师范大学，2020.

大班的幼儿随着年龄的增加逐渐掌握一些生活自理能力，但也会在较为复杂的生活自理方面存在困难，例如有些幼儿无法正确地系鞋带、拉拉链。同时幼儿由于天性好玩，目的性不强，控制自己的能力差，注意力易分散等，在发展生活自理能力的时候也会存在持续性较差的问题。幼儿常常会忘记任务或者记不清任务，也会在做事时边做边玩，甚至会忘记自己正在做的事情而玩起来，例如幼儿在洗手时会无休止地玩肥皂等。另外，幼儿在养成习惯的过程中也会出现倦怠的情绪。基于这种情况，成人要及时地提供支持，给予幼儿帮助。

## 学习研究5-1

**如何向幼儿传授发展生活自理能力的技巧？**

要让幼儿做到生活自理，必须让其明确生活自理的方法。也就是说，即使幼儿有了自理意识，如果缺少自理的技巧，就是想做也做不好。因此，还要让幼儿学会具体的生活自理方法。

寓教于乐，让幼儿习得自理的方法。根据幼儿的年龄特点，可以把一些生活自理技巧编成儿歌、歌曲或设计成饶有趣味的情节等。让幼儿在游戏、娱乐中学习本领。

因材施教、有的放矢进行个别指导。由于幼儿之间存在个体差异，因此，对于各个层次幼儿的要求要有所区别。对于自理能力较强的幼儿，以较高水平来要求。对于自理能力较差的幼儿，就相对降低要求的标准。不可强求，更不可鄙视，需因材施教。

循序渐进、逐步提高要求。在获得初步的生活自理技巧之后要注意提高幼儿做事情的速度、质量等。获得成功的愉快感是幼儿生活自理能力提高的动力，当幼儿取得点滴进步时，一句“你真棒”都会使幼儿对自己充满信心，成为激励幼儿自觉发展自理能力的强大推动力。但当幼儿限于自身能力，无法达到预期目标时，则要耐心细致地引导，还可辅以鼓励性语言，如“你行的”“我相信你会干好的”等。必要时可以协助幼儿去完成，以免挫伤幼儿的进取心。

除此之外，你还能想到什么技巧可以帮助幼儿发展其生活自理能力呢？可以通过小组讨论，查阅相关资料，向有经验的教师请教等途径来丰富你的答案。

（资料来源：叶平枝.幼儿园健康领域教育精要：关键经验与活动指导[M]北京：教育科学出版社，2015：178-179.）

**（五）学前儿童生活自理能力的发展由最初的依赖他人逐渐发展自理能力，最终达到为他人或集体服务的水平**

学前儿童在家长及教师的教育下，学习生活自理，逐渐积累自理经验，生活能力水平逐渐提高。之后，幼儿逐渐摆脱他人的帮助和照顾，学习各项生活自理能力，达到初步的自理水平，最终不断发展到可以为他人或集体提供服务的程度。3岁以下幼儿的生活自理主要是依靠成人帮助完成的，并在过程中开始逐步地学习自理；4岁以后，幼儿已经初步学会了生活自理的技能，并能在自我服务中找到自己的存在感，已经具备为他人或集体服务的生理和心理条件，也会乐意为他人或集体服务。例如，在餐前会帮助老师给班级里的小朋友发勺子和餐盘，在家里会主动帮忙擦桌子、扫地等。因此，成人要给予幼儿机会，让幼儿去尝试、去做，不能因为害怕幼儿受到伤害就对幼儿的事情大包大揽，这样只会让幼儿更依赖他人，将来在无人帮助下，无法适应快速发展的社会生活。

**拓展阅读5-2**

**影响学前儿童日常生活自理能力发展的因素**①

影响日常生活自理能力发展的因素有很多，从幼儿个体出发，包括感知机能、认知与语言、社会心理三个方面（表5-2）。任何因素的缺失都会影响学前儿童日常生活自理能力的发展水平，表现出缺乏生活技能、动作笨拙、缺乏主观意识等。

表5-2　影响学前儿童日常生活自理能力发展的因素

| | |
|---|---|
| **感知机能** | 接收、分析、组织感官信息的能力 |
| | 生活自理动作技能 |
| | 计划动作的能力 |
| **认知与语言** | 生活自理的程序和方法 |
| | 注意力 |
| | 身体、物件、因果、空间等概念 |
| | 归类能力和秩序感 |
| | 言语能力 |
| **社会心理** | 意愿、动机 |
| | 自信心 |
| | 社会适应的能力 |

① 柳倩，周念丽，张晔.学前儿童健康学习与发展核心经验[M].南京：南京师范大学出版社，2016：215.

另外，家庭结构、教育方式、家长文化程度、教养观念等家庭因素对幼儿生活自理能力的养成也有一定的影响。其中，家长的教养观念对幼儿生活自理能力的影响较为显著。目前，大多数幼儿是独生子女，许多家长把家庭教育片面理解成了对幼儿进行读书、写字、画画等知识技能的训练，忽视进餐、穿衣、睡觉和个人卫生等生活自理能力的培养。还有很多家长认为幼儿还小，长大了再学也不迟。甚至有的幼儿在幼儿园里自己能做一些事情，回到家里却衣来伸手、饭来张口，使得在幼儿园养成的良好习惯半途而废。

幼儿园的生活常规也会对学前儿童生活自理能力的发展产生影响。虽然《纲要》《指南》都提到了要将幼儿生活自理能力的培养放在第一位，但有些幼儿园仍过分重视知识学习与技能训练，忽视了幼儿生活自理能力的培养。还有些幼儿教师认为幼儿的生活自理能力不需要刻意去培养，由于这种无意识的行为，造成幼儿生活自理能力的缺失。①

## 三、学前儿童生活自理能力的内容

生活自理能力是人生活在这个社会上一种最基本的能力。学前期是幼儿生长发育的关键时期，培养他们的生活自理能力是至关重要的。当幼儿逐步掌握了一些生活自理能力时，他们的认知与个性就会逐渐发展，学会适应环境，学会生存。

生活自理能力有助于培养幼儿的生存能力。随着科学与技术的发展，我们所生活的社会也是飞速地发展，机遇与挑战并存，竞争与合作共举。而成人又不能陪伴孩子的一生，孩子需要独立在往后的日子中凭借自身的本领去生活，去努力，去实现自己的梦想。但孩子若是没有掌握足够的生活自理能力，一旦失去家长的帮助，他们又如何能在这个世界生活呢？只有掌握了一些基本的生活技能，幼儿才有机会去发展自己其他方面的能力，才能为自己积攒实力、储备力量，今后在竞争激烈的社会生活中保持足够的竞争力，才能走得更远。因此当出现幼儿要求自己完成自己的事的时候，成人要给予幼儿一些支持与帮助，放手让幼儿做一些力所能及的事情，帮助幼儿尽快学会自理，学会生存。

生活自理能力有助于促进幼儿的认知发展。信息加工的观点认为，认知的发展是人的信息加工系统不断改进的过程，幼儿认知发展的特点是具体形象性和不随意性占主导地位，抽象逻辑性和随意性初步发展。②要帮助幼儿形成良好的生活习惯和发展

① 叶平枝.幼儿园健康领域教育精要：关键经验与活动指导[M].北京：教育科学出版社，2015：173-174.

②林崇德.发展心理学[M].北京：人民教育出版社，1995：214.

自理能力,就需要让幼儿先了解相关的知识。例如,为了让幼儿养成每天洗手的好习惯,就可以和幼儿一起来参与摸面包实验。老师用5块面包代表不同的清洁阶段,分别用未洗的手,用洗手液洗手的手,用温水洗手的手和使用七步洗手法配合肥皂洗手的手来摸面包,有一片面包(对照组)不用手触碰。然后,将面包放置几天,观察面包片的变化。结果表示,除了未被触摸的面包片,用七步洗手法配合肥皂洗过的手摸过的面包片是唯一没有霉菌的面包片;甚至我们认为洗得比较干净的洗手液,也显示出要长霉菌的迹象;没洗过的手摸过的面包表面长满了黄色的霉菌,开始出现一些绿色的斑点,是霉化最严重的一块。这样的活动,既能帮助幼儿理解洗手的重要性,又能帮助幼儿掌握正确洗手的方法,练习正确洗手的步骤,养成良好习惯。因此,培养幼儿生活自理能力的过程也是促进幼儿认知发展的过程。

生活自理能力有助于让幼儿形成良好的个性品质。个性是指一个人全部心理活动的总和,或者说是具有一定倾向性的各种心理特点或品质的独特结合。[①]学前期是幼儿开始逐步形成个性化的时期。生活自理能力涉及日常生活的方方面面,都是较为细小琐碎的事情,因此需要持之以恒的耐心去坚持。幼儿受到年龄发展的限制,在培养生活自理能力时往往需要毅力、耐力、自信心等个性品质的支持。幼儿通过一些实际行动,在学习、提高自理能力的同时,自身面对困难、克服困难的勇气,持之以恒的习惯以及独立做事的习惯也在逐渐形成。而这些良好的品质与习惯对幼儿今后适应高速发展的社会也是非常有利的。所以,培养幼儿的生活自理能力,也会进一步促进其形成良好的个性品质。

学前儿童的生活自理能力主要是与幼儿的一日生活相关联,因此生活自理能力的内容也是从幼儿的一日生活出发,涵盖了卫生、饮食、起居、入离园等四个方面的内容。

### (一)卫生自理能力

卫生自理能力的培养主要是帮助幼儿掌握正确的卫生行为,养成良好的卫生习惯,主要包括盥洗和如厕两个部分。

#### 1.盥洗

盥洗主要包括洗手和漱口两个方面。幼儿能知道洗手的好处,学习用七步洗手法洗干净双手,知道饭前、便后、手脏要洗手,在洗手时养成排队的好习惯,能有序洗手,能用肥皂或洗手液洗手并冲洗干净,洗完手后可以自己用毛巾擦干。知道漱口是清洁

① 陈帼眉.学前心理学[M].北京:人民教育出版社,2003:338.

口腔的，喜欢漱口，学会用鼓漱的方法漱口，并能在饭后用正确的方法坚持漱口，能早晚刷牙。

2.如厕

如厕方面主要包括幼儿能够懂得如厕是一件很正常的事情，在有便意时主动表达，不紧张不拒绝，能自己脱裤子、提裤子，会在便池内大小便，便后自己主动冲水，大小便后能自己整理好衣服。

### （二）饮食自理能力

饮食自理能力的培养可帮助幼儿学习健康的生活方式，可以分为进餐和喝水两个方面。

1.进餐

进餐主要包括幼儿知道餐前要洗手，能主动排队进餐，独立进餐，并能在进餐时保持安静，不打翻饭碗。能正确使用餐具，学习掌握吃多种食物的方法和技能，不挑食、不偏食、不剩饭，不将饭菜茶点等洒/撒于地面或桌面，保持衣服、地面、桌面干净。餐后能有序整理餐具并放到指定位置，收拾食物残渣，并能做到餐后擦嘴、洗手和漱口。

2.喝水

幼儿能懂得喝水对身体健康的好处，在取放杯子、接水、喝水的过程中能够正确使用杯子，能独立和适量地喝水。在喝水时保持安静，有序喝水。知道按时喝水，遇到特殊情况能及时喝水。喝水时不弄湿衣物。

**知识延伸5-1**

**幼儿进餐时的心理特点①**

教师在帮助幼儿掌握一定的饮食自理能力之前，必须先主动了解幼儿进餐的心理特点。幼儿进餐时的心理特点主要有以下几个方面。

1.好奇心强，喜欢吃花样多变和色彩鲜明的食物。幼儿对食物的色彩、形态特别注意，花样多变的面食、造型有趣的糕点、搭配美观的菜肴，都很受幼儿的欢迎。

2.味觉灵敏，对食物的滋味和冷热很敏感。幼儿的味觉很灵敏，他们不仅对食物的甜酸反应明显，而且对苦、咸和有异味的食物也很敏感。凡是成人认为较热的食物，他们都认为是烫的，不愿尝试。因此，不宜给幼儿吃太冷或太

① 叶平枝.幼儿园健康领域教育精要：关键经验与活动指导[M].北京：教育科学出版社2015：174-175.

烫的食物。

3.喜欢吃刀工规则的食物。幼儿对某些不常接触的或形状、颜色奇特的食物,如木耳、紫菜、海带等,常持怀疑态度,不愿轻易尝试。因此,需要在幼儿品尝前进行餐前教育,激起他们想吃的欲望。

4.喜欢用手拿食物吃。生黄瓜、番茄、卤猪肝等食物可以拿在手上吃,因此,幼儿对这些食物普遍感兴趣。利用幼儿这一就餐心理特点,对营养价值高但幼儿又不爱吃的食物,如猪肝等,可以让幼儿用手拿着吃。

5.大都不喜欢吃盛得过满的饭。幼儿看到盛得过满的饭常常会感到很委屈,生怕吃得慢或吃不下而受到指责,却喜欢一次次自己去添饭,并自豪地说"我吃了两碗、三碗"。因此,成人给幼儿准备第一碗饭时要根据幼儿的胃口盛得适中。留下机会让幼儿自己去添饭,以培养幼儿进餐的自信心和动手能力。

6.挑食的幼儿进餐时易情绪紧张。那些胆小、体弱,有偏食、挑食习惯的幼儿,进餐时特别容易紧张。尤其是在碰到不爱吃的肥肉、萝卜、大蒜等食物时,他们往往边吃边想办法"消灭"这些东西。有时趁人不注意将它们扔到餐桌下,或塞在口袋里。如果成人再强迫他们进食,他们往往会哭闹。幼儿的情绪紧张,会使交感神经过度兴奋,从而抑制胃肠蠕动,减少消化液的分泌,产生饱胀的感觉。因此,要根据幼儿进餐时的心理特点来做好食物调配与烹饪。

### (三)起居自理能力

起居自理能力主要包括穿脱衣物、睡觉、整理床铺三个部分的内容。

#### 1.穿脱衣物

穿脱衣物包括幼儿能自己正确地穿脱衣服和鞋子,能分清衣裤的正反面和鞋子的左右,会拉拉链、扣扣子,也会整理自己的衣物并有序摆放。

#### 2.睡觉

睡觉主要包括幼儿能够独立地上床;睡觉时保持正确的姿势,不蒙头睡、趴着睡;睡觉期间不尿床,尿床后及时主动告诉成人;关灯后能够安静入睡;不赖床;不用别人陪伴独立入睡;睡醒后安静不哭闹。

#### 3.整理床铺

整理床铺包括能够认识自己的床铺,睡觉前按照顺序铺好床铺,褥子放在最下面,枕头放在褥子上,被子放在最上面;睡觉时能打开自己的被子睡觉;起床后按照顺序和要求整理被子和褥子,会叠被子。

### （四）入离园自理能力

入离园方面主要包括整理个人物品和独立行走两个方面。

#### 1. 整理个人物品

整理个人物品主要是指幼儿可以辨认自己的衣物和小物件，如汗巾、水壶、上衣、裤子等，并能将自己的衣物整齐地放入书包，入园后整齐地将物品放在自己的柜子里，并保持柜子整洁干净。能在离园时整理好个人物品背好书包。

#### 2. 独立行走

独立行走主要是指幼儿在入离园时可以自己独立行走进入或离开幼儿园，不让家长抱，同时随着年龄的增长可以做到自主入园。

独立行走是入离园自理能力中最关键的部分，但是家长对孩子们十分宠爱，经常在入园和离园时将孩子抱在怀中或者牵着手前行，这对于幼儿入离园自理能力的发展是极为不利的。幼儿已经进入幼儿园，开始学习一些常规和行为规范，家长应该对幼儿独立自主的行为表示鼓励和骄傲，放手让幼儿做一些力所能及的事情。当幼儿入离园出现不愿自主行走的行为时，也应准确告诉他们这种行为是不对的，而不是过度的宠爱和放纵。同时如果在日常生活中幼儿提出让成人抱着自己行走的需求时，要进行判断和思考，如幼儿是故意如此，就应及时表示拒绝和制止，而不是一味地配合与满足。

**知识延伸5-2**

**蒙台梭利日常生活教育**

一、日常生活教育（生活自理部分）的主要内容

1. 照顾自己

为提高孩子的生活自理能力以适应现实生活而设置教育内容，主要包括：携带物品的整理、东西洒/撒落时的处理、照镜子、梳头发、擤鼻涕、穿衣服、脱衣服、穿鞋、洗脸、洗手、洗手帕、喝水、吃饭、刷牙、剪指甲、擦汗、洗脚、洗澡、整理书包、叠被子、擦鞋子、擦嘴巴等。

2. 照顾环境

让孩子学习美化、打扫、整理环境的方法，并掌握照顾、饲养动物，管理植物的相关技巧。

(1)清理、整理工作:准备及清理工作用的地毯,摆放鞋子、衣服、书包、教具、图书、玩具,扫地,整理桌子、椅子、床铺等。

(2)擦洗:擦洗桌子、椅子、窗户、托盘、教具、杯子,以及水洒了的时候用抹布擦等。

(3)庭院工作:捡拾落叶、垃圾,拔草、松土、剪枝等。

(4)照顾动植物:浇花、晒太阳、施肥、喂金鱼、给金鱼换水等。

(5)用餐:清洗餐具、削水果皮等。

二、日常生活教具的操作原则

(1)每次只演示一种教具,目的性明确。

(2)精确动作,按照孩子的节奏进行,要缓慢。

(3)简化动作,使孩子能够看明白。

(4)拆分动作,做到步骤化和有序化。

(5)操作时尽量少讲话,语言要简练、准确。

(6)按照从易到难、从具体到抽象、从上到下、从左到右的顺序进行。

(7)避免镜面教学,教师要坐在幼儿惯用手的旁边。

(8)时刻观察孩子的动作与反应,观察孩子的兴趣点。

(9)适时地引入教具操作,当孩子能够独立操作时要离开并继续观察,孩子需要时马上给予帮助。

(10)不能打断孩子的操作。

(11)在操作之前,教师应确保教具准备得完备。

(12)努力排除让孩子走神的因素。

(13)鼓励孩子重复进行操作,说:“你做得很好,再来一次吧。”

(14)随时做好操作记录。

(15)不应指责孩子的错误,可以说:“小朋友,老师再来操作一次好吗?”

三、日常生活教具设计的注意事项

(1)必须是日常生活中常用的。

(2)目的明确——发展孩子在现实生活中必不可少的生活技能。

(3)能够使儿童得到发展。

(4)男孩、女孩都能接受。

(5)时间、空间、经济上都能达到要求。

(资料来源:柳倩,周念丽,张晔.学前儿童健康学习与发展核心经验[M].南京:南京师范大学出版社,2016:215,有改动)

## 四、学前儿童生活自理能力的年龄阶段目标

了解并掌握学前儿童生活自理能力各个年龄阶段的发展目标，有助于了解当前学前儿童生活自理能力所处的水平，也可以帮助成人确定可操作性的、有挑战性的和分层次的教育目标和教育内容，从而更好地促进学前儿童生活自理能力的发展。

### （一）《3-6岁儿童学习与发展指南》中生活自理能力的年龄阶段目标

《3-6岁儿童学习与发展指南》中，对学前儿童的生活自理能力制定了可操作的详细的年龄阶段目标（表5-3）。

表5-3 《3-6岁儿童学习与发展指南》中生活自理能力的年龄阶段发展目标①

| 3-4岁 | 4-5岁 | 5-6岁 |
|---|---|---|
| 1.在提醒下，按时睡觉和起床，并能坚持午睡。<br>2.喜欢参加体育活动。<br>3.在引导下，不偏食、挑食。喜欢吃瓜果、蔬菜等新鲜食品。<br>4.愿意饮用白开水，不贪喝饮料。<br>5.不用脏手揉眼睛，连续看电视等不超过15分钟。<br>6.在提醒下，每天早晚刷牙，饭前便后洗手。 | 1.每天按时睡觉和起床，并能坚持午睡。<br>2.喜欢参加体育活动。<br>3.不偏食、挑食，不暴饮暴食。喜欢吃瓜果、蔬菜等新鲜食品。<br>4.常喝白开水，不贪喝饮料。<br>5.知道保护眼睛，不在光线过强或过暗的地方看书，连续看电视等不超过20分钟。<br>6.每天早晚刷牙，饭前便后洗手，方法基本正确。 | 1.养成每天按时睡觉和起床的习惯。<br>2.能主动参加体育活动。<br>3.吃东西时细嚼慢咽。<br>4.主动饮用白开水，不贪喝饮料。<br>5.主动保护眼睛，不在光线过强或过暗的地方看书，连续看电视等不超过30分钟。<br>6.每天早晚主动刷牙，饭前便后主动洗手，方法正确。 |
| 1.在帮助下能穿脱衣服或鞋袜。<br>2.能将玩具和图书放回原处。 | 1.能自己穿脱衣服、鞋袜，扣纽扣。<br>2.能整理自己的物品。 | 1.能知道根据冷热增减衣服。<br>2.会自己系鞋带。<br>3.能按类别整理好自己的物品。 |
| 能熟练地用勺子吃饭。 | 会用筷子吃饭。 | 1.能熟练使用筷子。<br>2.能使用简单的劳动工具或用具。 |

根据《3-6岁儿童学习与发展指南》，生活自理能力发展的目标有以下几个方面的特点：首先，是侧重于日常的生活自理能力，主要是幼儿可以照顾自己的生活和劳动的内容，会要求幼儿参与一些能力范围之内的家务。其次，在发展目标上比较具体、真实，都是在真实的生活场景中发展出来的能力，例如穿衣、进餐、睡觉等，同时这些事情都是每天需要做的，注重反复地练习。

①中华人民共和国教育部.3-6岁儿童学习与发展指南[R].2016.

### 经典研究介绍5-2

**小、中、大班幼儿生活自理能力水平分级**

我国学者宋文霞和王翠霞从进餐、喝水、穿脱衣服和整理物品几个方面对小班和中班、大班幼儿的生活自理能力进行分级，得出结论：小班能力较弱，中班、大班开始有了明显的飞跃，同时中班、大班幼儿之间的生活自理能力比较接近，且都是随着年龄的增长而发展的（表5-4）。

表5-4 小、中、大班幼儿生活自理能力水平分级

| 自理内容 | 班级 | |
|---|---|---|
| | 小班 | 中班、大班 |
| 进餐 | 独立进餐有困难，有的幼儿坐着不动，等待教师来喂；有的不会拿小勺；有的饭含在嘴里不会咀嚼；有的不会吃带皮的食物。 | 能够做到安静进餐、细嚼慢咽，会使用勺进食，大部分大班幼儿能够掌握用筷进食的技能。餐后收拾、整理等习惯尚未形成。 |
| 喝水 | 使用口杯喝水有困难。接水时往往出现手忙脚乱；口杯拿不稳，时常不小心将口杯掉在地上；口杯对不准水龙头，将水洒在地上；水接得太多、过满。有的幼儿不会用口杯喝水。 | 已经能够熟练掌握喝水流程和要求，但是主动喝水意识淡薄，不能根据自己身体的状况调整喝水量，健康意识较差。 |
| 穿脱衣服 | 在穿衣服和鞋袜时经常会穿反，秋冬季节脱套头毛衣等比较厚重的衣服时也明显感到困难。 | 已经能够比较熟练地穿脱衣服，但是系鞋带还存在一定的困难。 |
| 整理物品 | 整理意识比较薄弱，经常忘记整理；整理物品速度较慢，不会分类整理。 | 整理物品速度提高很快，基本能够做到归类整理，偶尔也容易丢三落四。 |

（资料来源：宋文霞，王翠霞.幼儿园一日生活环节的组织策略[M].北京：中国轻工业出版社，2013:89-129.）

#### （二）学前儿童常见生活自理能力的发展目标

以《3-6岁儿童学习与发展指南》为基础，根据常见的学前儿童生活自理能力的内容，即卫生、饮食、起居、入离园等，对学前儿童生活自理能力的发展进行了进一步的梳理，分为三个阶段（表5-5）。

表5-5 学前儿童常见生活自理能力的发展目标

| 内容 | 第一阶段(3-4岁) | 第二阶段(4-5岁) | 第三阶段(5-6岁) |
| --- | --- | --- | --- |
| 卫生自理能力 | 1. 知道手脏要洗手;洗手前将衣袖卷起;洗手时,按步骤洗;会用肥皂或洗手液洗手并冲干净;洗完手后能自己用毛巾擦干;喜欢漱口,在提醒和监督下会刷牙、漱口和用干净的毛巾擦嘴。<br>2. 能正确表达大小便的意愿;不尿床,不憋尿。 | 1. 洗手方法基本正确,能在洗手时挽起自己的衣袖且不会滑落;每天早晚刷牙,会用鼓漱的方法漱口。<br>2. 能自己上厕所,能自己脱裤子、提裤子,有自动冲水的意识。 | 1. 熟练掌握正确洗手的方法,饭前便后主动洗手。<br>2. 便后自己主动冲水;大小便后能自己整理好衣服。 |
| 饮食自理能力 | 1. 会用勺子吃饭;不挑食、偏食,不剩饭;在提醒下保持衣服、桌面、地面的干净。<br>2. 学习用口杯喝水。 | 1. 安静进餐,开始使用筷子。<br>2. 正确使用口杯,独立和适量地喝水,掌握喝水的流程和要求。 | 1. 可以熟练地掌握用筷进餐的技能,吃东西时细嚼慢咽。<br>2. 能主动喝水。 |
| 起居自理能力 | 1. 会穿、脱简单的裤子,能分清裤子正反;主动寻求帮助穿上衣,愿意学习穿上衣;会正确地穿鞋子;会拉拉链;会折叠自己的小衣服。<br>2. 在提醒下,能独立安静地入睡;睡眠姿势正确(不蒙头、不趴着睡等);会叠小被子和小褥子。 | 1. 不需要他人的帮助,能自己穿脱衣服、鞋袜,扣纽扣。<br>2. 按时睡觉和起床,坚持午睡。<br>3. 会叠被子和褥子。 | 1. 能知道根据冷热增减衣服,也会整理自己的衣物并有序摆放,会自己系鞋带。<br>2. 养成每天按时睡觉和起床的习惯。<br>3. 能整齐地叠好被子和褥子并放到指定位置。 |
| 入离园自理能力 | 1. 可以辨认自己的衣物和小物件,如汗巾、水壶、上衣、裤子等。<br>2. 可以自己独立进入或离开幼儿园,不让家长抱。 | 1. 能整理自己的物品。<br>2. 尝试自主入园。 | 1. 按类别整理好自己的物品。<br>2. 完全自主入园。 |

由于学前儿童生活自理能力的发展受到幼儿自身精细动作的发展、家长教育观念、幼儿园的生活常规等因素的影响,因此学前儿童生活自理能力的发展并不是固定和一致的,成人要综合考虑幼儿现有的经验水平提供针对性的支架,促进幼儿养成良好的生活习惯,提高其生活自理能力。

## 拓展阅读5-3

### 不同发展水平生活自理能力的教育原则

原则一:支持学前儿童现有水平的策略。

初级水平:帮助学前儿童完成生活自理;在帮助的过程中,描述帮助自理办法。例如,我会帮助你穿鞋子,将你的脚放在里面,然后往下推,就穿进去了。

中级水平:必要时表扬幼儿自己面对或者帮助其他人生活自理;当幼儿泄气时给予手势、提供暗示进行鼓励或者提供帮助。

高级水平:表扬幼儿在个人生活自理上的努力和成果;当幼儿帮助别人进行生活自理时,应该给予表扬。

原则二:提供温和延伸的策略。

初级水平:只做生活自理行为的一个部分,然后鼓励幼儿接下去做(例如,开始拉拉链,然后鼓励幼儿接着拉起来);召集学前儿童关注其他学前儿童的生活自理行为(例如,我发现明明正在戴帽子)。

中级水平:当幼儿需要帮助时,给予他们如何进行生活自理的建议(例如,戴手套的时候,如果我摆动我的手指,它们更容易滑进去);把某个幼儿推荐给同伴寻求帮助(例如,询问明明是否可以向你展示他是如何关门的)。

高级水平:提供挑战(例如,我想是否有其他方法给娃娃穿这件衬衫);询问孩子们能不能帮助同伴进行生活自理(例如,我在想你是否能够向明明展示你是如何从肥皂分发器中取肥皂的)。

(资料来源:Ann S. Epstein. Physical develpment and health[J]. Highscope-Press,2012,73-81.)

# 第二节 学前儿童生活自理能力的活动设计与指导

生活自理能力是生存能力的重要组成部分,是一个人独立生存、独立发展的必备能力和先决条件,也是适应社会必须掌握的基本技能。学前阶段是培养生活自理行为的最佳时期,《幼儿园教育指导纲要(试行)》中健康领域的教育目标是幼儿具有良好的生活、卫生习惯,有基本的生活自理能力。在教育要求中指出:教师要与家长配合,根据幼儿的需要建立科学的生活常规。培养幼儿良好的饮食、睡眠、盥洗、排泄等生活习惯和生活自理能力①。因此,作为幼儿主要教育者的家长与教师应当从实际出发,建立必要、合理的生活常规,培养幼儿良好的习惯和初步的生活自理能力。

## 一、学前儿童生活自理能力教育的途径和方法

### (一)学前儿童生活自理能力教育的途径

#### 1.家园共育提高学前儿童生活自理意识

生活自理能力的教育需要家庭与幼儿园有一致的教育标准形成教育的合力。幼儿常常在幼儿园里表现得很勤快,但一回到家里就变得"生活不能自理",这是家园教育不一致的结果。在幼儿园里幼儿能根据教师的要求养成良好的生活常规,但是部分幼儿回到家后在溺爱式的教养方式下,就变得"生活不能自理"。因此,教师与家长要建立良好的沟通,对幼儿进行正面教育,增强幼儿的生活自理意识。可通过故事、儿歌对幼儿进行教育,故事中形象真实的人物与动物形象深深感染着幼儿,角色的行为会感染、教育幼儿,强化幼儿的自理意识,发挥榜样力量,巩固幼儿的生活自理意识。

**学习研究5-2**

**如何通过家园共育培养儿童的生活自理能力?**

生活自理能力的培养是一个漫长的过程,需要家庭和幼儿园在促进学前儿童生活自理能力方面建立合作形成合力,遵循一致性原则,形成家园共育。

---

① 教育部基础教育司.《幼儿园教育指导纲要(试行)》解读[M].江苏:江苏教育出版社,2002.

从教师层面来说：首先，教师要注重做好家长工作，利用接送孩子的时间与家长交谈，通过电话联系、家访等形式，加强与家长的沟通，家园同心培养学前儿童生活自理能力，倡导家长多给幼儿锻炼的机会，让他们做力所能及的事情。其次，每月固定一天为家长开放日，家长在这一天中可以随时来幼儿园看自己孩子日常的生活，同时看看幼儿园是如何培养幼儿自理能力的。建立家园联系手册，教师可在这个联系手册上把每个幼儿该时段的能力、习惯及最近表现都反映给家长，可每隔几个月定期发放一次，让家长及时了解自己孩子的生活自理水平，并能在家庭中督促、鼓励、帮助孩子巩固生活自理行为。最后，教师还可通过家园论坛、家长讲座活动告诉家长一些比较科学的育儿知识和方法，并介绍幼儿园的生活作息制度，介绍生活习惯、生活自理能力培养的要求、内容、方法等，请家长配合幼儿园做到统一标准、统一要求。

从家庭层面来说：家长在家里同样需要培养幼儿的责任感和任务意识，从培养幼儿的责任感入手，使幼儿对任务的责任心成为活动的动力是非常必要的。为此，家长要勤观察、多引导，布置了任务就要坚持要求、坚持检查。例如，每天让幼儿负责给家里的花花草草浇水，给小鱼喂食，自己整理玩具、物品，晚餐时间分分碗筷，激励幼儿自己完成自己的任务。让幼儿不仅能生活自理，还能为他人服务，在培养自理能力的同时也塑造了幼儿优良的品质。

（资料来源：柳倩，周念丽，张晔．学前儿童健康学习与发展核心经验[M]．南京：南京师范大学出版社，2016：246-247.）

### 2.行为训练增强学前儿童生活自理技能

要让幼儿做到生活自理，必须让其明确生活自理的方法。也就是说，即使幼儿有了自理意识，如果缺少自理的技巧，就是想做也做不好，因此，还要让幼儿学会具体的生活自理方法。首先，可以根据幼儿的年龄特点，把一些生活自理技巧编成儿歌、歌曲或设计成饶有趣味的情节等，让幼儿在游戏、娱乐中学习本领。其次，可以因材施教、有的放矢，进行个别指导。由于幼儿之间存在个体差异，因此，对各个层次幼儿的要求要有所区别。对于自理能力较强的幼儿，以较高水平来要求。对于自理能力较差的幼儿，就相对降低要求的标准，不可强求，更不可鄙视，需因材施教。

### 3.抓住契机巩固学前儿童生活自理行为

技能的形成是一个反复的过程，还要注意技能形成以后的巩固练习。教师要经常督促、检查、提醒幼儿，使幼儿良好的习惯得到不断强化，逐步形成自觉的行为。在日常生活中训练幼儿的自理行为，让幼儿在成人的帮助下学习如何进餐，如收放餐具，自取食物，互相鼓励不浪费粮食，不挑食等。日常生活中隐含着许多教育契机，需要教师有敏锐的观察力和灵敏的反应能力，善于捕捉这些教育契机，对幼儿进行随机教育促使其积极练习、提高技能。如在小便、洗手、喝水等环节，尽量让幼儿自己动手来提高这些方面的能力。幼儿小便后提不上裤子，教师就教他用两手向上提裤子的前边和后边，幼儿渐渐地就会掌握这一技巧。

### （二）学前儿童生活自理能力教育的方法

#### 1.行为练习法

行为练习法是指学前儿童对已经学过的基本动作技能、生活自理行为等进行反复练习，从而形成稳定的生活技能和良好的行为习惯的方法。例如，教师在教幼儿穿脱与整理衣服的方法后，抓住日常生活中的契机让幼儿动手实践，通过反复练习形成稳定的技能和良好的生活习惯。如果是系鞋带等较为复杂的动作，教师还可以采用动作分解练习法，将复杂的动作分解为容易掌握的动作，逐个掌握，完成预定的动作目标。

#### 2.讲解演示法

讲解演示法是教师边讲解边结合动作演示，或以实物、模型、图片等进行演示，具体且形象地向学前儿童传授有关的健康知识、卫生习惯和生活技能的方法。例如，教师通过呈现牙齿模型，给幼儿讲解并演示刷牙的具体步骤。由于幼儿的言语能力及理解能力有限，教师在使用讲解演示法时需要运用具体、精确以及幼儿能理解的语言进行讲解，并且要注意讲解的趣味性，可配合夸张的动作进行示范。

#### 3.个别指导法

个别指导法是教师对那些在学习生活常规与技能过程中遇到困难或需要帮助的学前儿童给予一对一的指导，帮助与引导儿童提高生活自理能力的方法。例如，幼儿在学习使用筷子的时候，如果没能掌握拿筷子的正确方法，就不能很好地夹起食物，这时候老师便可以给予一对一的指导，示范讲解拿筷子的方法。

#### 4.图示标识法

图示标识法是利用环境中的图示、标识等视觉提示，帮助幼儿理解生活自理中的动作和过程，从而巩固和强化生活自理行为的方法。直观的步骤图、标记、符号，可以将抽象的生活规则、自理动作等直观化、操作化，在学前儿童最需要的场所恰当地呈现，可以给学前儿童提供一种行为上的暗示和引导，帮助他们解决生活自理中的记忆问题，不断促进生活自理习惯的发生和养成。因此，教师要充分利用环境因素，对幼儿进行引导和教育。例如，为避免午睡尿床现象的发生，教师可以通过在环境中投放“午睡前”步骤图（如图5-3）等方式提醒幼儿，帮助幼儿养成睡前如厕的习惯。

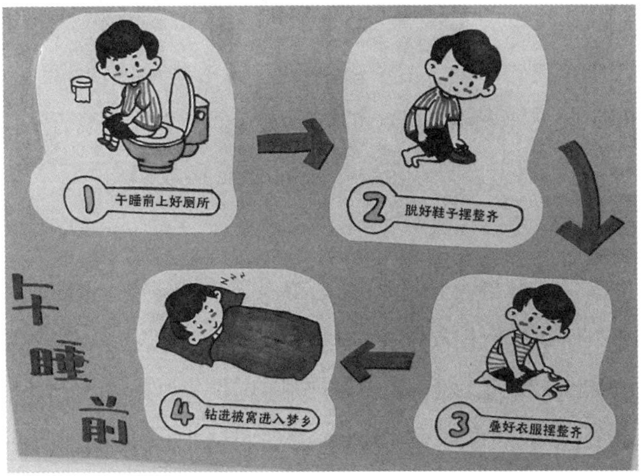


图5-3　生活自理能力（午睡前）培养步骤图

5.提示法

提示法是综合运用口头语言、打手势，以及不同程度的身体帮助等对幼儿进行提示的方法。其中，使用语言提示时，教师可以请幼儿注意听、注意看，也可以将复杂的指导语、动作示范过程编成易理解、易诵读的儿歌。例如，洗手歌“手心手心搓搓、手背手背搓搓、手指缝搓搓、手指间搓搓、小手洗个澡、用力甩一甩”就是通过顺口溜来提示幼儿洗手的方法和步骤。通过手势提示等方法进行提示具体见表5-6。

表5-6　生活自理教育中的各种提示方法①

| 提示类型 | 提示方法 |
| --- | --- |
| 口头提示 | 请幼儿注意看，告诉幼儿如何做，然后让幼儿照着提示做一遍。 |
| 用示范提示 | 如果口头说不清楚，教师就要用示范提示，缓慢地示范给幼儿看，也可以延长示范动作呈现的时间，让幼儿仔细观察该技能，最后再让幼儿尝试做一遍。 |
| 用手势提示 | 当示范仍无法让幼儿学会时，教师就需要用手势提示让幼儿了解，实现应用各种协助方式达到让幼儿模仿的目的。 |
| 少量或者部分身体帮助 | 当手势提示还无法让幼儿做出正确动作时，教育者必须动手协助，例如扶着儿童的手，转开牙膏盖子。 |
| 大量身体帮助 | 当上述方法都无效时，教师必须拉着幼儿的手做出正确动作，例如拉着幼儿的手转开牙膏盖，当幼儿的动作正确时应该给予鼓励。 |

① 柳倩，周念丽，张晔.学前儿童健康学习与发展核心经验[M].南京：南京师范大学出版社，2016：236.

**6. 游戏法**

游戏法是通过游戏的方式组织学前儿童进行身体健康和生活自理能力教育的方法。游戏法符合学前儿童的身心发展特点，以游戏的形式将枯燥的生活自理知识和动作变成有趣的活动，提高幼儿学习、练习的兴趣，使儿童在愉快的气氛中学会知识和技能。通过游戏法对学前儿童身体健康和生活自理能力进行教育有利于幼儿健康认知水平的提高，有利于幼儿健康态度、行为习惯的养成和改善。

**7. 讨论法**

讨论法是教师通过安排谈话活动，向学前儿童提出问题，让他们自由发表想法并得出结论，从而帮助他们掌握生活自理知识与技能的一种方法。中大班比较适合采用讨论法，引导幼儿总结、归纳生活自理的方法和规律。例如，部分幼儿没有饭前洗手的习惯，教师可以针对不洗手的危害开展谈话活动，让幼儿积极参与讨论并总结经验，引导幼儿养成饭前洗手的习惯。

**拓展阅读 5-4**

**教养方式与儿童生活自理能力**

父母是幼儿的第一任教师，教养方式是影响幼儿生活自理能力发展的重要因素。研究表明，民主型教养方式下的幼儿生活自理能力要明显高于消极的父母教养方式。民主家庭提供自主宽松的环境，鼓励幼儿积极动手实践，父母及时给予指导和肯定，激发幼儿探索的好奇心和积极性，促进幼儿社会技能的发展，增强动手操作能力，把掌握的能力转化为日常生活习惯。溺爱型和专制型家庭的父母，总是喜欢包办代替，这容易抑制幼儿内驱力的发展，削弱幼儿探索周围环境的主动性，不利于幼儿生活自理能力的发展。

（资料来源：林桢，陈奕荣，林永乐，等. 幼儿生活自理能力的现状及其影响因素分析[J]. 中国儿童保健杂志，2016，24(11)：1135-1138.）

## 二、学前儿童生活自理能力教育活动的设计与指导

### （一）学前儿童生活自理能力教育活动的设计步骤

**1. 确定活动目标**

首先，要了解活动对象（学前儿童）的生活自理能力处于什么样的发展水平，把握本班儿童的现有发展水平。要分析学前儿童目前的发展水平，着眼于最近发展区，提

供有难度的任务超越最近发展区而到下一个发展阶段，让学前儿童的自理能力得到发展。

其次，确定活动目标是学前儿童生活自理能力教育活动设计的关键，活动目标直接关系到整个活动的效果。某一年龄段的幼儿存在着一定的发展共性，因此，生活自理能力教育活动目标的确定需要依据儿童身心发展水平来制定，可参照《3–6岁儿童学习与发展指南》中健康领域的目标。

**2.做好活动准备**

一是物质的准备，在活动开展前准备好各种教具、玩具等。环境创设的准备，包括座位的摆放、环境布置等。

二是经验的准备，了解幼儿生活习惯和生活能力的关键经验储备情况，以及幼儿的心理准备，如有自理的兴趣等。

**3.活动过程设计**

首先，活动过程的设计要注重幼儿主体性原则。教师可以通过游戏、互动给幼儿提供动手操作的机会与条件。保健能力和生活自理技能的培养，都必须建立在学前儿童自身实践的基础上，在操作中感知和发展，如穿衣服、系鞋带、拿筷子、叠被子、整理玩具等，让学前儿童进行充分的活动。动手操作符合幼儿的思维特点，在活动中，幼儿通过感知、讨论知道了为什么做、应怎样做。还要通过实际操作让其掌握生活自理技能，养成生活自理习惯。

其次，活动过程的设计还要注意游戏化原则。从幼儿的身心发展特点来看，幼儿的操作练习不应是机械的、枯燥的，而应是有趣的、游戏化的，让幼儿在玩中学。幼儿是活动的主体，在主动活动的过程中，发挥他们的主动性、积极性，将幼儿的兴趣与正确的规则相结合，才能有助于他们树立正确的健康观念，提高对健康的认识，形成正确的健康态度，进而转化为自觉的行为。例如，教师教孩子叠衣服，可以设计“给衣服宝宝做操”等游戏引发孩子的兴趣，通过给衣服“伸伸臂”（整理衣服的袖子）、“低低头”（叠好帽子）等环节增强活动的趣味性。在游戏的情境中，调动孩子的积极性，锻炼生活能力。

最后，活动过程的设计还需注意循序渐进的原则。生活自理活动设计要遵循儿童身心发展的规律，注重循序渐进。例如，在教幼儿系鞋带时，需要分解步骤，由易到难地过渡；也可以让幼儿先学会系蝴蝶结，再迁移至学系鞋带，如此循序渐进，巧妙过渡，更能提高幼儿参与活动的积极性。

#### 4.注重活动延伸

学前儿童身体保健和生活自理能力的培养不是仅依靠有组织的教育活动就能完成的。虽然我们要求教师在设计活动过程时，要注重幼儿的动手操作性，给幼儿提供练习的机会和条件，但身体保健和生活自理能力的形成，仅仅靠活动中的操作练习是远远不够的。学前儿童健康教育的本质是生活教育，我们要把学前儿童身体保健和生活自理教育渗透到一日生活的各项活动中去，使教育活动延伸到学前儿童的生活中去。因此，学前儿童身体保健和生活自理教育活动设计要特别注重活动延伸部分。

### （二）儿童生活自理能力教育活动的范例分析

#### 1.3-4岁儿童生活自理能力教育活动的范例和分析

## 教案设计5-1

### 我会自己穿脱衣服（小班）

**活动目标**

1.体验自己穿脱衣服的快乐。

2.学习正确穿脱衣服的顺序。

**活动准备**

1.经验准备：幼儿已有穿脱衣服的经验。

2.材料准备：教师自编故事《穿穿脱脱》、自编儿歌《穿穿脱脱》，小兔子的毛绒玩具一个，游戏提示卡两张（一张提示卡的画面是一个准备脱衣服睡觉的幼儿；另一张提示卡的画面是一个准备起床穿衣服的幼儿）。

**活动过程**

一、讲述故事《穿穿脱脱》的前两段内容，引导幼儿了解脱衣服的顺序

（一）教师操作小兔子毛绒玩具，讲述故事《穿穿脱脱》的前两段内容

教师：请小朋友听听故事里的小动物们是按照怎样的顺序脱衣服的。

（二）根据故事内容，教师引导幼儿了解脱衣服的顺序

教师：大象老师为什么要奖励给每个小动物一张小贴画？正确的脱衣服顺序是怎样的呢？

小结：脱衣服时，要先脱袜子，再脱裤子，最后脱上衣。有顺序地脱衣服可以保护小动物的身体健康，避免着凉。

二、结合生活经验，引导幼儿思考小动物穿衣服的顺序

（一）教师引导幼儿回忆穿衣服的顺序

教师：小动物知道有顺序地脱衣服可以不生病。

教师：小朋友猜一猜小动物又是怎样有顺序地穿衣服，保护好自己的身体的呢？

（二）幼儿自由表达自己的观点

三、讲述故事《穿穿脱脱》的后两段内容，引导幼儿了解穿衣服的顺序

（一）教师操作小兔子毛绒玩具，讲述《穿穿脱脱》的后两段故事内容

教师：请小朋友听听故事里的小动物们是按照怎样的顺序穿衣服的。

（二）根据故事内容，引导幼儿了解穿衣服的顺序

教师：大象老师奖励给哪个小动物一个大大的拥抱呢？正确的穿衣服顺序是怎样的呢？

小结：穿衣服时，先穿上衣，再穿裤子，最后穿袜子。有顺序地穿衣服可以保护小动物的身体健康，避免着凉。

四、看图片做动作，引导幼儿体验按顺序穿脱衣服的快乐

（一）教师分别出示两张游戏提示卡，帮助幼儿理解其表示的内容

（二）教师介绍游戏的玩法

1. 游戏开始前，教师（或一名幼儿）将两张提示卡的画面朝下。

2. 当教师（或一名幼儿）宣布游戏开始后，教师（或一名幼儿）迅速翻开其中一张提示卡，参加游戏的幼儿根据游戏提示卡的内容，用动作表示有顺序地穿衣服（或脱衣服）。

（三）游戏过程中，教师和幼儿边朗诵儿歌《穿穿脱脱》，边做动作

当游戏提示卡的内容是请幼儿有顺序地穿衣服时，教师可引领幼儿边朗诵有顺序穿衣服的儿歌内容边做动作。

**活动建议**

幼儿在做动作时教师要注意观察幼儿穿脱衣服的动作顺序，肯定按顺序做穿脱衣服动作的幼儿。如果幼儿没能按顺序做穿脱衣服的动作，配班教师要及时进行个别指导。

**活动延伸**

1. 在午睡环节，可鼓励幼儿迁移故事中习得的经验，像小动物们一样能有顺序地穿脱衣服，保护自己的身体。

2. 在玩娃娃家时，有针对性地提供娃娃或者小动物玩偶，引导幼儿给娃娃或者小动物有顺序地穿脱衣服。

3.在睡眠室的墙面上粘贴小朋友穿脱衣服的顺序图，提示小朋友按照正确的顺序穿脱衣服。

4.在家长园地中将《穿穿脱脱》的儿歌内容和家长分享，鼓励家长在家庭中和幼儿边朗诵儿歌边玩“穿穿脱脱”的游戏，帮助幼儿掌握正确的穿脱衣服的顺序，提高幼儿按顺序穿脱衣服的速度。

**附：故事《穿穿脱脱》**

动物幼儿园里，小动物们吃过午饭准备脱衣服睡午觉。大象老师说：“孩子们，你们在幼儿园学到了很多本领，今天来试试自己脱衣服，不用老师帮忙好不好？”小动物们都说好。小兔子三下两下就把上衣脱完，再脱掉袜子和裤子，举起手大声说：“大象老师，我是第一名！”小猫和小兔不一样，小猫先脱掉袜子，然后脱裤子，最后才脱上衣。

大象老师先称赞了所有小动物都能自己脱衣服，奖励给他们每人一张小贴画，然后微笑着问小猫：“你为什么要先脱袜子，再脱裤子，最后才脱上衣呢？”小猫说：“因为最后脱上衣就没那么容易着凉了！”大象老师在小猫的脸上亲了亲说：“你真会照顾自己！”小动物们向小猫竖起了大拇指，小猫高兴地笑了。

小动物们从美美的午觉中睡醒啦！大象老师说：“怎样穿衣服，才能不着凉呢？”小兔说：“先穿上衣，就能让身体暖和。”小兔想了想又说：“不对，不对，可以先穿裤子，就能让两条腿暖和。”小猫喵喵地叫着，不慌不忙地说：“先穿上衣，然后去卫生间小便，最后再穿裤子、袜子，这样又暖和又方便。”

大象老师眯着眼笑着，给了某个小动物一个大大的拥抱。请小朋友想一想这个拥抱给了哪个小动物？为什么？

**附：儿歌《穿穿脱脱》**

铃铃铃铃时间到，宝宝脱衣要睡觉。
先来脱掉小袜子，再来脱掉小裤子。
最后脱掉小上衣，呼呼呼呼睡大觉。
铃铃铃铃时间到，宝宝起床把衣穿。
先来穿上小上衣，再来穿上小裤子。
最后穿上袜两只，暖暖和和身体棒。

（资料来源：叶平枝.幼儿园健康领域教育精要——关键经验与活动指导[M].北京：人民教育出版社，2015：183.）

## 教案设计5-2

### 干净小手人人爱(小班)

**活动目标**

1. 学习正确的洗手方法。

2. 能响亮地说出自己的想法。

**活动准备**

1. 绘制《洗手步骤图》。

2. 在盥洗间墙上便于幼儿观察的位置张贴《洗手步骤图》。

**活动过程**

一、谈话导入,引导幼儿发现手的变化

(一)组织户外活动,引导幼儿发现手的变化

教师:刚刚我们在外面玩了什么?

教师:瞧,我们的小手变成什么样子了?

(二)组织幼儿讨论,总结洗手的方法

教师:小手脏了怎么办?哪个小朋友知道该怎样洗手?

幼儿自由回答,师幼共同总结洗手方法。

二、出示《洗手步骤图》,让幼儿了解洗手步骤

(一)初步感知,引导幼儿跟教师进盥洗间学习洗手

教师根据实际情况将幼儿分成若干小组,告诉幼儿一组一组地跟老师进盥洗室洗手。

(二)让幼儿观察《洗手步骤图》,了解洗手步骤

在盥洗室让动儿观察墙上张贴的《洗手步骤图》,了解洗手步骤,并回答洗手顺序是什么。

教师总结洗手顺序:卷袖子、打开水龙头、冲水、擦肥皂、再冲水、甩干、擦干。

三、教师总结正确的洗手顺序,并通过儿歌巩固幼儿的认识

教师先卷起袖子,打开水龙头淋湿双手,然后擦肥皂,再搓手,最后冲净手上的肥皂沫,关上水龙头,把手上的水向水池里甩一甩,再用毛巾把手擦干,最后放下袖子。教师边念儿歌边教幼儿正确的洗手方法。

教师和幼儿一起边念儿歌边洗手。

教师示范讲解用毛巾把手擦干的方法:洗完手后,用自己的毛巾将一只手的手心、手背擦干,再将另一只手的手心、手背擦干,最后放下卷起的袖子。

四、游戏互动,幼儿相互比一比谁的手最干净

**活动延伸**

此活动可作为专门的活动开展，并让幼儿进行练习，也可以在午饭前、吃点心前的洗手时间进行。

**附：儿歌《洗手》**

搓搓搓，搓手心，
搓搓搓，搓手背，
换只小手再搓搓，
一二三，搓好了。

（资料来源：赵寄石，唐淑．幼儿园渗透式领域课程（健康·语言·社会）教师用书（小班·上）[M]．南京：南京师范大学出版社，2005：17-18.略有改动。）

### 2.4-5岁儿童生活自理能力教育活动的范例和分析

## 教案设计5-3

**蔬菜宝宝有营养（中班）**

**设计意图**

在进餐环节中，个别幼儿有挑食现象，尤其不愿意吃蔬菜。幼儿正处于成长发育阶段，其营养状况将直接影响到成长，幼儿挑食会导致营养不良。《指南》中也指出，“帮助幼儿了解食物的营养价值，引导他们不偏食不挑食、少吃或不吃不利于健康的食品”。设计此活动，意在让幼儿了解吃蔬菜有利于身体健康，并逐步养成不挑食的好习惯。

**活动目标**

1.喜欢吃蔬菜，知道吃蔬菜有利于身体健康。

2.能说出蔬菜的基本特征，了解它们的种类。

3.知道蔬菜有营养价值，并且逐步养成不挑食、不浪费的好习惯。

**活动重难点**

重点：能说出蔬菜的基本特征，知道吃的是蔬菜的哪部分以及蔬菜的作用。

难点：知道蔬菜的营养价值，逐步养成不挑食、不浪费的好习惯。

**活动准备**

西红柿、胡萝卜、青椒、菠菜、芹菜，沙拉酱和千岛酱，小碟子和勺子，纸巾和湿纸巾，活动课件。

**活动过程**

一、创设情境，引起幼儿对蔬菜的兴趣，调动幼儿已有的经验

让幼儿观看各种蔬菜图片或实物。教师提问：你们认识这些蔬菜宝宝吗？你喜欢吃哪一种蔬菜？这些蔬菜中可以吃的部分是什么？

教师出示一幅完整的植物生长图，让幼儿知道植物是由根、茎、叶、花、果实五部分组成的。

二、猜谜游戏，调动感官，让幼儿了解多吃蔬菜有利于身体健康

师：今天有三位蔬菜朋友和小朋友玩一个游戏，请你们仔细听一听，猜一猜它们是谁？

1."高高的个子，浅绿的衣服，闻一闻，香香的。"

教师运用变魔术的形式，让幼儿认识青菜的粗纤维，以芹菜的口吻说："小朋友们太聪明了，我来给大家变个魔术，(把芹菜切开)我的身体里长着这样的细丝，它们会像小刷子一样，把小朋友肚子里的脏东西刷下来。吃了我，你们的大便会很通畅。"

2."较矮的个子，深绿的衣服，肚子里长满许多小白籽，闻一闻，清香的。"

以辣椒的口吻说："我是辣椒宝宝，我有许多维生素C，我能给小朋友补充营养和水分，使小朋友的皮肤非常滋润。"

3."穿着橘色的裙子，苗条的身材，闻一闻，也是香香的。"

以胡萝卜的口吻说："我是胡萝卜宝宝，吃了我会使你的眼睛亮亮的。我们还带来了好多蔬菜宝宝，大家相互认识一下吧！"

白菜：有清热解毒的功能，可以润泽我们的皮肤。我们应该吃它的哪一部分？(叶)

萝卜：具有抗衰老、增强免疫力的功能。我们应该吃它哪一部分？(根)

番茄：不仅酸甜可口，还可防治多种疾病，如治疗牙龈出血、中暑、退烧等。我们应吃它的哪一部分？(果实)

土豆：通利大便，可用于治疗消化不良、肠胃不和。我们应该吃它的哪一部分？(块茎)

三、观看PPT，引导幼儿养成不挑食的习惯

师：小朋友们都喜欢我们吗？可是，有一位小朋友不喜欢我们，你们看！

教师播放课件，幼儿观看。

提问：他在干什么？他为什么这样做？如果你见到我们，你会怎么做呢？

四、游戏"我爱吃蔬菜"

请小朋友们选择自己最喜欢吃的蔬菜的卡片，将它们贴在身上，并扮演所选的蔬菜。一人先开始，如扮演白菜的小朋友先开始，说"吃白菜吃白菜，吃完白菜吃番茄"，被叫到的人继续说，若未说出或说出的速度很慢则被淘汰。游戏反复进行几次。

五、体验和感受制作蔬菜沙拉

幼儿自由选择喜欢的蔬菜作为材料制作蔬菜沙拉，通过操作，进一步提高幼儿对蔬菜的喜爱。

提问：你做的蔬菜沙拉里有哪些蔬菜？你做的是什么口味的？你喜欢吃吗？为什么？

**活动结束**

蔬菜的种类多，不同蔬菜的营养类型也有所差异，样样蔬菜都要吃，长身体需要这些营养。所以小朋友每天都要吃一两种蔬菜，我们和蔬菜做朋友会使我们健康成长。

**活动延伸**

请幼儿回家和爸爸妈妈一起做蔬菜沙拉，巩固对蔬菜的认识。

（资料来源：范惠静．幼儿园优秀健康活动设计80例[M]．北京：中国轻工业出版社，2014：257.）

## 教案设计5-4

### 我和筷子做朋友（中班）

**设计意图**

筷子与生活息息相关，也是幼儿较为熟悉的一种餐具，用筷子进餐是中国的传统特色之一。中班上学期，个别幼儿在家里已经开始学习使用筷子，不过大部分幼儿还是以调羹进食为主。因为进入大班后要求每个幼儿能熟练地使用筷子，特预设此活动，以激发幼儿使用筷子的兴趣，同时通过游戏的方式丰富操作筷子的内容，让幼儿在愉快、轻松的氛围中练习和掌握使用筷子的技巧，并促进他们手部肌肉以及精细动作的发展。

**活动目标**

1. 了解筷子的用途、特点和文化。

2. 学习正确的用筷方法。

**活动准备**

1.和幼儿一起搜集各式各样的筷子。

2.制作有关筷子的PPT。

3.用扭扭棒制作的“菜”。

4.筷子和盘子。

**活动过程**

一、筷子的聚会

1.今天老师邀请你们在美味餐厅用餐，请你们看看餐桌上有哪些餐具，每个小朋友面前有几双筷子。

2.拿起你的筷子，看一看、摸一摸，你的筷子是什么样的？

3.认识各种筷子。

木头筷子：结实、实用。塑料筷子：颜色多样、漂亮。不锈钢筷子：精致、光亮。

比较不锈钢筷子和防滑型筷子（有独特的造型）有哪里不一样？摸一摸，有什么感觉？（防滑型筷子不平滑）上面的凸点有什么特别的作用吗？

儿童学习筷（有独特的造型）：这里有3个小圆圈有什么作用？

小结：筷子是我们中国人用来吃饭的餐具，它在长短、颜色、材料等方面有很多不同的地方。

二、筷子工作忙

（一）幼儿初次使用筷子

1.现在我们已经是中班的哥哥姐姐了，让我们来试试用筷子夹“菜”吧。

2.任务要求：每次夹一样东西，看谁夹得又牢又稳；听老师口令，数到10一定要放下手中筷子；注意安全，筷子硬硬的、尖尖的，不能对着小朋友的脸。

3.交流用筷经验，教授正确的用筷姿势。

4.老师看到有的宝宝夹了很多，但是有的宝宝遇到了些困难，请夹了最多的宝宝来介绍一下他是怎么用筷子的。

5.结合图片介绍的筷子正确的使用方法，让幼儿拿筷子跟着练习。

儿歌：三个手指拿筷子，食指上，中指下，拇指前面挡一下，筷子夹菜工作忙。

（二）再次尝试用筷

1.现在请宝贝们夹起碗里的一种“菜”，让老师来看看哪个宝宝已经掌握用筷子的本领了，夹得又牢又稳。

2.重点观察是否大多数幼儿已经掌握。

小结：我们的小手本领真大呀，用筷子夹起了那么多“菜”。

三、我拿筷子跳一跳

1.刚才我们已经用过筷子了，也学习了正确使用筷子的方法。其实筷子还有一个很大的本领，想不想知道呢？

2.播放筷子舞音乐，请幼儿猜猜里面发出的是什么声音。究竟筷子有什么本领呢？

小结：筷子还能作为道具用来跳舞。

3.每人分发一双筷子，幼儿跟着教师简单地动一动，练习打节奏。

四、筷子用处多

筷子还有其他作用呢，老师这里也收集了一些筷子的用法，请宝宝们来看看，他们都把筷子用来做什么了？（PPT展示）

小结：筷子除了是吃饭的餐具，还可以是表演的道具、搅拌的工具、乐器，还可以用来装饰，搭积木呢！你们看，筷子的本领大不大呀？

五、筷子舞

每人分发一套筷子，跟着视频跳筷子舞，结束本次活动。

结束语：今天，我们认识了筷子，又和筷子做了游戏，它想跟你们做好朋友。你们愿意吗？那么回去以后我们每个人再来学一学用筷子，和筷子继续做朋友吧！

**活动延伸**

提供各种材料，如珠子、豆类、自制薯条、棉花糖、小馒头等，投放到区角，让幼儿练习使用筷子。

**活动建议**

本活动适合将时间控制在20–25分钟，因为活动前期幼儿有一定的用筷经验，活动中提供的筷子从颜色、材料、长短、造型上要丰富多样一些，方便幼儿进行比较。活动最后融入了音乐元素，加强培养幼儿的节奏感与肢体协调性。

（资料来源：柳倩，周念丽，张晔.学前儿童健康学习与发展核心经验[M].南京：南京师范大学出版社，2016：183.略有改动。）

3.5-6岁儿童生活自理能力教育活动的范例和分析

## 教案设计5-5

### 牙齿上有小洞洞(大班)

**活动目标**

1.知道酸会腐蚀牙齿,学习牙防五步骤,知道正确的护牙常识。

2.能说出龋齿三种以上的危害。

3.养成良好的刷牙、护牙卫生习惯。

**活动准备**

1.鸡蛋壳、饼干、杯子、醋、镜子。

2.课前两天和幼儿一起将鸡蛋壳浸泡在醋里。产生龋齿的过程图片和牙防五步骤的图片。

3.牙防五步骤:

第一步:早晚刷,保护牙齿坚持刷。

第二步:含氟好,含氟牙膏防蛀牙。

第三步:刷头小,刷毛软,保健牙刷带回家。

第四步:少吃糖,健康饮食人人夸。

第五步:找牙医,定期检查别忘了。

牙防五步请牢记,健康牙齿笑哈哈!

4.牙模型、牙刷各一。

5.动画片《聪聪王子牙防历险记》。

6.字卡若干。

**活动过程**

1.律动进场,引出情境表演

牙宝宝在哭,原来是他的小主人喜欢吃甜食,又不刷牙,时间长了细菌在牙宝宝的身上钻了几个洞洞。

2.寻找龋齿产生的原因

(1)牙宝宝请小朋友吃饼干,然后漱口,观察干净的水有了什么变化。(知道人们吃完东西后会有食物残渣留在牙缝里)

(2)师:我们嘴里有一种细菌,会使这些食物残渣变酸(出示图片),如果时间长了,我们原来健康的牙齿会怎样呢?(出示图片)

(3)师:小朋友的桌子上有一个鸡蛋壳,用筷子轻轻地敲一敲,感觉怎样?(硬硬的)再看看杯子里是什么?那是我们前两天浸泡在醋里的鸡蛋壳,看看现在怎样了?

(4)讨论:为什么鸡蛋壳会变黑变软了呢?(醋是酸的,会"腐蚀"鸡蛋壳中的钙,所以鸡蛋壳就变黑。)

(5)小结:我们的嘴里有一种细菌会使食物残渣变酸,时间久了,这些酸就会像醋"腐蚀"鸡蛋壳一样,将我们牙齿里的钙"腐蚀"掉,牙齿就会变黑,产生龋洞,也就是龋齿。

3.知道正确的护牙方法。

4.做游戏"保护牙齿有佳佳"。

方法:选一名幼儿扮演"娃牙出",一名幼儿扮演"牙防卫士佳佳",其余幼儿扮演"牙齿"跟在"佳佳"后面。"娃牙出"去抓"牙齿","牙防卫士"要拦住"娃牙出"保护"牙齿"。

(资料来源:王娟.学前儿童健康教育[M].上海:复旦大学出版社,2015.)

## 三、学前儿童生活自理能力教育应注意的问题

### (一)注意幼儿家园行为"两面派"的问题

仅通过幼儿园集体教育而没有家庭教育的积极配合,学前儿童健康教育的效果将事倍功半。研究发现,幼儿在家和在幼儿园的生活自理能力在饮食、盥洗、如厕、起居和整理个人物品五个维度上存在显著差异①。在教育实践中也发现这样的"两面派"现象,很多幼儿在幼儿园能自己完成的事情,在家中却做不了。这可能是因为家长自身缺乏自理意识或者缺乏培养幼儿自理行为的意识,加之隔代抚养的溺爱,让幼儿缺乏生活自理的机会,导致幼儿存在"两面派"的问题。针对幼儿家园行为"两面派"的问题,家园共育是有效途径,幼儿园教育和家庭教育应该建立一致的教育标准,鼓励幼儿做一些简单的、力所能及的事情,培养其基本的生活自理技能。

### (二)注意家长溺爱教育下包办代替的问题

在日常生活中,很多家长会有包办代替的现象,事事都想替孩子做好。一个可能的原因是家长的溺爱;另一个可能的原因是家长害怕麻烦,索性就全帮孩子做了。"授人以鱼,不如授人以渔",例如:与其帮孩子系鞋带,不如让孩子学会如何系鞋带。因

① 赵凤萌.3-6岁幼儿在家与在园生活自理能力比较研究[D].天津:天津师范大学,2016.

此，家长可以适当放手，让幼儿做力所能及的事情，应该教给幼儿盥洗、穿衣等生活自理的技能，给幼儿提供动手操作的机会和条件，让幼儿在反复练习的过程中，形成良好的行为习惯。一方面，家长要为孩子做好示范，另一方面，要为孩子创设锻炼的机会，在孩子操作的过程中，家长要不包办、多指导、多鼓励、少指责，要多一些耐心和等待。只有这样，培养幼儿生活自理能力的目标才能成为现实。

### （三）注意随机渗透、及时强化、长期坚持

首先，学前儿童生活自理能力教育的契机存在于幼儿日常生活的每个角落。只要教师留心观察，处处都有教育的机会。教师可以在晨检、盥洗、进餐、午睡等环节渗透相应的教育理念，让日常生活中的健康教育成为健康教育活动的延伸。在主题健康教育活动中，幼儿很多时候只是在认识上有了提高，但是相应的行为习惯需要在日常生活中加以巩固。其次，当孩子出现自理行为时也要及时强化。如当孩子第一次把衣服扣子扣对了，教师应马上给予肯定和赞许；当孩子第一次全部吃完自己的食物时，教师应马上微笑地鼓励，使学前儿童正确的行为得到强化而逐渐地形成习惯。最后，还要注意长期培养，幼儿身体保健和生活自理能力的培养不是一两次教育就能奏效的，这是个漫长的过程，是螺旋式的反复实践认识的过程。总之，教师和家长要充分认识孩子身体保健和生活自理能力与习惯养成的特点及其在孩子一生发展中的作用，注意随机渗透、及时强化、长期坚持。

## 本章小结

生活自理能力是生存能力的重要组成部分，是一个人独立生存、独立发展的必备能力和先决条件，也是适应社会必须掌握的基本技能。本章首先讲述了学前儿童生活自理能力教育的途径，分析了儿童生活自理能力教育的方法。围绕各年龄段的发展目标，分析了学前儿童生活自理能力教育的活动设计的要点，提出学前儿童生活自理能力的指导要点。最后，讨论了在学前儿童生活自理能力教育中教师和家长应注意的问题，以期帮助大家在实践中更有效地进行学前儿童生活自理能力的教育。

## 思考与实训

1. 学前儿童生活自理能力教育的途径有哪些？举例说明几种生活自理能力教育的途径。

2. 学前儿童生活自理能力教育活动的指导策略有哪些？

3.新入园的小班幼儿在洗手时出现了许多问题:有的把袖子弄湿,不洗手背,冲不干净肥皂液,争抢或拥挤,玩水忘记洗手,擦手后毛巾乱放在架子上,握不住大块肥皂,有的因毛巾架离水池远一路甩水把地面弄得很湿。请针对上述问题,设计一份改进洗手环节的工作方案。要求写出对问题的分析、工作目标和解决各类问题的主要方法。

4.小班赵老师发现幼儿进餐时存在各种问题:有的幼儿情绪不稳定,吃饭时哭着找妈妈;有的幼儿不会拿勺子吃,一定要老师喂;有的幼儿挑食,不吃这个,不吃那个;还有的幼儿吃一会儿,玩一会儿,饭凉了都还没吃完。请根据以上信息,设计一份解决上述问题的教育方案。要求写出对问题的分析、教育目标和解决问题的主要方法。

## 专题探讨

### 蒙台梭利日常生活技能教育对幼儿生活技能教育的启示

生活技能的养成能够改变生活方式,而良好生活方式的形成,才是健康人生最稳定的保障。在幼儿园健康教育课程中以生活技能教育为基础,强调对生活方式的选择,有助于幼儿做出有利于健康的决策,并形成对他人和社会以及环境的责任感,从而适应生活的要求与挑战。在幼儿教学中渗透生活技能教育,既是素质教育的要求,也是当地经济建设对教育提出的更为迫切的要求。因此,有必要培养幼儿的日常生活技能。

蒙台梭利教具分为日常生活类、感官类、学术类和文化艺术类四种。请你查阅资料并思考:不同种类的蒙台梭利日常生活教具,在培养幼儿生活技能方面发挥着怎样的不同作用呢?

# 第六章

# 学前儿童安全和自我保护能力的教育

## 学习目标

- 了解学前儿童安全和自我保护能力的概念。
- 理解学前儿童安全和自我保护能力的发展特点。
- 掌握学前儿童安全和自我保护能力的内容及各年龄阶段的目标。
- 理解学前儿童安全和自我保护能力教育的途径和方法。
- 了解学前儿童安全和自我保护能力教育应注意的问题,能进行学前儿童安全和自我保护能力的活动设计及指导。

## 学习重难点

- 重点:理解学前儿童安全和自我保护能力的发展特点,能进行学前儿童安全和自我保护能力的活动设计及指导。
- 难点:掌握学前儿童安全和自我保护能力的内容及各年龄阶段的目标。

## 案例破冰

### 触目惊心的现实

近年来,关于儿童安全事故,如虐童、坠楼、交通安全事故、食物中毒、烧伤等的报道也频频出现在大众眼前。随着社会发展水平的提高,各种保障制度以及幼儿健康保健体系和设施日益完善,生理疾病导致儿童死亡的概率大幅下降,而意外伤害却成了儿童的隐形杀手。

世界卫生组织报告，意外伤害是世界各国0–14岁儿童死亡的首位原因，每年有90万左右儿童因此死亡，占儿童死亡率的20%以上，同时也是儿童致残的主要原因。2020年国家统计局发布了一份数据：2019年中国婴儿死亡率为5.6‰，五岁以下儿童死亡率为7.8‰。中国疾病预防控制中心慢性非传染性疾病预防控制中心和全球儿童安全组织联合发布的《中国青少年儿童伤害现状回顾报告》中提到，中国每年有超过5.4万名儿童因意外身亡，平均每天148人。意外伤害威胁着幼儿的健康成长，最常见的是：交通事故、溺水、中毒、烧伤、摔伤、危险品伤害等。有专家认为，意外伤害的特点是意外性和突然性，绝大多数意外伤害事故是可以避免的。

上述数据警醒着我们，意外伤害严重威胁幼儿的生命安全。儿童是国家的未来、民族的希望，学前儿童的生命健康和安全关乎每个孩子、每个家庭乃至国家未来。由此，为学前儿童提供安全的生活环境，对学前儿童进行安全与自我保护能力的教育已然是幼教的重要工作之一。那么，学前儿童安全和自我保护的发展特点和内容有哪些？我们应该如何设计与指导学前儿童安全和自我保护能力的教育活动？本章将对学前儿童安全和自我保护相关内容进行诠释。

# 第一节 学前儿童安全和自我保护能力概述

学前儿童安全和自我保护能力的教育是幼儿园安全教育必不可少的内容，同时也是推进幼儿园安全教育的前提和保障。学前儿童安全和自我保护能力教育的任务目标在于为学前儿童提供有利于其身心健康成长的生活环境和心理环境，也在于帮助学前儿童获得和掌握日常生活中最基本的安全知识和技能，让幼儿在被保护的同时知道如何自我保护和保护他人，不断提高幼儿安全防范意识和自我保护意识。

## 一、学前儿童安全与自我保护能力的内涵

### （一）安全教育

安全是指没有危害和不受威胁，没有破损。安全教育就是在尊重和保护个体或集体生命利益的基础上，教育者通过一定的手段和方法为个人或集体提供安全知识，以提高个体或集体安全防范意识，提高个体或集体处理危险事故的能力的教育活动[①]。学前儿童安全教育是指成人（包括幼儿园老师和家长）对3-6岁幼儿进行的提高其安全意识和能力的教育活动，如组织学前儿童进行消防演习（图6-1）。

图6-1 学前儿童正在进行消防演习

**消防演习童谣《着火了怎么办》**[②]

浓烟滚滚火太急，
湿巾来捂嘴和鼻。
烟往上冒地面稀，
弯下腰来伏在地。
电梯虽快不能进，
安全还是走楼梯。

① 王梦巧.幼儿自我保护教育现状调查研究[D].重庆：西南大学，2020.

② 申桂红.幼儿自我保护教育的实践探索[M].北京：北京师范大学出版社，2009：156.

**知识链接6-1**

**概念辨析——安全意识与安全教育**

安全意识,是人们头脑中建立起来的有关安全的观念,也是人们在生产活动中对各种各样有可能对自己或他人造成伤害的外在环境条件的一种戒备和警觉的心理状态。根据心理学对安全意识的界定,安全意识涉及安全认知、安全态度和安全行为倾向三个方面。安全认知是个体意识到周围环境中及行为中存在的安全隐患。安全态度指个体对周围环境及行为中存在的安全隐患表现出的态度是积极还是消极的,对安全隐患产生的积极态度会让个体倾向于持续处于某种不安全环境或坚持某种不安全行为,而消极态度则会让个体倾向于逃离某种不安全环境或停止某种不安全行为。安全行为倾向主要指个体在对周围环境和行为的安全认知和安全态度基础上产生的某种行为的心理倾向。[①]因此,安全意识是各种安全心理活动的综合。

安全意识是一种戒备、警觉的心理状态,是在经验的基础上形成的。学前儿童的安全意识是在其过去生活中的直接经验基础上逐渐形成的,也是在成人通过安全教育以帮助幼儿获得安全知识的间接经验这一教育过程中形成的。

安全教育是人类活动的一种,属于活动范畴,强调行动。

### (二)自我保护能力

自我保护指的是个体通过自己的力量,独立运用自救、自我保护技巧以摆脱外界危险的方法。自我保护能力也被简称为自护能力,指的是个体为了免受来自周围生活世界的伤害(包括身体伤害如骨折、失血等,心理伤害如导致的胆怯、悲伤、自卑等心理负担),而采取各种心理和行为措施的综合能力。[②]学前儿童自我保护能力可以理解为学前儿童对周围世界里安全因素的认知、理解,及其对安全因素产生的敏感性、判断力等。

**知识链接6-2**

**概念辨析——自我保护能力与自我保护教育**

自我保护教育是成人(教师或家长)对受教育者进行的,以提高受教育者

① 商雪梅.学前儿童安全意识发展现状与教育建议[D].成都:四川师范大学,2019.
② 林崇德.发展心理学[M].北京:人民教育大学出版社,1995:252.

的自我保护能力为主要目的的教育活动。根据《幼儿园教育指导纲要(试行)》和《3-6岁儿童学习与发展指南》中的要求,学前儿童自我保护教育指的是教育者以帮助和培养学前儿童获得自我保护习惯、自我保护知识、自我保护意识、自我保护能力为目标的教育活动。

自我保护能力与自我保护教育的关系:自我保护教育是帮助学前儿童获得自我保护能力的有效渠道之一,帮助学前儿童获得并提升自我保护能力是自我保护教育的目的。

### (三)学前儿童安全与自我保护能力的影响因素

#### 1.家庭环境因素

家庭是幼儿各种活动的主要场所,家庭对学前儿童安全与自我保护能力的影响是潜移默化的。家庭环境因素主要与生活环境、父母文化水平、家庭成员的安全教育理念等有关。一般来说,生活在贫困地区的家庭要比生活在富裕地区的家庭存在更多的安全隐患。父母的文化水平主要是通过监管力度对幼儿发生伤害的概率产生影响,父母文化程度越高,工作越繁忙,对幼儿的监管和陪伴时间都不够,也在一定程度上影响着幼儿的安全。相关研究表明,父母的安全教育存在对幼儿意外伤害的了解范围狭窄、救治和护理水平低、安全教育能力也有待提高等现象,同时很多家庭对幼儿的过度保护,会限制幼儿发展安全与自我保护能力的自主性、主动性。

#### 2.学校环境因素

幼儿园是系统对幼儿进行安全与自我保护能力教育的重要场所。幼儿园的安全教育模式、幼儿园的环境创设等都影响着幼儿安全与自我保护能力的发展。目前,幼儿园进行的安全与自我保护能力教育主要存在安全与自我保护能力教育与幼儿身心发展特点不适应,安全与自我保护能力教育理论与实践失衡,幼儿园安全环境的创设过于人为化等问题。美国和日本的相关研究表明,幼儿在真实的危险情境下,更有利于其安全与自我保护能力的提升。①

#### 3.社会环境因素

社会环境对幼儿安全与自我保护能力的影响主要是通过社会普遍的安全意识与能力,以及为保障人民安全所采取的各种举措来影响的。如《中国儿童溺水干预技术指南》《中国儿童道路交通伤害干预技术指南》以及《中国儿童跌倒干预技术指南》《应

① 商雪梅.学前儿童安全意识发展现状与教育建议[D].成都:四川师范大学,2019.

用“交流促发展(C4D)”开展儿童伤害预防控制工作指南》[①]等帮助和引领社会大众形成保护幼儿生命安全的意识及能力。除此之外,社会幼儿健康保健设施的易得性也促进了幼儿的安全与健康。

**4.幼儿自身因素**

幼儿自身因素是影响其安全与自我保护能力的内因,主要有幼儿运动能力发展不完善、幼儿缺乏安全意识、幼儿好奇好动易冲动、缺乏生活经验等方面。3-6岁幼儿动作能力水平逐渐提高,使其易受伤的范围随之扩大,加上幼儿的反应速度较成人慢,平衡能力较差,注意范围小使他们较容易在运动中受伤。3-6岁幼儿的认知水平低,对危险的认知、判断能力较差,好奇心强,活泼好动,在活动时容易忽视危险甚至缺乏安全意识。[②]幼儿的生活经验较少,影响着幼儿对事故原因和后果的了解。比如,在吃野生菌较多且中毒率高的地区的幼儿见到蘑菇就会认为食用蘑菇会让人中毒。幼儿的生活经验还可能造成幼儿对不同意外事故的认知差异。[③]幼儿往往对经常接触的事故认知较好,对不常接触的事故认知相对较差,如幼儿经常经历摔跤等事故,因此对摔跤的认知较好,但对触电等不常经历的事故认知较差。

除此之外,根据马斯洛的需要层次理论来看,幼儿对安全的需要也是自身内在的需要,同时也是基本需要,为了能够满足这一需要,个体会不断调整满足自己需要的方式方法。虽然幼儿身心发展特点对其安全和自我保护能力的发展有一定局限性,但出于其内在需要能够被满足,幼儿也会随着年龄的增长不断调整并形成正确的安全认知、安全态度和安全行为。

### 经典研究介绍6-1

**马斯洛的需要层次理论**

马斯洛需要层次理论是人本主义科学的理论之一,由美国心理学家亚伯拉罕·马斯洛于1943年在《人类激励理论》中提出。书中将人类需求像阶梯一样从低到高按层次分为五种,分别是:生理需要、安全需要、社会需要、尊重需要和自我实现需要(如图6-2)。

① 梁晓峰.中国儿童伤害报告[M].北京:人民卫生出版社,2016:1.
② 马洁,韩玙,姬静璐.学前儿童卫生与保育[M].北京:北京师范大学出版社,2017:150.
③ 柳倩,周念丽,张晔.学前儿童健康学习与发展核心经验[M].南京:南京师范大学出版社,2016:267.

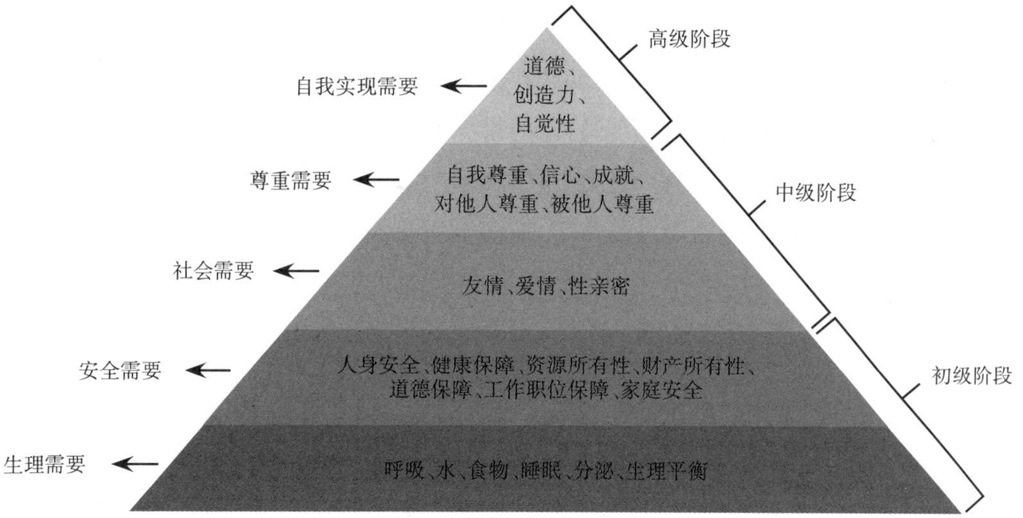


图6-2　马斯洛的需要层次理论

## 二、学前儿童安全和自我保护能力的发展特点

### （一）学前儿童对危险因素的认知有直观性和表面性的特点

由于幼儿思维发展的具体形象性，幼儿对危险发生的归因显示出直观性和表面性的特点。幼儿在表达危险发生的原因和结果时，往往根据具体的图片或情境，以及结合自己生活经验进行危险归因和结果的罗列，很少有幼儿能够进行概括性的危险归因。如幼儿认为划伤的原因是使用了刀具，而很少能说出是因为不正确地使用工具。

幼儿对危险情境的认知也显示出直观性和表面性的特点。主要表现在幼儿对引发意外事故的直接危险因素识别度高，但对引发意外事故的间接因素识别较差。比如，幼儿知道直接接触带电的物体会导致触电，但幼儿很难回答出使用具有导电性质的材料间接接触带电物体也会导致触电。

### （二）学前儿童对危险因素的认知水平随年龄提高

随着幼儿年龄的增长，幼儿思维的具体形象性开始出现抽象思维的萌芽。幼儿对危险因素的认知、对危险后果的认知以及对危险情境的认知水平都在不断提高，也因此表现出了对危险因素认知的年龄差异。随着幼儿年龄的增长，他们对危险因素和后果的认知逐渐具体化、深入化、客观化；对危险情境的认知也不断趋向于准确。①

① 柳倩，周念丽，张晔.学前儿童健康学习与发展核心经验[M].南京：南京师范大学出版社，2016：265.

### (三)学前儿童自我保护策略不够合理

幼儿发展的自我中心主义,使得幼儿在选择自我保护策略时也出现了自我中心主义。幼儿对危险状态策略,往往根据自己的情绪、喜好等进行选择,幼儿的自我保护策略会随年龄的增长而趋于合理。比如,小班幼儿在选择能否食用陌生人给的食物时,认为如果是自己喜欢的食物就可以食用,但大班幼儿认为任何陌生人给的食物都不能食用。

### (四)学前儿童自我保护意识各维度总体较好但心理自护意识较弱

学前儿童不同维度的自我保护意识主要包括生活活动自护意识、游戏活动自护意识、意外自护意识、心理自护意识四个维度。学前儿童生活活动自护意识发展总体良好,如幼儿知道上下楼梯要排队、不能带尖锐物体进幼儿园等。学前儿童游戏活动自护意识总体发展水平较高,这是受幼儿游戏中相关经验影响的,一旦出现危险的游戏会遭到成人的制止,因此幼儿为了避免中断游戏,会在游戏中主动遵守安全游戏规则。学前儿童意外自护意识发展水平参差不齐,这一特点主要与幼儿对意外事故的经验密切相关。幼儿对跌倒、坠落、交通事故等的经验水平比对拐卖、性侵等高,因而其生活中经常被强化的意外自护意识就较高。学前儿童的心理自护意识水平总体较低,幼儿面对挫折和困境往往很难自己处理,需要在成人的引导和帮助下处理,面对缺乏自信等心理状态,幼儿往往会表现出回避的态度。①

随着学前儿童年龄的增长,其生活活动自护意识、游戏活动自护意识、意外自护意识以及心理自护意识水平都会有所提高。

### (五)学前儿童安全与自我保护能力有性别差异性

相关研究显示,学前儿童安全与自我保护能力有性别差异。对同一年龄阶段的学前男孩和女孩来说,女孩总体的安全与自我保护能力高于男孩,但在关注程度上有一定的一致性,男孩女孩均在生活活动自护意识和游戏活动自护意识方面水平较高。男孩在生活活动自护意识与游戏活动自护意识方面表现较好,但其意外自护意识与心理自护意识明显差于女孩。这可能是成人的性别刻板印象所导致的,成人对女孩的安全教育更细致和谨慎。另外,男孩女孩身心发展的特点不同也是造成安全与自我保护能力性别差异的原因之一。

① 阎雅飞.3-6岁幼儿自我保护意识与发展特点研究[D].沈阳:沈阳师范大学,2017.

**拓展阅读6-1**

**户外活动安全自检表**

我知道活动前要检查自己的衣着，鞋带要系紧，扣子要扣好；
活动前，我会做好热身练习；
我知道运动后不能立马喝水；
当身体不舒服时，我会立马告诉老师；
我不触摸地上和草地上的不知名小昆虫；
我不在拥挤、有坑洞、潮湿的地方活动；
我不躲藏在老师或家长看不到的地方；
在游戏中，我不推挤、拉扯、朝小伙伴扔东西；
在进行有绳子的游戏时，我不会用绳子套住小伙伴的脖子；
在进行攀爬游戏时，我会双手紧抓攀登绳，不推拉其他小朋友；
我会按照老师的要求，在活动结束时收好玩具，回到规定的集合地点。

## 三、学前儿童安全和自我保护能力的内容

《幼儿园教育指导纲要(试行)》在健康方面提出了幼儿要知道必要的安全保健常识，学习保护自己的目标，同时也指出要密切结合幼儿的生活进行安全、营养和保健教育，提高幼儿的自我保护意识和能力。《3-6岁儿童学习与发展指南》，在健康领域也提出了学前儿童要具备基本的安全知识和自我保护能力的目标。①

学前儿童安全和自我保护能力的内容丰富，概括起来主要是身体安全、心理安全与社会适应安全三个部分(图6-3)。以上三个内容，提醒我们不仅要关注学前儿童的身体安全与社会适应安全，也要注重其心理安全。

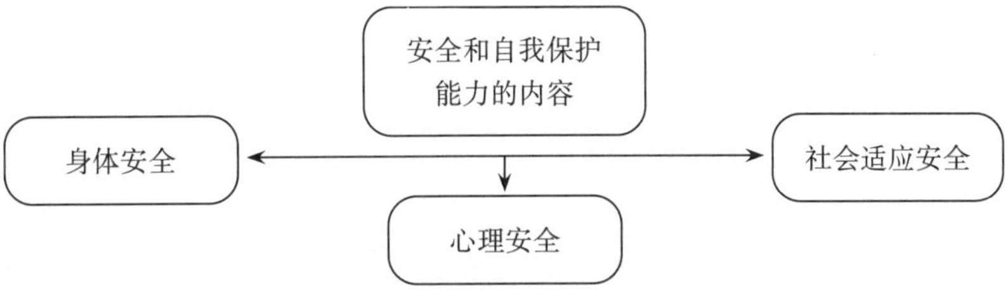


图6-3 安全和自我保护能力的内容

①中华人民共和国教育部.3-6岁儿童学习与发展指南[R].2016.

## (一)身体安全自护能力

身体安全自护能力的内容包括引导幼儿正确认识自己的身体,养成良好的生活卫生习惯,认识周围隐藏的危害身体安全的因素。

### 1. 正确认识自己的身体

正确认识自己的身体是幼儿发展身体安全自护能力的前提和基础,只有在认识身体的基础上才能有效学习如何保护自己的身体安全。

学前阶段的儿童认识自己的身体主要包括认识自己身体外部的主要器官,如眼睛、耳朵、牙齿、皮肤、鼻子等,知道这些器官名称、主要功能及初步的保护方法,使学前儿童逐步形成关注身体安全的意识和习惯,为其安全意识的发展打下基础。

## 教案设计6-1

### 中班教案"认识五官"

**活动目标**

1. 让幼儿能够了解五官,知道五官的名称和用途,知道要保护五官。

2. 通过游戏促进幼儿对五官的记忆和正确发音,大胆说出自己对五官的理解。

3. 喜欢自己的五官,对五官的功能感兴趣,体会游戏的快乐。

**活动重点与难点**

1. 重点:学习五官,及其正确的发音。

2. 难点:知道五官的作用。

**活动准备**

1. 自制的五官图片。

2. 幼儿用书。

3. 教学挂图。

4. 幼儿自己准备的小镜子。

**活动过程**

(一)开始环节

教师以游戏的形式让幼儿把自己的小镜子拿出来对着自己照照,回答看见了什么。

(二)基本环节

引导幼儿拿起镜子观察自己的五官,让幼儿观察完后回答老师的问题。

和幼儿一起玩藏摸摸的游戏。如先把教师的眼睛蒙上，摸摸某个小朋友的五官，摸到什么就用汉语说出正确的发音。之后请个别小朋友玩此游戏。

教师拿出自制的五官图片请幼儿玩贴五官游戏。

读教学挂图上的五官一至两遍。

(三)结束环节

让幼儿看幼儿用书，自己认读五官。

(四)延伸环节

请幼儿回家后用汉语说出自己的五官名称给爸爸妈妈听。

### 2.养成良好的生活卫生习惯

学前儿童身心发展迅速，是形成各种良好行为习惯的关键期，良好的生活卫生习惯是学前儿童身体安全的保证。学前儿童生活卫生习惯的形成需要教师与家庭配合建立良好的生活常规，成人应该有意识地帮助学前儿童形成良好的生活卫生习惯，使其从小形成科学的健康与自护观念。

良好的生活卫生习惯主要包括良好的睡眠习惯，个人卫生习惯，正确的阅读、画画、写字姿势，正确使用电子产品，生活自理能力等。

睡眠习惯：能够按时睡眠，准时愉快起床，独立安静入睡，睡姿合理正确，即双腿弯曲，向右侧卧睡。

个人卫生习惯：每天洗脸洗脚、清洗屁股，每天早晚刷牙，进食后漱口，饭前便后洗手，手脏了及时洗干净，经常洗澡洗头，保持服装整洁，保持环境清洁，不乱扔东西，不乱涂乱画。

正确的阅读、画画、写字姿势：阅读时姿势端正，在光线明亮的地方看书，眼睛与书保持适当的距离，看书时间不要太长，不在走路时、开动的车里或躺着看书。画画、写字时姿势端正，身体和桌子有一拳的距离，握笔姿势正确。

正确使用电子产品：时间不宜太长，每天不能超过1小时；不能太近，应与电视机保持1.5米以上的距离。

生活自理能力：学会自己的事情自己做，学会脱穿衣服、整理衣服、叠被子，学会自己吃饭并饭后擦嘴，学会及时大小便；学会做家里的卫生工作，东西使用后放回原处等。

### 3.认识周围隐藏的危害身体安全的因素

影响学前儿童身体安全的因素主要包括疾病、饮食与营养及心理因素。这就要求学前儿童具备一定的疾病防治意识，知道疾病是对身体安全的威胁；学习与了解初步的饮食与营养知识，知道合理饮食与营养对人身体安全有保护和促进作用；以及认识心理活动对身体产生的影响。

疾病防治意识：懂得要预防疾病，生病时要治疗；懂得打针吃药能防治疾病；了解初步的预防接种知识，知道预防接种能够预防几种对身体影响很大的传染病；生病时愿意接受医生的指导，按时吃药打针等。

饮食与营养知识：懂得饮食与营养能影响人体的健康和安全；不挑食不偏食；有良好的饮食习惯，定时定量，不暴饮暴食，细嚼慢咽，少吃零食和辛辣食品；注意用餐卫生；正确使用筷子或小勺；能主动喝水等。

心理因素：除了引导幼儿认识生理活动对身体安全的影响之外，还应该引导儿童了解个体的心理活动也会对身体产生影响，比如当幼儿情绪低落时，幼儿的食欲会减退，从而对其身体安全产生威胁。

### （二）心理安全自护能力

心理安全：指的是个体面对所处环境的安全状况所产生的一种追求平稳、不受威胁的应对性心理机制，即形成一种安全、自由的感觉，最终实现人与自身、他人、社会和世界的全面积极和谐。学前儿童心理安全是学前儿童心理发展达到相应年龄组正常水平，情绪积极、性格开朗、无心理障碍、对环境有较快适应能力，敢于同困难做斗争的精神和状态（表6-1）。

表6-1　学前儿童心理安全的标志

| 标志 | 阐述 | 内容 |
|---|---|---|
| 正常发展的智力 | 正常发展的智力水平是儿童与周围环境取得平衡和协调的基本心理条件，也是衡量儿童心理健康的重要标志。学前儿童期是智力发展最为迅速的时期，因各种原因导致的智力障碍会影响学前儿童的心理安全。 | 认知能力、语言能力、社会能力等。 |
| 稳定、反应适度的情绪 | 良好的情绪表明学前儿童的身心处于积极的平衡状态。 | 心理安全状态下的儿童，积极的情绪体验占优势；<br>消极情绪持续的时间不长，能够恰当表达和控制情绪；<br>能合理排解消极情绪。 |

续表

| 标志 | 阐述 | 内容 |
|---|---|---|
| 良好的人际关系 | 学前儿童的人际关系简单，交往技能也不如成人，但心理安全状态下的儿童是善于与人交往的。 | 喜欢与人交往；<br>能用友善的态度与别人相处；<br>希望通过交往获得别人的理解和尊重。 |
| 协调一致地执行 | 随着儿童年龄的增长，其思维开始有条理，有意注意的时间增加，言行日趋成熟，思想和行为是协调一致的。 | 如果儿童与同龄人相比，表现出明显的注意力不集中和做事有头无尾，就可能是问题行为。 |
| 良好的性格 | 性格是个性最核心最本质的表现。心理安全状态下的幼儿表现出积极稳定的心理特征。 | 对新鲜事物感兴趣；<br>有一定的自我意识，寻求独立；<br>精力充沛、心情愉快、开朗合群；等等。 |

## 学习探究6-1

**心理安全自护能力对学前儿童发展有何价值？**

随着各种让人触目惊心的心理障碍行为出现，社会大众逐渐提升了对心理健康问题的关注度，教育者、家长也将对心理健康关注的目光投放到了学前儿童身上。社会各界为了保护学前儿童心理安全提出了一系列预防措施及治疗措施，强调了心理安全自护与他护的重要性。如果没有一定的心理安全自护能力，那么学前儿童是否更有可能遭受心理障碍的威胁呢？除了心理障碍之外，缺乏心理安全自护能力还会对学前儿童的发展有什么影响呢？就此，请你尝试从直觉、已有经验和专家理念三个方面进行信息搜索，然后再搜索学前儿童心理健康有关文献，并根据收集的资料整理出心理安全自护能力对学前儿童发展的价值，相信你在本探究活动中会得到更加清晰的答案。

学前儿童心理安全自护能力是学前儿童安全和自我保护能力的重要组成部分，身体安全自护能力保障儿童正常发挥生理功能，心理安全自护能力保障儿童心理状态处于相应年龄段儿童的正常水平。心理安全自护能力包括表达和调节自己情绪的能力、良好的自我意识、社会交往能力、保护自己性安全能力。

### 1.表达和调节自己情绪的能力

学前儿童表达和调节自己情绪的能力主要包括正确认识、理解、评价触发情绪反应的情境，学会用语言和非语言形式（表情、动作、神态等）表达自己的积极和消极情绪，控制、调节自己情绪等能力。

### 2.良好的自我意识

学前儿童良好的自我意识能力包括初步了解有关自己成长的基本知识,具有初步的自尊心、自信心及独立性,有最基本的自我控制和应变能力,正确认识自己,能够进行正确的自我评价,用恰当的方式表达自己的兴趣、需要、爱好等。

### 3.社会交往能力

学前儿童社会交往能力既是反映其心理安全状态的依据,也是维护其心理安全的基础。

学前儿童社会交往能力包括能够感知和理解他人的情感,懂得用语言或者非语言的方式安慰、理解他人,对别人的情绪有适度的反应,能够轮流分享、合作与互助,有初步的公平竞争意识,懂得人际交往的基本策略和礼貌礼节。

### 4.保护自己性安全能力

相关研究表明3-6岁是学前儿童性别意识发生发展的关键期。学前儿童期形成的性概念和性准则将会影响其成年后的性观念和性行为,在一定程度上既反映了个体的心理安全状态也影响着个体的心理安全状态。

学前儿童保护自己性安全的能力主要包括正确认识自己的性别和性别角色,掌握初步的性知识,没有不良的玩弄生殖器和摩擦大腿的习惯,具有保护性器官不受侵犯的意识和初步能力。

## 拓展阅读6-2

### 学前儿童常见的心理问题

1.好动

主要表现:注意力不集中,情绪起伏较大,自我控制能力差。喜欢跑动、叫喊等,以引起别人注意。

2.焦虑

主要表现:缺乏自信、无端苦恼、食欲减退、情绪低落、过于敏感。尤其对陌生环境的反应极为敏感,出现担心害怕、惶恐不安的状态。时常担心被嘲笑,过分担忧未发生的事,对任何小事都焦躁不安。

3.攻击性行为

主要表现:整日跑闹,喜欢恶搞、挖苦、讽刺他人,对周围事物不爱惜、摔打成癖,对周围人表现出攻击行为。

4.不良人际关系

主要表现：与他人的互动表现出排斥、猜疑、攀比、霸道、任性或孤僻。

### 经典研究介绍6-2

**心理治疗方法——沙盘游戏**

沙盘游戏是由多拉·卡尔夫发展创立的心理治疗方法，亦称箱庭疗法，是在治疗师的陪伴下，让来访者从摆放各种微缩模具（玩具）的架子上，自由挑选小模具，摆放在盛有细沙的特制容器（沙盘）里，创造出一些场景，然后由治疗师运用荣格的“心象”理论去分析来访者的作品。[①]沙盘游戏治疗以心理分析之无意识理论为基础，注重共情与感应，在沙盘中发挥原型和象征性的作用，实现心理分析与心理治疗的综合效果，这便是沙盘游戏治疗的基本特征。

沙盘游戏的名称包含了几个关键词：沙、盘和游戏。首先，儿童喜欢沙。几乎所有的幼儿园里都有玩沙地和玩水池，卡尔夫改造后的沙盘游戏，一个是干沙（即干燥的沙子）游戏，另一个是湿沙（即可以加水进去）游戏，湿的沙盘更容易玩出搭建城堡、挖洞建桥等游戏效果。游戏是儿童喜爱的活动，也是儿童学习的主要途径。游戏里蕴含着阻碍和恢复儿童天性的内容，因此，游戏为儿童的心理治疗提供了机会。

主要功能：沙盘游戏具有心理治疗、心理教育及诊断功能。在这里儿童通过象征、隐喻的形式不仅可以再现出与创伤经历相关的情境（以帮助发现问题），还可以宣泄与创伤经历相关的复杂情感（从而达到治疗的目的）。维也纳大学儿童发育研究者把沙盘作为诊断和研究工具。

### （三）社会适应安全自护能力

社会适应安全自护能力主要指的是儿童对周围现实生活中存在的安全因素的认知、态度和行为反应能力。学前儿童社会适应安全自护能力包括能够认识常见的安全标识、认识生活中常见的安全隐患并远离危险场所，掌握初步的意外事故防范、自护、自救能力。

#### 1.认识常见的安全标识

常使用招牌、颜色、照明标识、声信号等方式来表明存在的信息或指示安全健康（表6-2）。安全标识能够警示儿童活动场所或周围环境的危险状况，提醒儿童预防危

①王萍，黄钢．沙盘游戏应用于临床心理评估的研究进展[J]．中国健康心理学杂志，2007(09)：862-864.

险，从而避免事故发生；当危险发生时，也能指示儿童采取正确、有效、得力的措施，对危害加以遏制。安全标志具有颜色明亮、符号具体形象的特点。因此，让幼儿认识常见的安全标识对幼儿有较好的预防和警示作用，能够有效培养幼儿的安全自护意识。

表6-2　幼儿常见的安全标识

| 生活类标识 | | | | |
|---|---|---|---|---|
|  |  |  |  |  |
| 报警电话 | 急救电话 | 火警电话 | 灭火器 | 交通信号灯 |
| **禁止类标识** | | | | |
|  |  |  |  |  |
| 禁止触摸 | 非饮用水 | 禁止通行 | 禁止踩踏 | 禁止烟火 |
|  | | | | |
| 禁止攀爬 | | | | |
| **注意类标识** | | | | |
|  |  |  |  |  |
| 小心路滑 | 当心爆炸 | 当心触电 | 注意安全 | 当心车辆 |
|  |  | | | |
| 小心楼梯 | 请走斑马线 | | | |

续表

| 安全类标识 | | | | |
|---|---|---|---|---|
|  |  |  | | |
| 安全楼梯 | 紧急出口 | 安全通道 | | |
| 常用类标识 | | | | |
|  |  |  | | |
| 男卫生间 | 女卫生间 | 垃圾桶 | | |

### 2.认识生活中常见的安全隐患并远离危险场所

社会生活中常见的安全隐患有触电、溺水、火灾、有毒物品、被动吸烟、高温物品、利器、危险场所、拐骗。学前儿童意外伤害多数情况是由于对以上安全隐患的认识不够造成的，因此认识社会生活中常见的安全隐患也是学前儿童自我保护能力的重要内容。

防触电：知道不用湿手触摸开关，不用手指、金属、铁丝等物品碰插座，雷雨天不看电视、不躲在树下，家用电器损坏及时告诉大人。

防溺水：不独自到河边、水边玩耍，不攀爬水边的防护栏或大桥，发现有人落水及时告诉身边的大人。

防火灾：知道火灾求救电话；知道易燃物品要远离火源；知道起火时要用湿毛巾捂住口鼻，低身快速逃离；发现家里起火时要及时告诉大人并拨打119。

防有毒物品：不随便吃药；知道按照医生的要求按时按量服药；不随便将非食用品放入口中；注意手部清洁卫生，不随意含手指、咬指甲。

防被动吸烟：知道吸烟有害健康，看到大人在抽烟时能提醒或主动远离烟雾，知道儿童禁止吸烟。

防高温物品：知道家中无人或着急喝水时不自己倒热水；喝水前先观察或感知水的温度，不直接拿起水杯就喝；远离家中的明火或高温的锅灶。

防利器：不随便使用刀具等尖锐、锋利物品；知道玩具正确的使用方法，不随意模仿电视中的打斗情节；看到成人使用利器时知道远离；不携带利器与同伴玩耍。

远离危险场所：不攀爬阳台，远离有攻击性的动物，不独自去工地或厂房等。

防拐骗：不跟陌生人走，不吃陌生人给的东西，不拿陌生人给的玩具；独自在家时，有陌生人敲门要礼貌拒绝；出门要告知成人，及时告知家长自己的行踪；拒绝陌生人接触自己身体；被拖走时要大声呼救；不告诉陌生人家里的电话。

**3.掌握初步的意外事故防范、自护、自救能力**

学前儿童社会适应安全自护能力还包括初步的意外事故防范、自护、自救能力。如煤气泄漏时知道开窗通风；火灾时要用湿毛巾捂住口鼻，拨打119；地震时躲到桌子下、角落里；等等。

**学习活动6-1**

**学习内容推荐——儿童意外事故干预技术**

为加强伤害预防控制工作，指导开展伤害干预工作，国家卫生健康委员会组织编写了伤害干预系列技术指南，包括《儿童道路交通伤害干预技术指南》《儿童溺水干预技术指南》《儿童跌倒干预技术指南》。

## 四、学前儿童安全和自我保护能力的年龄阶段目标

根据学前儿童的身心发展特点、社会发展的需要、学前儿童安全与自我保护能力的发展特点，制定了学前儿童安全与自我保护能力方面的目标。掌握学前儿童安全和自我保护能力各个年龄段的发展特点及目标，了解常见的幼儿安全和自我保护能力的具体发展要求，有助于了解学前儿童安全和自我保护能力所处的水平，从而有效地进行安全和自我保护教育的活动设计与指导。

### （一）学前儿童安全和自我保护能力的总目标

《中国儿童发展纲要（2021—2030年）》中提出了2021—2030年内，儿童安全方面的发展目标，学前儿童也包含在该范围内，学习与了解儿童安全发展的总目标，有助于从宏观层面了解学前儿童需要达到的安全与自我保护能力水平（详见表6-3）。

表6-3 《中国儿童发展纲要(2021—2030年)》中儿童安全方面的目标[①]

| 序号 | 目标 |
|---|---|
| 1 | 减少儿童伤害所致死亡和残疾。儿童伤害死亡率以2020年数据为基数下降20%。 |
| 2 | 排查消除溺水隐患,儿童溺水死亡率持续下降。 |
| 3 | 推广使用儿童安全座椅、安全头盔,儿童出行安全得到有效保障。 |
| 4 | 减少儿童跌倒、跌落、烧烫伤和中毒等伤害发生的致残和死亡。 |
| 5 | 儿童食品安全得到有效保障。 |
| 6 | 提升儿童用品质量安全水平。 |
| 7 | 预防和制止针对儿童一切形式的暴力。 |
| 8 | 提高对学生欺凌的综合治理能力,预防和有效处置学生欺凌。 |
| 9 | 预防和干预儿童沉迷网络,有效治理不良信息、泄露隐私等问题。 |
| 10 | 儿童遭受意外和暴力伤害的监测报告系统进一步完善。 |

## (二)学前儿童安全和自我保护能力的年龄阶段目标

《3-6岁儿童学习与发展指南》中明确提出了学前儿童在安全与自我保护能力方面的年龄阶段目标。根据对学前儿童安全与自我保护教育内容的梳理,年龄阶段目标将指南中所涉及的3-6岁儿童安全与自我保护能力的教育目标整合起来(详见表6-4)。

表6-4 《3-6岁儿童学习与发展指南》中安全和自我保护的年龄阶段目标[②]

| 目标 | 3-4岁 | 4-5岁 | 5-6岁 |
|---|---|---|---|
| 身体安全自护能力目标 | 1. 在提醒下,按时睡觉和起床,并能坚持午睡。<br>2. 在引导下,不偏食、挑食。喜欢吃瓜果、蔬菜等新鲜食品。<br>3. 愿意饮用白开水,不贪喝饮料。<br>4. 不用脏手揉眼睛,连续看电视等不超过15分钟。<br>5. 在提醒下,每天早晚刷牙、饭前便后洗手。 | 1. 每天按时睡觉和起床,并能坚持午睡。<br>2. 不偏食、挑食,不暴饮暴食。喜欢吃瓜果、蔬菜等新鲜食品。<br>3. 常喝白开水,不贪喝饮料。<br>4. 知道保护眼睛,不在光线过强或过暗的地方看书,连续看电视等不超过20分钟。<br>5. 每天早晚刷牙、饭前便后洗手,方法基本正确。 | 1. 养成每天按时睡觉和起床的习惯。<br>2. 吃东西时细嚼慢咽。<br>3. 主动饮用白开水,不贪喝饮料。<br>4. 主动保护眼睛。不在光线过强或过暗的地方看书,连续看电视等不超过30分钟。<br>5. 每天早晚主动刷牙,饭前便后主动洗手,方法正确。 |

① 《中国儿童发展纲要(2021—2030年)》[N]. 人民日报. 2021-09-28(002).
② 中华人民共和国教育部.3-6岁儿童学习与发展指南[R].2016.

续表

| 目标 | 3-4岁 | 4-5岁 | 5-6岁 |
|---|---|---|---|
| 心理安全自护能力目标 | 1. 想加入同伴的游戏时，能友好地提出请求。<br>2. 在成人指导下，不争抢、不独霸玩具。<br>3. 与同伴发生冲突时，能听从成人的劝解。 | 1. 会运用介绍自己、交换玩具等简单技巧加入同伴游戏。<br>2. 对大家都喜欢的东西能轮流分享。<br>3. 与同伴发生冲突时，能在他人帮助下和平解决。<br>4. 活动时愿意接受同伴的意见和建议。<br>5. 不欺负弱小。 | 1. 能想办法吸引同伴和自己一起游戏。<br>2. 活动时能与同伴分工合作，遇到困难能一起克服。<br>3. 与同伴发生冲突时能自己协商解决。<br>4. 知道别人的想法有时和自己不一样，能倾听和接受别人的意见，不能接受时会说明理由。<br>5. 不欺负别人，也不允许别人欺负自己。 |
| 社会适应安全自护能力目标 | 1. 不吃陌生人给的东西，不跟陌生人走。<br>2. 在提醒下能注意安全，不做危险的事。<br>3. 在公共场所走失时，能向警察或有关人员说出自己和家长的名字、电话号码等简单信息。 | 1. 知道在公共场合不远离成人的视线单独活动。<br>2. 认识常见的安全标志，能遵守安全规则。<br>3. 运动时能主动躲避危险。<br>4. 知道简单的求助方式。 | 1. 未经大人允许不给陌生人开门。<br>2. 能自觉遵守基本的安全规则和交通规则。<br>3. 运动时能注意安全，不给他人造成危险。<br>4. 知道一些基本的防灾知识。 |

# 第二节　学前儿童安全和自我保护能力的活动设计与指导

## 一、学前儿童安全和自我保护能力教育的途径和方法

幼儿园学前教育活动的途径主要有生活活动、游戏活动和专门的教育活动。培养学前儿童安全和自我保护能力仅通过以上三种活动是不够的,要全方位考虑对幼儿安全和自我保护能力产生影响的因素,通过环境创设、开展活动以及家园合作三种途径对幼儿进行安全和自我保护能力的教育,将此内容贯穿到幼儿一日活动中。同时,要根据儿童身心发展特点与规律,运用多样性的教育方法,结合教育途径有效培养学前儿童安全和自我保护能力。

### (一)学前儿童安全和自我保护能力教育的途径

#### 1.创设安全的活动环境

学前儿童身心发育都不完善,安全和自我保护意识和能力较成人差,因此更容易受到环境中危险因素的伤害。最常见的学前儿童受伤类型有骨折、挫折伤、擦伤、扭伤等,而幼儿园事故发生最频繁的地点在户外活动场所、大型器械设施处等,比如攀爬架、滑梯或秋千等。幼儿园安全环境的创设不仅是幼儿自身活动与发展的需要,更是每个家庭幸福生活乃至社会未来发展的保证。这就要求幼儿园环境创设将安全性原则放在首位。安全性主要指幼儿园的房屋建筑、设施设备、活动场所、玩教具等创设必须符合国家相关安全卫生标准。环境创设除了需要严格参照国家安全管理标准外,还应根据儿童身心发展特点创设适合学前儿童并有利于其发展的环境,如桌椅板凳的高度、坐便器大小等,应综合考虑人体工程学、建筑心理学等内容,提供一个有利于身心健康发展的环境。

幼儿园环境的安全既包括物质环境的安全,也包括精神环境的安全。安全的活动环境有利于幼儿的身心健康,在一定程度上能最大限度减少幼儿活动空间的安全隐患,让幼儿在安全的环境中充分发挥自主性与主动性,同时有效的环境创设,能够影响幼儿安全意识的发展。但值得注意的是,安全活动环境的创设并不意味要绝对消除幼儿园环境中一切潜在的危险,如不使用剪刀就不会受伤的想法,属于消极极端的安全环境创设理念。环境创设要符合国家安全标准,也要符合儿童身心特点,在消除外显

安全隐患的同时，帮助幼儿学习应对常见潜在危险的方法，增强幼儿安全与自我保护的意识与能力，这才是积极理性的安全环境创设理念。

目前，我国还没有统一的幼儿园安全环境创设的标准，我们可以借鉴美国幼儿园安全环境创设的标准。美国各州教育行政部门都非常重视幼儿园安全环境的创设，获得幼儿园办园资质的前提是必须通过安全检查。此外，各地教育行政部门会定期对幼儿园环境安全进行检查，以确保幼儿在幼儿园中安全健康地成长（具体标准参见表6-5）。

表6-5　美国幼儿园环境安全评估标准[①]

| 室内环境 | 户外环境 |
| --- | --- |
| 每个幼儿活动空间平均不少于35平方米。<br>房间温度保持在20-28 ℃。<br>房间有良好的通风条件，如有纱门、纱窗，通风设备运转正常。<br>供幼儿使用的所有房间均有两个出口。<br>地毯和窗帘采用防火材质。<br>房间光线充足。<br>玻璃门和矮窗安装安全玻璃。<br>教室、卫生间和厨房干净整洁。地板每天清扫，卫生间至少每隔一天擦洗一次。<br>桌椅符合幼儿身高要求。<br>电源插座必须覆盖安全盖。<br>电话分机线维护良好。<br>烟雾报警器放置在适当位置且功能正常。<br>设备、器材以及活动合理安排，保证门廊干净畅通。<br>玩具器械和设备放置在指定地点，并经常有专人检修。<br>大件设备，如箱柜、钢琴、书架等，牢固地固定在地板或墙上。<br>清洁剂、化学物品和其他有毒物品锁入柜内。<br>楼梯扶手符合幼儿身高，楼梯间不摆放玩具和杂物，楼梯间光线好，楼梯表面做好防滑处理。<br>对卫生间的要求：厕所和水池通畅；平均每12个幼儿一个厕所和水池，并设有供小儿训练大小便的盆椅。有供幼儿洗手用的香皂，每个幼儿有自己的毛巾，厕所坐垫每次用过后都做好清洁工作。<br>至少有一个灭火器，且安放在方便位置，每年有专人进行检修。<br>房间内无老鼠和害虫。<br>厨房严格遵守卫生要求。<br>园内至少有一位工作人员接受过意外事故救治训练，应备有急救工具和药品。<br>所有药品锁在柜子或盒子里。<br>每月进行一次火灾、暴风雨等灾难的逃生演习。 | 户外活动场地远离交通要道、噪声和化学污染源。<br>户外活动场地与幼儿活动室毗邻或很近。<br>户外场地排水畅通。<br>配有方便的洗浴和饮水设备。<br>有适合幼儿开展不同活动的不同地面，如草地、水泥地、沙地等，既有阳光照射的地方，也有被树荫遮挡住的地方。<br>游戏器材性能良好，无破损、锈蚀、断裂，无尖锐棱角。<br>游戏器械适合幼儿的年龄特征。<br>在大型攀登设备下备有足够的软垫子并及时清除上面的碎石。<br>大型器材固定在地面上。<br>各类器械分散放置，使幼儿不至于过于拥挤，也便于教师监管幼儿活动。<br>户外活动场地四周有至少4米高的围墙封闭。<br>园内没有有毒的植物。<br>化学剂、杀虫剂、油漆、汽油类物品锁入箱内。<br>经常清除地面碎渣，经常修剪草地，及时搬走破碎器材。<br>经常检查戏水池或游泳池，不使用时及时把水放干。 |

① 金晓梅.美国幼儿园环境安全评估标准[J].幼儿教育，2003(01)：12.

幼儿园安全环境的创设除了以上关于物质环境的创设之外，还包括为学前儿童创设一个安全的心理环境。主要包括以下内容：构建平等的师生关系、构建良好的同伴关系、构建合作的家园关系（表6-6）。

表6-6 幼儿园安全心理环境创设内容

| 平等的师生关系 | 良好的同伴关系 | 合作的家园关系 |
| --- | --- | --- |
| 1.尊重幼儿的主体地位<br>2.重视幼儿的情感需要 | 1.给幼儿创设自由交往的机会<br>2.培养幼儿的亲社会行为<br>3.培养幼儿初步的人际交往技能 | 创设尊重、平等互助的家园关系 |

### 2.开展丰富的活动

幼儿园的活动主要包括生活活动、游戏活动和专门的教育活动。其中生活和游戏活动以及渗透在其他领域中的安全教育属于随机教育，专门的安全和自我保护能力教育活动属于对学前儿童安全和自我保护能力的专门教育。将学前儿童安全与自我保护教育融入丰富多彩的活动当中，既能够提升幼儿的安全意识，也能通过不同的策略培养幼儿安全与自我保护的实践能力，有效帮助幼儿提高安全和自我保护能力。

专门的安全教育：主要指幼儿园教师有目的、有计划地组织班级所有幼儿都参加的安全教育活动。包括教师预设的活动和生成的活动，主要是单独的一节课和围绕一个安全教育的主体开展的系列活动，全班师生一起进行或分小组同时进行的教育活动。专门的安全教育活动是幼儿园实施安全教育的主要手段，也是学前儿童获得安全与自我保护知识、发展安全与自我保护能力、培养安全与自我保护意识的重要途径。比如：集中进行的消防演练，教师组织幼儿进行安全教育的参观活动，教师形成的安全教育教案等。

专门的安全教育有利于发挥教师的主导作用，教师能够及时地掌握儿童在安全教育过程中的具体情况并及时反馈，也能够让幼儿在较短的时间内集中掌握更多的安全知识。但专门的安全教育不能够有效地涵盖所有安全教育的内容，不利于儿童主体地位的发挥，同时幼儿在专门的安全教育活动中注意力集中时间较短。

随机的安全教育：包括日常生活活动中的安全教育、游戏活动中的安全教育以及渗透到其他领域中的安全教育。随机的安全教育没有固定的模式，教师事先没有明确的教育目标，教师在活动中根据内容的发展和变化及儿童的需要随机进行教育，这就需要教师善于把握教育机会，充分发挥教育机智，在日常活动中引导儿童形成正确的安全认知、良好的安全意识和积极的安全自护能力。比如：在入园时检查幼儿是否携带有安全隐患的物品，上下楼梯提醒幼儿排队靠右走，如厕后向幼儿示范正确的洗手方法等。

随机安全教育因其开放性和包容性比较强，能够很好弥补专门安全教育活动的缺陷。教师能够充分利用危险出现的特定场所和时机，具体、形象、真实地对幼儿加以引导和帮助。[①]幼儿能够在真实的情境中学习安全知识、习得安全能力，更符合幼儿的具体形象思维。随机的安全教育也能够给予幼儿进行安全活动实践的机会，让幼儿在实践中自然而然地习得安全与自我保护的能力。另外，游戏活动也是随机安全教育中的主要形式，教师能够在轻松愉快的氛围中进行安全知识的传递，这既是幼儿喜爱的活动方式，同时也是对幼儿进行安全教育最有效的形式。

#### 3.家园密切配合

安全和自我保护能力教育中的家园共育是指在学前儿童的教育过程中，幼儿园和家庭双方积极主动地相互沟通、相互配合、相互扶持，共同促进学前儿童身心和谐健康发展。《幼儿园教育指导纲要（试行）》中指出："家庭是幼儿园合作的重要伙伴。应本着尊重、平等、合作的原则，争取家长的理解、支持和主动参与，并积极支持、帮助家长提高教育能力。"幼儿园与家庭都是幼儿的安全与自我保护能力教育的主要阵地。

家园密切合作的安全教育要求教师充分利用家庭资源对幼儿进行安全和自我保护能力教育，家长和教师应当适时沟通，家园对幼儿进行安全和自我保护能力教育的要求要保持一致，避免让幼儿出现不明确的或相反的安全教育认知。

对幼儿进行安全和自我保护教育，要适时运用多种途径，在保证安全教育内容实施途径多样性的同时，又能从不同角度相互弥补不同途径的缺点，全方位促进幼儿的安全和自我保护能力。

### （二）学前儿童安全和自我保护能力教育的方法

#### 1.亲身体验法

亲身体验法就是让儿童在真实的情境中通过实践进行感知和体验，从而获得有益的安全经验和安全自护能力。

幼儿亲身体验的方式是多种多样的，既有人为创设的情境进行安全自护行为练习，也有教师组织的各种实践活动练习。幼儿良好的安全意识、安全认知和安全能力不是单靠几次活动就能形成的，只有经过亲身体验，反复感受和练习，形成一种安全行为的自觉性，才能使儿童在面对常规安全隐患的情况下，能够自觉按照正确的自我保护方法应对，比如进行地震或消防演习。

---

①柳倩，周念丽，张晔.学前儿童健康学习与发展核心经验[M].南京：南京师范大学出版社，2016：274.

在运用这一方法时要注意明确亲身体验的目的和要求，严密组织教育活动；充分尊重和发挥儿童的主动性和积极性，激发他们对安全自护教育活动的兴趣；体验内容要被儿童所接受，并注意循序渐进的原则；体验后注意及时总结。

**2. 间接强化法**

间接强化指的是教师运用一些图片、录像或光盘、情景剧，让幼儿通过观察他人不安全行为所造成的后果，使幼儿树立正确的安全观念，并习得简单安全的方法。

运用间接强化法时，要注意为幼儿提供的间接强化材料要符合幼儿身心发展特点，避免让幼儿观看一些过分恐怖的安全事故录像或图片，尽量使用一些卡通画等让儿童喜欢又能接受的形式；观看的内容应当以正面积极的安全行为为主，不可观看有大量负面安全行为的内容；观看的内容不宜复杂，以直观形象为主；要合理安排幼儿观看的时间，时间过长幼儿注意力不容易集中；在幼儿观看图片、视频或情景剧过后要及时总结相应的安全教育内容。

**3. 陶冶渗透法**

陶冶渗透法主要指教师利用环境条件、童谣故事以及自身言行，强化幼儿积极的安全意识，引导幼儿掌握安全知识、习得自护方法、养成安全意识的方法。

陶冶渗透法包括环境渗透、童谣故事渗透以及教师言行渗透。环境渗透主要是通过在幼儿活动场所创设一些必要的安全提示，以强化幼儿的安全行为，如在楼梯上粘贴上下楼梯靠右的小脚丫，在活动区贴上正确使用工具的方法以及各种禁止行为的图标等。童谣故事渗透是教师通过自编或借鉴的安全教育童谣或简单的小故事，让儿童在重复这些朗朗上口的童谣或故事的过程中牢记安全原则。教师言行渗透是教师在要求幼儿安全行为规范的同时，自己首先要做好安全行为示范，不可出现对教师和儿童的两套标准。

## 实训练习 6-1

根据幼儿各年龄段的身心发展特点，以小组合作的形式选择一个有关安全教育的故事，根据故事创编或改编一个幼儿安全教育舞台剧，并撰写表演游戏方案（包括游戏目标、游戏准备、游戏玩法、游戏规则、游戏建议等内容），游戏适合的年龄段在小、中、大班中自行选定。

### 4. 讨论交流法

讨论交流法指在对幼儿进行安全和自我保护教育过程中，幼儿在教师指导下就身边真实的安全问题、不安全现象进行讨论，总结经验教训，避免类似安全事件的发生，在相互启发、交换看法中进行安全教育的一种方法。

教师运用交流讨论法时要选好主题，应从幼儿一日生活中选择，就日常生活中出现的安全问题进行讨论。根据幼儿的年龄阶段进行讨论，讨论法需要幼儿有一定的口语表达能力、经验储备和思维能力，年龄太小的幼儿不适合使用这种方法。在讨论中，教师要注意引导幼儿讨论正确的安全行为，但不宜过分干涉幼儿的讨论，在提出意见时不可打击幼儿。讨论之后，教师要做好关于安全问题讨论的总结。

### 5. 知识竞答法

知识竞答法指教师可以运用选择和判断的方式，向幼儿提出关于安全知识的问题，让幼儿进行抢答，抢答时可以按小组形式进行也可以按性别分组。

运用知识竞答法时，教师要合理安排竞答内容的难度，不可过难。教师应当贴近幼儿经验进行提问。在竞答前，教师要合理制定竞答规则以及设置适当奖励，以保证竞答时的秩序和激发幼儿竞答的兴趣。若是在进行正确与错误的安全行为判断问答时，教师要注意就错误的安全行为引导儿童寻找改正方法。

### 6. 专家讲解法

专家讲解法指教师在对幼儿进行安全教育时，可以请相关专业人士（如牙医、消防员、警察等）对幼儿进行安全知识的宣传、讲解。幼儿正处于对不同社会角色感兴趣的时期，运用这一方法能够有效激发儿童的兴趣和求知欲，并能通过真实的社会角色让幼儿对该活动印象深刻。

运用专家讲解法时，教师可以从家长当中寻找专业人士，有效利用家庭资源对幼儿进行安全与自我保护能力教育。在讲解前，教师要配合专业人士做好讲解的准备，包括物质材料准备和知识经验准备，教师要与专业人士沟通，确定讲解过程中的时间安排、材料安排等。教师要贴近儿童生活经验及兴趣、需要、能力来选择讲解内容，比如请牙医为儿童讲解正确刷牙的方法以及不清洁牙齿的危害，请消防员为儿童讲解日常生活中简单的防火知识等。

## 二、学前儿童安全和自我保护能力的教育设计与指导

对学前儿童安全和自我保护能力的教育设计与指导主要围绕幼儿生活活动、活动区活动、户外体育活动几个方面，并依据具体的活动内容和类型进行指导。

### (一)生活活动中的安全与自我保护的教育指导

#### 1.入园

教师以积极热情的态度欢迎幼儿入园,帮助幼儿缓解入园焦虑和分离焦虑。做好晨间检查,“一看、二摸、三问、四检”,一看指看幼儿的脸色和皮肤有无异常,二摸是摸幼儿的额头有无发烧、腮有无肿大,三问是询问家长幼儿在家的饮食、排便、睡眠状态是否正常,四检是检查幼儿是否携带危险物品和零食。与家长做好交接工作,如有携带药物进班者,应让家长将药品做好标记后交给教师,教师在药物卡上填写清楚用药时间和用量。引导幼儿参与幼儿园晨间常规活动,培养幼儿的自主意识与自理能力。统计班级幼儿入园情况,对未来园的幼儿,详细了解其未入园的原因,并做好记录。

#### 2.如厕、盥洗

提醒幼儿有秩序地如厕,地上有水时小心缓慢行走,注意不要滑倒,教师要及时清理地面的水和杂物。培养幼儿便后洗手的意识和习惯,逐步教会幼儿正确的洗手方法,不弄湿袖子,避免着凉。让幼儿用自己的毛巾擦手并放置回原位,不随便用他人物品。

#### 3.进餐

引导幼儿养成餐前洗手的习惯;合理安排餐点,帮助幼儿养成定时、定点、定量进餐的习惯。帮助幼儿了解食物的营养价值,引导他们不偏食不挑食、少吃零食。幼儿吃饭时不催促,提醒幼儿细嚼慢咽,不边吃边玩。为幼儿提供营养丰富、健康的食品,尽量减少煎炸、烧烤、腌制食品。引导幼儿正确使用筷子或小勺,不用筷子指向他人,不用筷子或小勺敲打他人。提醒幼儿吃饭时不讲话、不哭、不大笑,避免食物吸入气管。

#### 4.饮水

引导幼儿养成良好的喝水习惯,多喝白开水。提醒幼儿排好队按秩序接水,不推挤他人,接热水时帮助幼儿接热水,幼儿自己接水时提醒幼儿不接得太满,双手端稳水杯。饮水时引导幼儿尝试水温,慢慢喝水,过烫的水吹一吹再饮用。

#### 5.睡眠起床

帮助幼儿养成睡觉脱衣、起床穿衣的习惯,不光脚踩地,避免着凉。提醒幼儿不穿过紧的裤子,男幼儿不穿拉链裤。提醒幼儿不携带异物上床,上床时口中不含食物。提醒幼儿不站床边,不在床上跳来跳去,安安静静上床睡觉。注意观察幼儿睡觉状态,如发现用被子捂住头的幼儿,及时帮助幼儿轻轻拉下被子。起床时帮助幼儿检查穿衣情况,检查鞋带是否系紧。

6.服药

药品不能通过幼儿转交给老师;严格遵照医嘱指导幼儿服药,不多吃、不乱吃;提醒幼儿不要将自己的药物给其他同学吃;药品应该放到儿童接触不到的地方。

7.离园

教师要提前做好离园准备,不要因为慌乱而马虎。与家长做好离园交接工作,不将幼儿交给陌生人或其他家长,不将幼儿交给未成年人。家长没来时,及时耐心安抚幼儿的情绪,提醒幼儿不乱跑,并提醒家长尽快接孩子。提醒家长接到幼儿后尽快离园,不在幼儿园逗留、玩耍。提醒幼儿按秩序跟随爸爸妈妈离园,注意避让幼儿园内其他小朋友,或者可以适当错开各年龄班的接送时间,避免拥堵和踩踏事件的发生。

### (二)活动区活动中安全与自我保护的教育指导

1.建构区

使用建构材料时提醒幼儿不用嘴咬玩具,拼插材料时不用力过猛,也不用手指抠材料。引导幼儿与同伴合作沟通,不争抢玩具,不攻击对方。培养幼儿良好地使用建构材料的习惯,轻轻取出,原位放回,不乱扔玩具。不用建构材料敲打、抛向他人。做好建构游戏材料的清洁、消毒工作。

2.操作区

帮助幼儿了解剪刀、曲别针、大头针等物品的正确使用方法。将操作工具分类摆放,保证工具的有序性。提醒幼儿不用剪刀剪指甲等身体部位,不用操作材料互相打闹。引导幼儿有序取拿操作材料,不争抢。

3.积木区

引导幼儿学会双手轻拿轻放材料,不抛接积木,避免误伤他人。提醒幼儿在搭高积木时注意观察周围小朋友的位置,避免积木倒下砸到他人。引导幼儿学会合作,有矛盾时教师要引导幼儿进行解决,避免冲突。

4.阅读区

为幼儿的阅读区创设光线充足的环境,并提醒幼儿不在光线过暗或过亮的地方看书。帮助幼儿养成正确的阅读姿势,眼睛距离书本不要太近,不趴着或躺着看书。提醒幼儿看书时不咬书,看完书后及时洗手。

5.表演区

将插座安置在儿童触摸不到的地方,提醒幼儿不随便使用插座。注意观察幼儿表演活动中的情况,有安全隐患及时排除。提供的服饰等要注意不要有铁丝等容易伤害幼儿的物件。乐器应按顺序摆放在相应的位置，引导幼儿正确使用乐器，与同伴有冲突时不能用乐器伤人。提醒儿童使用带有绳子的道具时，不用绳子缠绕他人。

### （三）户外体育活动中安全与自我保护的教育指导

#### 1.准备活动

注意观察天气情况，帮助幼儿养成根据天气冷热适当增减衣服的习惯。提醒幼儿整理好着装，系紧鞋带，穿适合运动的衣物。活动前观察和询问幼儿的健康情况，身体不适的幼儿可以适当休息。带领幼儿做好热身运动，不可直接进入运动强度大的活动。提醒幼儿剧烈运动后不要立即喝水。户外器材的投放要保证安全，器材充足，以供儿童使用，组织幼儿有序进入活动场地。

#### 2.基本动作活动

引导儿童形成正确的基本动作活动方式。引导儿童注意观察活动时地面是否有坑、有水等障碍，并教会幼儿初步避让障碍的方式，避免摔倒；教会幼儿在摔倒时首先扶地，发现幼儿摔倒后及时检查幼儿的受伤情况，注意安抚幼儿情绪并恰当处理伤口。提醒幼儿不做危险动作，如不从过高的地方往下跳等。投掷活动时提醒幼儿注意避让其他小朋友，不用投掷物打其他小朋友。活动时注意调整自己与其他人之间的距离，避免碰撞和踩踏。教师要根据人体机能适应性规律和人体生理机能活动变化规律，合理安排运动负荷，观察幼儿运动后的表现以判断运动量是否合适。

**知识链接6-3**

**人体机能适应性规律**

一、工作阶段

身体承受运动负荷，吸氧量增加，人体器官和系统功能指标发生剧烈变化，体内能源储备逐渐被消耗，身体机能逐渐下降，称为工作阶段。

二、相对恢复阶段

经过休息或运动内容的改变，运动负荷下降，体内能源物质及各功能指标逐渐恢复到接近或达到运动前的水平，称为相对恢复阶段。

三、超量恢复阶段

人体经过合理的休息，物质和能量储备，使工作能力恢复到超过原来的水平，使机体的工作能力有所提高，称为超量恢复阶段。

四、复原阶段

人体运动之间间隔时间过长，失去了超量恢复的效果，机体工作能力又恢复到运动之前的水平，称为复原阶段。

人的机体为适应运动所产生各种体内变化的过程，是由工作阶段进入相对恢复阶段和超量恢复阶段，最后回到复原阶段的，这就是人体机能的适应性规律。

工作阶段的消耗过大或过小，都不利于达到超量恢复的效果；运动的时间过长或过短，也不利于达到超量恢复的效果。幼儿体内物质能量储备较少，身体机能较弱，但相对恢复较快。根据人体机能适应性规律，为幼儿开展体育活动时，要根据不同年龄阶段、不同体质、不同练习内容合理安排运动负荷和休息时间。

## 知识链接6-4

### 人体生理机能活动变化规律

人体生理机能活动变化规律指人在运动时，生理机能活动能力处于不断变化之中，但总体表现出上升、平稳和下降三个阶段，这一阶段变化过程是一种客观规律。

一、上升阶段

这一阶段人体工作能力水平呈现上升的趋势，有短而快的特点。该阶段对应的是课程实施的开始部分(准备活动、热身阶段)，主要任务是用较短时间让幼儿集中注意力，激发幼儿的学习兴趣和提高参与活动的积极性，帮助幼儿做好身体和心理上的准备，以适应运动量较大的身体运动。

二、平稳阶段

这一阶段人体工作能力水平处于最佳状态，大脑皮质有最适宜的兴奋性，幼儿各器官的活动能力逐步发展到了较高水平，能够适应一些较为剧烈的运动，且学习和练习动作的效果很好。这一阶段有延续时间短，承担剧烈变化能力弱的特点。该阶段对应的是课程实施的基本部分，教师可以安排难度或强度较大的身体运动内容，但要注意把握动静交替、急缓结合、循序渐进的原则。

三、下降阶段

这一阶段人体工作能力呈现出逐步下降的趋势，经过一段时间的身体运动后，体内消耗的能量较多，开始出现疲劳现象。这一阶段具有恢复较快的特点。该阶段所对应的是课程实施的结束部分及课后恢复部分，要求教师逐渐组织幼儿结束运动，可以安排较简单的、动作缓和的活动性游戏（如整理活动）。尤其在剧烈运动过后教师必须重视这一环节，有利于幼儿体能的恢复及消除疲劳，使幼儿情绪和能量都逐渐恢复。

#### 3.集体游戏

引导幼儿积极主动参与集体游戏，不怕困难。帮助幼儿养成乐观、友好、合作的态度和坚强勇敢的精神。提醒幼儿游戏时不插队，保持良好的游戏秩序。适当安排一些有竞争结果的游戏，激发幼儿参与游戏的兴趣及养成正确的竞争合作意识。

#### 4.器械活动

帮助学前儿童学会运用正确的活动方式进行器械活动。提醒幼儿玩大型器械时，眼睛要看准、手要扶稳，有秩序地轮流上下，不要推挤和催促他人。引导幼儿学会选择自己能力范围内的器械活动，不逞能、不做冒险性挑战。引导幼儿学会在活动中避让，避免碰撞。提供数量足够的轻器械，以供儿童选择，避免因争抢器械带来安全事故。注意观察幼儿在活动中的表现，观察个别儿童的活动状态，以免因沉浸游戏损伤身体。

## 三、学前儿童安全和自我保护能力教育应注意的问题

在对学前儿童进行安全和自我保护能力教育的过程中，除了方法途径的选择、指导要点之外，还需重点把握在安全教育过程中应当注意的问题，以促进安全教育活动有效进行。包括倡导安全氛围、自护与他护相结合、发挥教育合力、实现模式转变、注意日常渗透几个方面。

### （一）倡导安全氛围

对幼儿进行安全和自我保护教育时，向全社会倡导营造安全氛围，这样能让幼儿在其全部生活世界中受到安全氛围的感染和熏陶，从而提升其安全和自我保护意识。电视、广播、网络、报刊、书籍等形式的安全知识传播，能帮助学前儿童养成安全的生活行为习惯，避免意外的发生。同时，父母和老师的言传身教也是学前儿童安全行为塑造的重要途径，教师和家长应当发挥安全教育的关键作用，并为幼儿创造一个安全的生活环境。幼儿园需要严格遵守国家相关规定为幼儿营造安全的活动环境，把安全教育纳入日常教育活动中，对幼儿实施全方位的安全与自我保护教育。

### （二）自护与他护相结合

幼儿处于身心发展迅速又脆弱的阶段，对幼儿实施的安全与自我保护教育既需要周围成人给予幼儿无微不至的关爱和保护，又需要培养幼儿自身的安全意识和能力。在对幼儿进行保护的同时，注意不要过度保护、过度包办，否则幼儿会因依赖而丧失自我保护的意识和能力。相关研究表明，帮助幼儿形成自我保护的意识和能力是解决问题的关键所在，同时也是对幼儿实施安全教育的要求。教师和家长应对幼儿进行安全行为规范的教育，增强他们对环境的适应能力以及对事件的应变能力，通过启发诱导，让幼儿形成安全认知、养成安全行为、提升安全意识。

### （三）发挥教育合力

预防伤害是一项社会性很强的系统工程，它要求全社会、全方位、全面性地协同合作。从学科来说需要医学、环境学、教育学、心理学等知识，从部门来说需要公安、司法、行政等参与，从职业来说需要医生、警察、消防员、教师等共同努力，从幼儿周围世界的参与人员来说需要家长、老师等人的责任心和警觉性。只有全社会充分配合，才能更有效地保障幼儿的安全，提升幼儿自我保护能力。

### （四）实现模式转变

对幼儿的安全与自我保护教育要实现以下模式的转变。

#### 1. 由急救型向预防型转变

对学前儿童日常生活的环境要给予特别的关注，确保幼儿处于安全的环境中，保管好对幼儿生命安全有威胁的各种物品，做好该类物品的检查、保管、使用等安全防范工作。事故发生后即使及时采取了相应急救措施，也容易对幼儿的身体和心理造成不同程度的创伤。

#### 2. 由封闭型向开放型转变

对幼儿的安全教育往往存在以教师为主，较随意的情况。我们必须将安全教育从只在幼儿园中进行转变为多种渠道、多种形式的方式，将园内园外的资源整合起来，对幼儿进行有效的安全教育。

#### 3. 由纪念日型向常规型转变

幼儿的生活是全系统参与的，生活中的每一天、每一个细节都有安全教育的内容，在节假日或特别日子能集中时间对幼儿进行安全教育，但很难涉及全部生活内容，因此要对幼儿进行包括每日饮食、交通、用电、游戏、消防、活动等长效性、经常性的教育。

#### 4.由常规型向探索型转变

要增加学前儿童安全和自我保护教育的科技含量,充分运用科技手段,健全预警系统,提升全社会对意外事件的快速反应能力,提升避难效率和救护能力。

#### 5.由简单报道型向正面引导型转变

新闻媒体在对事故进行报道时,除了要陈述事实之外,还应该补充相应的正确做法,教师在利用新闻媒体等关于安全事故的报道对幼儿进行安全和自我保护能力教育时,在讲述客观事实和教训之后,要根据内容总结正向的教育经验,强化幼儿的正向安全行为和意识。

### (五)注意日常渗透

幼儿的安全和自我保护能力受多种因素的影响,教师要在一日生活的各个环节中渗透安全教育的内容,在不断的强化和提醒中帮助幼儿养成安全的行为能力和意识。

### 拓展阅读6-3

**行为导向教育与伤害预防KAP①**

一、什么是行为导向教育

行为导向教育是20世纪80年代产生于德国的一种职业教育的新理念和新方法。近年来,推广使用行为导向教学法已经成为现代教育的主流发展趋势。

行为导向教育以建构主义为理论基础,强调学生在学习知识过程中的主动性,认为学生有能力根据已有的知识对新知识进行判断与分析,从而主动地对知识体系进行重构。而教授者则转变成为学习过程的支持者,并与学生一起对学习过程和结果进行评估。简而言之,行为导向是一个实践—认识—再实践—再认识的教育过程。

二、什么是伤害预防KAP

KAP取自knowledge、attitude、practice的首字母,中文叫知—信—行模式。

知(知识和学习)是基础,信(信念和态度)是动力,行(形成积极行为)是目标。该模式将人类行为的改变分为获取知识、产生信念及形成行为三个连续过程,即知识—信念—行为(详见图6-4)。

---

① 柳倩,周念丽,张晔.学前儿童健康学习与发展核心经验[M].南京:南京师范大学出版社,2016:279.

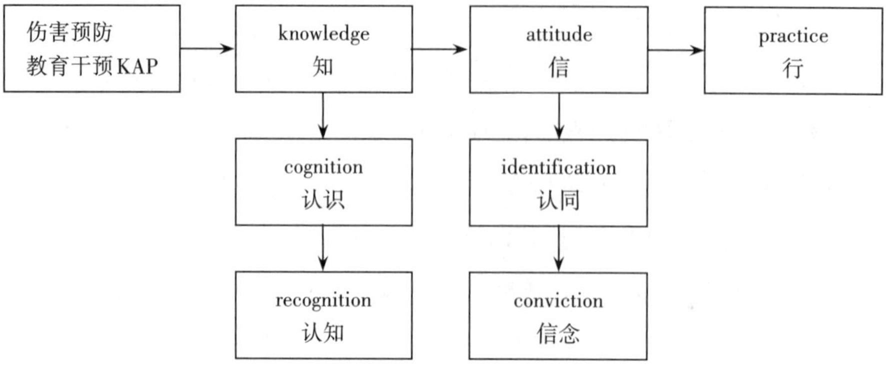


图6-4　KAP示意图

三、行为导向教育与儿童伤害预防KAP的创造性结合

让我们先来看这则真实案例：5岁幼儿想学飞便从阳台跳下，幸亏被邻居一把抓住，幸免于难。“纸飞机都能飞，我也能飞下去！”幼儿的想法虽显幼稚，但却让爸爸妈妈及周围邻居一时哑然，陷入沉思中。

父母说：“我告诉他了，高处有危险不能往下跳。可是这不起作用。我该怎样教育更有效呢？”

做家长的，你是否有着同样的问题？平时，你看到幼儿的危险行为时，你是愤怒地咆哮、决然地阻止还是冗长地说教？也许都有。可你是否想过，幼儿接收到了你的信息了吗？他相信所接收到的信息吗？这些信息将被幼儿内化成怎样的判断？这些判断对幼儿避免下一次危险有帮助吗？

行为导向教育和KAP模式的创造性结合帮助回答了上述问题。老师、父母不再是控制者，而是幼儿安全认知的有力支持者和指导者。了解幼儿先前的认知，并通过模拟试验、角色扮演等多种形式，让幼儿通过实践—认识—再实践—再认识，从而得出自己该怎么做的结论。正是因为幼儿亲身参与了实践和认识的全过程，幼儿对安全的认知和信念将逐步深化，最终形成更有利的自我安全行为。

（资料来源：柳倩，周念丽，张晔．学前儿童健康学习与发展核心经验[M].南京：南京师范大学出版社，2016：8.）

## 本章小结

安全与自我保护能力是幼儿身心健康发展的基本前提。本章首先讲述了学前儿童安全与自我保护能力的概念及其发展的特点与内容，分析了儿童安全与自我保护能力各年龄阶段的目标。围绕各年龄阶段的发展目标，提出创设安全活动环境、开展丰富活动及家园密切配合的途径，结合亲身体验法、间接强化法、陶冶渗透法、讨论交流法、知识竞答法、专家讲解法等多种方式对幼儿进行安全教育。并从生活活动、活动区活动、户外活动详细说明了对幼儿进行安全与自我保护能力教育的指导要点。最后，讨论了在开展儿童安全与自我保护能力教育中教师应注意的问题，以期帮助大家在实践中更有效地进行幼儿安全与自我保护能力的教育。

## 思考与实训

1. 学前儿童安全与自我保护能力的发展有何特点？

2. 举例说明开展学前儿童安全与自我保护能力教育的途径。

3. 学前儿童安全与自我保护教育的内容具体有些什么？

4. 对儿童进行安全与自我保护能力教育时应当注意些什么？

5. 根据学前儿童的安全与自我保护能力的发展特点及本章所学内容，为大、中、小班各年龄段的儿童设计安全与自我保护能力的活动方案，并尝试去幼儿园实施。

## 专题探讨

### 为什么要将性教育纳入幼儿安全教育中？①

性教育就是向受教育者传授有关人类性生理和性发育的相关知识。让孩子清楚明白自己的性别，依照性别特定角色对孩子性别行为进行教育，培养孩子科学的性态度与正确的性价值观，促进健全人格的发展。

那么幼儿性安全教育对幼儿发展的重要性和意义是什么？为什么要将性安全教育纳入幼儿安全教育的范畴中呢？

①刘小红.论幼儿性教育的必要性、内容和实施方式[J].教育观察(上旬刊)，2014，3(06)：74-75+78.

# 第七章

# 学前儿童情绪管理能力的教育

## 学习目标

- 了解学前儿童情绪的基本概念。
- 理解学前儿童情绪管理能力发展的特点。
- 理解学前儿童情绪管理教育的途径和方法。
- 掌握学前儿童情绪管理的内容及各年龄阶段的目标。
- 能根据所学知识对学前儿童情绪管理进行活动设计及指导。

## 学习重难点

- 理解学前儿童情绪管理能力发展的特点。
- 掌握学前儿童情绪管理能力各年龄阶段的目标并能进行活动设计与指导。
- 培养师范生对幼儿教育事业的职业认知和积极职业情感。

## 案例破冰

**小班的九月份**

小班幼儿入园适应问题一直是幼儿园九月工作重点，开学第一天孩子在幼儿园里大声哭闹，家长在幼儿园门外偷偷抹眼泪，但凭借幼儿园教师的教育经验，经过充分的安抚和引导，让幼儿参与到学习和游戏中，大多数幼儿能在短时间适应愉快的幼儿园生活，喜欢自己的老师和同学。由家庭进入幼儿园，迈出独立的第一步，分离的悲伤和面对新环境的恐惧引起幼儿的情绪波动是正常的情绪反应，但孩子出现持续时间较长的入园焦虑就需要教师和家长协作，帮助幼儿走出消极情绪，尽快融入集体生活。

蕾蕾进入幼儿园两个多月了，仍会突然情绪崩溃，哭闹不止，甚至引起其他幼儿哭泣。中午吃午饭时，蕾蕾突然开始哭泣，拒绝进餐，老师在教室无法安抚她的情绪，将她带去办公室，给了她水果试图转移注意力，但是蕾蕾还是无法平静下来，持续哭泣导致脸红通通的，头发也被汗水打湿了，声音也因为喊叫变得嘶哑，蕾蕾不断要求找妈妈，老师无奈只能通知家长提前接走蕾蕾。

假如你是小班的老师，面对幼儿无法适应幼儿园生活而产生较为持久的剧烈情绪这一情况，可以做些什么帮助他们呢？幼儿入园时的情绪问题与家庭的关系密切，解决问题离不开家园合作。家庭要积极配合，在入园时承诺按时接幼儿回家，给予幼儿安全感，提供情绪安慰，允许幼儿充分表达不安和焦虑的情绪，不训斥幼儿增加恐惧情绪，引导幼儿回忆在幼儿园中快乐的事情，建立起对幼儿园的正面情绪体验的记忆。幼儿教师应帮助幼儿理解情绪原因，积极安抚幼儿情绪，鼓励幼儿参与到活动中转移焦虑的情绪。如果幼儿园有条件组织一周的陪伴入园活动，邀请家长陪伴幼儿度过入学第一周，逐渐适应幼儿园作息，熟悉生活环境，也有利于解决幼儿入园不适的情绪问题。

不仅是入园适应，幼儿的情绪问题及其教育应在整个学前教育阶段被重视。本章将探讨幼儿情绪管理能力，了解幼儿情绪管理能力发展的特点，明确情绪管理能力发展目标，掌握学习活动设计与指导方法。

# 第一节 学前儿童情绪管理能力概述

## 一、学前儿童情绪管理能力的内涵

《论语》有云,“好之者不如乐之者”。不仅是学习,做同样一件事情,不同情绪下的结果不甚相同,在生活和学习中,轻松愉悦时和紧张恐惧时,参与行动的感知、思维、记忆等认知过程和动机、意志等非认知因素的差异会造成效率与结果的不同。情绪影响人的认知、行为,培养幼儿良好的情绪管理、调控能力是学前教育中重要的发展目标之一。

### (一)情绪概述

#### 1.情绪的内涵

情绪研究的生理取向、进化取向、认知取向关注的角度不同,不同研究取向下对情绪的定义尚未统一。从情绪的成分和发生过程来看,情绪是主体对客观事物和自身需要之间关系的认知交互过程,往往伴随着生理唤醒、外部表现和主观体验。情绪作为一种复杂的心理活动,对人的记忆、智力、注意、认知、行为甚至健康有着重要影响,发挥着适应、动机、组织、信号等功能,帮助个体适应环境,激发和维持个体的行为,对人的心理过程产生积极或消极影响,也起着传递信息的沟通作用。

#### 2.基本情绪和复合情绪

基本情绪是进化中有助于机体适应环境并得以保存的产物,快乐让人群聚集在一起,恐惧让人类避开天敌,厌恶使人类不想吃讨厌的食物。这些情绪与生物生存密切相关,具有跨文化的一致性,并且还存在于一些动物身上。一般研究认为大致存在六到十二种基本情绪,主要包括:快乐、惊奇、悲伤、愤怒、恐惧、厌恶、害羞、愧疚、蔑视等。

复合情绪则是由多种基本情绪混合产生的,或是基本情绪与认知评价相互作用的结果,也称为社会情绪。复合情绪的产生有生物学的基础,但是其形成则依赖特定的文化结构。复合情绪是人类区别于其他物种的一个显著特征,产生和发展要晚于基本情绪。[①]复合情绪具有调节社会行为的功能,不仅对单个个体还常常对社会群体产生

---

① 徐晓坤,王玲玲.社会情绪的神经基础[J].心理科学进展,2005(04):517.

广泛影响，能帮助个体更好适应社会、促进发展，也会影响注意、道德判断、决策、学习等高级认知过程。复合情绪包括爱、依恋、自豪、羞耻、内疚、敌意、焦虑、抑郁、道德等。

### (二)情绪管理

#### 1.情绪管理的定义

情绪管理以人的情绪和情感作为对象，是情绪管理能力特有的属性。个体情绪管理是一种心理作用，是使人顺利完成情绪和情感活动所需的心理条件。

#### 2.学前儿童情绪管理能力内涵

情绪管理能力是幼儿保持心理健康和顺利完成社会化的必要能力。在学前教育阶段，幼儿经由个体直接体验和在教育过程中逐渐发展起情绪管理能力，通过理解自己和他人的情绪，合理地表达情绪，在不同情境下使用情绪调节技能调控个体情绪维持外部交往活动和个体身心健康。学前儿童情绪管理能力发展为幼儿的社会化和个体心理健康奠定了坚实基础，是教育不可忽视的重要能力之一。

(1)理解自己和他人情绪。

情绪过程是一种包含多个成分的动态过程，在学前期，儿童对情绪的理解和运用逐渐复杂和深化。随着学前儿童年龄增长、神经系统的发育、社会化经验积累，儿童在融入集体生活的过程中情绪理解能力得到进一步发展，能发现情绪线索、解释情绪信息，并能运用这些信息进行合适的情绪反应。[①]内在的基本情绪对应相应的外部表情，通过与养育者、同伴、教师的互动，观察他人的互动活动，学习情绪知识。幼儿能在具体情境中借由言语、语气、表情、行为中的线索理解对方的情绪并做出回应，理解引起情绪的原因、情绪表达后的结果、情绪的发展过程。

幼儿最早的情绪体验来自家庭，与养育者稳定的依恋关系有利于幼儿情绪理解能力的培养。根据调查，在中国家庭的养育环境下，安全型依恋的幼儿在情绪外因的理解、基于愿望的情绪理解、基于信念的情绪理解、基于记忆的情绪理解任务方面的成绩均显著高于非安全型依恋幼儿。[②]

情绪理解分为九个层次，分别为表情识别、情绪外因的理解、基于愿望的情绪理解、基于信念的情绪理解、基于记忆的情绪理解、情绪调节理解、隐藏情绪理解、混合情绪理解和道德情绪理解。随着情绪知识的积累和运用，幼儿知道了如何应对常见的情

---

① 姚端维，陈英和，赵延芹.3-5岁儿童情绪能力的年龄特征、发展趋势和性别差异的研究[J].心理发展与教育，2004(02)：12-13.

② 马伟娜，姚雨佳，曹亮，等.幼儿情绪理解层次的发展及其与依恋的关系[J].心理发展与教育，2010，26(05)：482-488.

绪，用语言和行动回应自己和他人的情绪。例如，在打针时有的幼儿一边强忍眼泪一边说着“我已经是个大孩子，打针有点疼，但我不会哭的”安慰着自己。此时，幼儿可以准确理解自己的情绪及其外显反应，知道疼痛会引起哭泣，而强忍眼泪、用语言自我安慰则反映了社会经验的积累，幼儿认同了“大孩子”这一身份并表现出应有的忍耐，幼儿既能理解引发这一情绪的原因，又能预测结果并调控自己的行为，基于情绪理解的基础做出外部反应。例如，幼儿会在周一的早上更热情地拥抱老师，回应老师的招呼并告诉他“我想你了”，随着对幼儿园生活的适应和对老师的信赖，幼儿理解了教育者的用心和爱心，积极表达了依恋情绪，促进良好的师幼互动。

幼儿的情绪理解能力是在社会交往的实践中逐渐积累的，伴随认知的发展，幼儿的情绪逐渐从表现生物属性发展到表现社会文化属性。在幼儿园这一集体环境中，处处都能发现幼儿情绪的发生发展，虽然情绪来得快去得也快，不易按观察计划发生，但只要留心就能发现他们理解情绪和处理情绪的独特智慧。

## 游戏设计7-1

### 我知道他们的情绪（中班）

报纸、杂志中真实的人物和表情是有益的学习资源，从静态的表情收集、讨论、分类中幼儿交换着情绪理解经验，增长了情绪知识，以游戏的方式去猜测、理解人物情绪情感，既有趣味性又富有生活性。

**游戏目标**

知道不同的面部表情，能理解并说出表情对应的情绪情感。

**游戏准备**

1. 一些过期的报纸、杂志。

2. 剪刀、白纸、胶水、彩笔。

**游戏玩法**

请幼儿合作，两人一组，将报纸、杂志分发给幼儿，请幼儿将报纸、杂志上的人脸剪下来。两人经过观察、思考、讨论后对不同的表情进行分类，分类的标准由幼儿制定，然后将剪下来的表情分别贴到对应的类别中。

再请幼儿把制作完成的剪贴画报向大家展示，一一说出每个表情对应的情绪，再简要地说说什么事情可能引起这个或那个情绪（如图7-1）。

**游戏建议**

1.提供纪实的报纸、杂志，让幼儿去观察真实的人类表情。

2.引导幼儿观察还有哪些地方能看到人的表情。

图7-1　幼儿的情绪理解活动

## 拓展阅读7-1

**自闭症患者的情绪认识特点**

面部表情是情绪重要的外部特征，根据一定情境中他人的面部表情推测他人的情绪状态并进行回应的情绪能力对于社会交往有重要意义。自闭症患者通常在理解自己和他人情绪方面存在困难，有交流障碍，即使在年幼时经过康复训练，在成年后也会缺乏社交技能。他们缺失一些面孔察觉、加工能力，对情绪表情的注意较少，较难识别情绪线索和情绪行为，也不具有与情境相一致的面部表情。自闭症患者的视线大多停留在下巴、耳朵这些不表达情绪的部位，无法长时间注视他人眼睛。

(2)合理地表达情绪。

情绪表达就是通过外在的形式传达内在的情绪，个体接受情绪刺激并经过评估后产生的与情绪相连的生理、行为方面的反应，由面部表情、姿态表情、语调表情传达给他人，包括皱眉、微笑、哭泣、拍手、手舞足蹈、垂头丧气、摇晃拳头等。情绪表达对人的身心健康、人际关系具有重要影响，情绪表达意愿较强者有更高的幸福感、更少的焦虑和内疚体验，能更准确地共情。[1]情绪表达的抑制与抑郁倾向存在较高相关性[2]，高情绪表达者能比低情绪表达者体验到更多的快乐、更少的失望和焦虑。

不同幼儿在表达情绪方面存在差异，有的幼儿表现情绪的意愿强烈，且冲动，有的幼儿则表现得内隐而平缓，即使是同样的情绪体验，幼儿的情绪表达也具有差异。幼儿情绪表达能力的发展和社会性发展相互影响。合理表达情绪促进交往的发展，不适当的情绪表达，如冲突中的攻击行为则会降低幼儿被接纳的程度，进而影响社会化的顺利完成。掌握情绪表达的规则，可表现出符合社会文化背景的情绪反应，在不同的情境中表达适当的情绪。随着社会化的影响，幼儿的情绪表达能力也得以发展。

引导幼儿合理地表达情绪，促进积极的情绪表达，主动寻求有能力成人的帮助，减少伴有攻击性行为的不适宜情绪表达方式是学前教育阶段情绪表达能力教育的重点目标，能帮助幼儿通过外显的情绪表达发挥情绪的信号、适应功能，有利于促进幼儿的社会化。在区域活动中冲突偶有发生，冲突发生后幼儿有不同情绪反应方式。例如，常见的肢体碰撞引发的冲突：有的儿童会寻求老师评理，通过讲述冲突过程，经由老师的安慰缓和了波动的情绪，或者自主与小朋友达成和解并继续活动；而有的儿童则比较冲动，在愤怒情绪主导下主动出手，用具有攻击性的方式处理情绪，久而久之其他小朋友都不愿意和攻击性儿童一起玩了。

情绪表达规则是指情绪的显性外部表达符合特定情境、遵守相应的社会规范。帮助幼儿理解符合社会文化的情绪表达规则，明确情绪表达目标，理解并运用表情调节，控制表达行为的适宜性。3岁左右的幼儿开始意识到内在的体验与外部表现存在不一致[3]，学前教育阶段应发展幼儿不成熟、不稳定的情绪表达规则认知，帮助幼儿提升管理情绪的能力，增强社会适应性，与环境建立更密切的联系。例如，社会规范与情绪体验不一致时，幼儿应调动情绪表达规则调节内在体验和外在行为，当在需要安静的公众场合有了消极的情绪时，具有情绪表达规则认知的幼儿会暂时抑制宣泄的需求，保持安静。行为表达具有适宜性的幼儿将拥有更多参与公共活动的机会。

### 学习研究 7-1

**餐厅该不该拒绝低龄孩子？**

杭州一位妈妈带孩子吃饭却遭餐厅拒绝，这一话题在网络上引发了热议。有的网友也提到越来越多的餐厅不允许带年龄较小的孩子就餐，增添了带娃

① 赵鑫，张冰人，周玮，等．伯克利情绪表达量表中文版在中国大学生中的信、效度分析[J]．中国临床心理学杂志，2015，23(03)：406-407.

② 何庆欢．抑郁青少年快感缺失与情绪表达的相关研究[J]．中国健康心理学杂志，2011，19(10)：1242.

③ 王丽娟，刘凤玲．儿童情绪表达规则认知能力研究述评[J]．心理科学，2009，32(03)：661-662+665.

出门的不便;有的网友则表示支持,并表达希望在没有幼儿尖叫声、哭泣声并伴随长辈呵斥声的"无孩餐厅"就餐。不让带低龄孩子就餐并不是新闻,在网上搜索后,美国、澳大利亚、法国的一些餐厅也有类似规定,不接待7岁甚至10岁以下儿童就餐,禁止的原因也相同,幼儿的不适宜行为影响了他人的就餐体验。

幼儿难以管理好情绪,影响到他人活动,被公共场所拒绝入内,作为幼儿教育专业的准教师,你如何看待这个问题,如何帮助幼儿管理情绪?

(3)情绪调节技能的使用。

情绪调节是指人们尝试保持、抑制和提高情绪体验和情绪表达的能力。情绪调节包括情绪的有意调节和自动调节两种方式。情绪的自动调节基于对目标的自动追求从而改变情绪轨迹,是不需要意识决定、注意加工和有意控制的,可以帮助行动指向的个体在对目标的追求中有效改善情绪。

情绪的调节并非先天的自适应或适应不良,情绪的调节需要一些基本技能,包括情感察觉,情感接纳,使用各种情绪调节策略和降低负面情绪体验等基本技能。情感察觉指个体察觉到自身当前的情感状态,情感察觉失常会导致述情障碍,述情障碍与冲动攻击呈正相关,也与反社会人格有关。情感接纳指的是个体接纳所有的积极情绪体验和消极情绪体验,并把它们看作情感的必要组成部分,情感接纳困难的人可能会避免或压抑情感体验和表达。情绪调节策略包括内在体验和外部行为的调控。

学前期儿童的情绪调节能力正处于快速发展阶段,随着认知能力的不断发展,儿童通过学习、观察、模仿等方式,降低情绪调控中的随意性、增加认知参与,能独立灵活地运用习得的情绪调节技能。儿童实施的具体情绪调节策略包括积极活动、分心、寻求他人安慰、被动行为、自我安慰和回避等内容。研究显示这一时期幼儿常见的情绪调节策略依次是建构性策略、回避策略、情绪释放策略和破坏策略。不同情境下策略的选用会随着年龄的增长有所变化,幼儿所采用的情绪调节策略的发展特点表现为小班组幼儿更倾向于使用情绪释放策略,中班组幼儿较多地使用建构性策略,大班组幼儿则更多选择使用回避策略[①]。例如,中午吃饭前,中班的洗手台发生了一次争执,因为一个小朋友洗手太慢,两个小朋友吵了起来,过后得知了洗手慢的孩子是因为牙疼后,另外一个小朋友立马跑到他面前说:"听说你牙疼,我帮你摸一摸就不疼了。"秩序敏感期的幼儿对遵守常规有着近乎执着的坚持,了解小朋友洗手慢的缘由后,基于对

① 姚端维,陈英和,赵延芹.3-5岁儿童情绪能力的年龄特征、发展趋势和性别差异的研究[J].心理发展与教育,2004(2):12-16.

对方情绪的理解，幼儿用抚摸的安慰方式表示了自己的歉意和对小朋友身体不适的关心，尽管没有直接对争吵行为进行道歉，通过他的行为仍缓和了争吵后的不悦，积极地维系了友谊。

现有研究多集中关注幼儿的消极情绪调节，冲突情境中的情绪调节也是幼儿情绪研究和一线实践者共同关注的热点领域。一线教师需掌握情绪的规律，观察幼儿的情绪发展过程，理解幼儿使用情绪调节策略的特点从而实现有效介入，既给予幼儿情绪体验的机会又避免完全放任冲突发展。例如，刚进入幼儿园的小班儿童处理入园焦虑带来的复杂情绪多采用放声大哭的方式，难以自控，是一种被动式的行为，需要幼儿园教师耐心地安慰和引导，幼儿经过一周左右才能逐渐适应群体生活，达到《指南》中情绪安定的基本要求。

### (三)学前儿童情绪特点

#### 1.冲动性

幼儿见不到想念的人会伤心地哭泣，饿了没有及时得到满足会闹，离开了熟悉的环境会紧张焦虑，年纪越小行动受情绪支配越多，受理智支配越少，要求得到满足就快乐，得不到满足时一言不合就开始发脾气。学前儿童正处于皮亚杰认知发展阶段中的前运算阶段，依靠着具体、直观的认知方式快速发展思维，但其语言表达能力仍不成熟，当需要表达复杂问题，语言表达跟不上事情变化发展时，幼儿通常使用非语言的、宣泄的方式表达强烈的情绪情感，具有冲动性。

#### 2.外显性

幼儿的情绪往往与情境相伴，情境和情绪的表达紧密相连，想哭就哭、想笑就笑。幼儿的情绪情感正处于快速发展时期，情绪管理能力随着交往实践的积累、神经系统和认知水平的发展不断完善，逐渐能根据情绪表达规则调节外部行为，根据所在情境的要求表现适宜行为。但由于发展阶段的限制，幼儿并不能完全控制自己的本能情绪反应。

随着年龄的增长，幼儿逐渐习得抑制、隐藏自己情绪的方法，早上发生的不愉快的事情可能在晚上仍然影响着幼儿的情绪，调节情绪的方式不仅仅是宣泄，内在的情绪自适应也在帮助幼儿悄悄地解决情绪问题。

#### 3.变化性

“六月的天，孩儿的脸，说变就变”，民间俗语用幼儿的情绪变化多端形容六月天气的阴晴不定，晴朗的夏天里突如其来的雨就和一会儿哭一会儿笑的小朋友一样。两种对立的情绪在短时间内相互转换，哭泣时突然发现有好玩的事情脸上挂着泪水也会参与进去，本来平静的幼儿遇到小朋友哭泣也会没有缘由地一起哭，年纪越小情绪的变化性越显著，随着年龄增长，儿童情绪的稳定性逐渐增强。

## 二、学前儿童情绪管理能力发展的特点

家庭教育，尤其是父母在帮助儿童获得情绪知识、习得情绪调节策略方面起着重要的作用。幼儿在亲子互动或模仿父母时获得了各类情绪经验。父母富于情绪表露，幼儿也有更多的机会认识自己的行为如何引发别人情绪反应，亲子互动能促进儿童的情绪发展，进而影响着幼儿社会行为发展。

幼儿园教育也在幼儿的情绪管理能力发展上起着重要作用。一方面幼儿园的情绪课程，例如讲读情绪绘本等教学活动为幼儿提供了理性的情绪知识并帮助幼儿认识丰富的情绪；另一方面集体生活中的交往、游戏活动等给了幼儿体验情绪、处理情绪的机会，在师幼互动中观察、模仿成年人的情绪处理方式，积累情绪管理经验。

随着年龄增长和教育影响，幼儿的情绪能力逐渐发展，并且具有一定规律。

### （一）情绪理解的发展

情绪理解的发展是一个由只考虑即时的、外部的情绪特征（如环境事件）和外部行为到对更复杂的、跨时间的因素（如评价、信念等）综合考虑的过程。

幼儿情绪理解能力的发展从简单到复杂循序渐进。半岁左右的幼儿能逐渐通过面部表情和声音变化来判断他人情绪；两岁左右的幼儿能很好地识别他人情绪，开始有能力控制自己的情绪；三岁左右的幼儿开始掌握情绪词汇，了解引发情绪的原因；三到四岁幼儿的情绪理解能力有显著变化，是儿童情绪观点的一个快速发展时期[①]；四岁的儿童基本具备区分伪装情绪和真实情绪的能力；在四到五岁时，幼儿获得情绪观点的选择能力，体会到更复杂的情绪与想法、信念、期望之间的关系；五岁儿童随着语言能力的发展，表情识别与命名的能力高于三岁和四岁儿童。幼儿对积极情绪的理解要高于对消极情绪的理解，女孩推测他人情绪状态的能力高于同龄男孩。

儿童理解他人情绪的能力为后来许多重要能力的发展奠定了基础。幼儿的社会行为发展必然要以心理理论知识的发展为基础，他们只有在能够认识到他人的意图、情绪、信念等心理状态，对各种社会行为情境有正确的认识时，才可能习得一定的社会

① 陈英和，姚端维，郭向和．儿童心理理论的发展及其影响因素的研究进展[J].心理发展与教育，2004(3)：56-59.

技能,学会根据具体情境做出恰当的情绪反应,如情绪表达和情绪调节,进而发展社会交往行为。①

### (二)情绪表达的发展

情绪生而有之,基本情绪随着幼儿的生长发育而分为更加复杂精深的具有社会文化特点的复杂情绪,幼儿参与人际交往,情绪的表达也越来越受到文化因素的影响。

婴儿最初的行为分为趋近和回避两类,在此基础上逐渐形成各种情绪行为。在五到六周时出现微笑,三到四个月时出现愤怒和悲伤,六到八个月表现出依恋、分离焦虑。一岁半至两岁幼儿的情绪的社会化程度提高,逐渐体验到羞愧、自豪、同情、内疚等复杂的自我意识情绪;三到五岁的学前儿童已经可以通过面部表情、姿态行为、声音等形式单独或混合表达情绪体验,能用语言和他人分享情绪,这一阶段的幼儿开始理解情绪对社会交往的影响。②

为了使自己的行为更符合社会期望而有意识调节外部行为表现,使用情绪表达规则,例如增强、减弱、限制、掩饰情绪反应或表现平和,在不同社会情境中用不同于内心真实情绪体验的表情来代替或掩饰真实情绪体验,以达到调节情绪表达方式的目的。大部分对幼儿情绪表达规则的研究认为幼儿掩饰消极情绪的能力要好于其掩饰积极情绪的能力。经常表达积极情绪的儿童在人际交往中更受同伴欢迎,对幼儿的情绪教育也倾向于鼓励表达积极情绪,所以幼儿更容易在消极情绪出现时,为了获得更好的人际关系将其掩饰起来(如图 7-2)。

儿童情绪表达规则的发展和运用存在年龄差异,研究认为四岁左右的幼儿已能使用情绪表达规则隐藏真实情绪,可以控制自己的情绪表达照顾他人感受;六岁左右的儿童掌握了区分情绪表达规则下的面部表情和内心情绪体验的技能。情绪表达规则的使用受亲密度影响,幼儿在他人面前比独自一人时更多地掩饰自己的情绪,更愿意向父母表现自己的情绪,对父母比对同伴要表达出更多的消极情绪。

① 邓赐平,桑标,缪小春.幼儿的情绪认知发展及其与社会行为发展的关系研究[J].心理发展与教育,2002(01):9.
② 傅小兰.情绪心理学.[M].上海:华东师范大学出版社,2021.

图7-2　幼儿的积极情绪表达

### (三)情绪调节的发展

情绪是个体的主观体验,是一种能够通过多种方式进行调节的反应倾向,情绪的可变化性是产生情绪调节的基础。情境中的有意义刺激诱发了个体的情绪,个体对刺激的主观体验、行为表现和生理反应都会产生相应的变化。情绪和情绪的调节是一个整体的过程,情绪调节是情绪与认知相互作用的过程。[①]情绪调节能力是个体发展较早的能力之一,是个体对情绪的发生、体验与表达施加影响的过程,个体能根据不同的情境选择对应的策略实现自身的目的。相关研究表明,情绪调节能力的发展具有一定规律,受到杏仁核、前额叶和扣带回等多个脑部功能区协同工作的影响。

具有情绪调节能力的幼儿能在人际交往中根据情境需要运用一些策略调节自己的情绪。三个月左右的婴儿的早期情绪调节开始出现,表现为对偏好刺激的趋近和对厌恶刺激的回避,多是无意识的、无计划的、不受监控的本能反应。一岁末,幼儿的情绪调节变得更主动、更有目的性。[②]随着儿童自我意识的出现,他们不但能感受到消极情绪,也意识到了消极情绪能够被改变。研究表明,两岁左右的幼儿能察觉到情绪会影响自己和他人的行为,随着认知发展,能有意识地使用情绪调节策略,借助他人和自己的能力改变消极情绪。养育者的参与对于幼儿情绪调节能力发展有重要作用,通过与养育者的互动与学习逐渐形成情绪调节策略。三岁是儿童情绪能力发展的重要节点,认知能力的发展促进了调节策略的运用,幼儿的情绪控制能力逐步提升,从依赖外部资源向依赖内部资源转化。学前幼儿常见的具体情绪调节策略包括自我安慰、替代

① 吴燕.情绪调节性别差异的脑网络研究[D].成都:电子科技大学,2016.
② 傅小兰.情绪心理学[M].上海:华东师范大学出版社,2021.

活动、被动应付、发泄、问题解决和认知重建。①三岁左右幼儿主要使用较为被动的宣泄策略，四岁幼儿主要选择建构性策略，五岁幼儿较多使用回避策略。大班幼儿对重评策略的运用逐渐增多，在面对同伴间的冲突时幼儿更愿意采用积极的活动来改变紧张的环境从而缓解消极情绪。整体上幼儿使用最多的情绪调节策略是替代活动、问题解决，而较少采用被动应付、发泄等情绪调节策略，随着年龄的增长，幼儿更多采用积极的情绪调节策略，而更少采用消极策略；学前幼儿使用的策略中出现了不常见但是幼儿面对挫折时所能达到的最高级的应付形式，即认知重建的调节策略。

## 三、学前儿童情绪管理能力的内容

### （一）培养情绪管理能力的重要性

《3-6岁儿童学习与发展指南》提出，要让幼儿情绪安定愉悦，能在安抚下平静下来，表达情绪的方式适度以及能随活动需要转换情绪和注意等具体要求。②情绪是健康领域的重要发展任务，是幼儿其他领域发展的基石，也是终身发展不可或缺的重要课程。

#### 1. 良好的情绪管理能力能促进幼儿社会性发展

除了生而有之的几种基本情绪，人类复杂的社会情绪是在与外界交往的互动中逐渐获得的。在一定的文化背景下，幼儿需要学习在不同情境中应如何做出情绪反应的知识，经由人际互动，通过观察、模仿、尝试，逐渐将情绪表达规则内化。不同文化提倡和鼓励的情绪反应有所差异，幼儿更容易表达符合文化要求的情绪而压抑不符合要求的情绪，以适应社会化的需求。

进入幼儿园，幼儿的社会交往范围得到了较大的拓展，在面对交往的情境时受到个体身心发展水平限制，产生了各种需要解决的人际交往问题，带来了更加丰富的情绪体验。幼儿需要掌握情绪知识，学会不同的情绪控制和调节策略，更好融入集体环境，达成该阶段身心发展目标。社交并不总是愉悦的，时常发生着冲突、排挤、欺负等状况，面对这类情境时，幼儿选择的情绪调节策略和表达方式影响着日后同伴关系，采取具有攻击性的方式表达情绪的幼儿受同伴接纳程度较差，能较好理解自己和他人情绪，使用积极的情绪调节策略，适当表达自己情绪的幼儿更容易被接纳，情绪反应的结果对幼儿的社会化有直接影响。优秀的情绪控制能力对应着更少的社会情绪问题，良

---

① 陆芳，陈国鹏. 学龄前儿童情绪调节策略的发展研究[J]. 心理科学，2007，(05)：1202-1204.

② 中华人民共和国教育部.《3-6岁儿童学习与发展指南》解读[M]. 北京：首都师范大学出版社，2014：5.

好的社会交往技能，例如倾听、包容、尊重、和解。基于一定的情绪管理能力，幼儿学前期学习和使用的情绪管理知识对社会性发展起到至关重要的作用，直接影响着幼儿人际关系和交往质量；自闭症儿童群体因缺乏部分的情绪体验与理解、情绪表达、情绪调节能力，则难以实现融入集体环境、完成社会适应的发展目标。

### 2.情绪管理能力发展有利于幼儿认知发展

情绪管理能力对于幼儿的认知发展有重要价值，情绪状态对记忆、注意、思维、想象等认知活动有着调节作用，积极情绪有利于扩大认知范围和提升认知灵活性。

积极情绪能够扩大注意和反应范围，而消极情绪则会窄化注意和反应范围。积极情绪能提高认知灵活性[①]，能够降低认知加工的固着性，增强对新异刺激的敏感度；在完成难度较高的任务时，消极情绪对认知灵活性有一定影响[②]。出生到三岁之间的幼儿的可塑性极强，百分之九十的大脑功能在这一阶段快速发展，情绪管理能力也随之进入发展关键期。幼儿情绪能力发展和自我管理能力增长，促进身心都往健康方向发展，影响着日后的学术表现、个性发展、个人成就。对三岁幼儿的情绪实验表明，情绪能力可预测学业成绩，较好情绪理解能力对应更好的学业表现。一项针对情绪学习的研究指出，相比没有接受社会情绪学习的学生，参与情绪学习项目的学生学业成绩提升了十一个百分点，而且建议在六岁以前就进行该项目的学习。学前阶段的认知教育也应重视培养情绪能力。

### 3.情绪管理能力对于身心健康有重要价值

中医认为怒伤肝、喜伤心、思伤脾、忧伤肺、恐伤肾，民间俗语也道“情急百病生，情舒百病除”。情绪是影响身心健康的重要因素，情绪不仅是当下快乐与否，还对个体的身体健康和心理健康有重要价值。研究者认为情绪反应是个体调节自身以适应环境的结果，长期或是过度的不良反应才会最终导致个体出现破坏性适应，即产生疾病。

情绪与多种常见疾病有密切关系，例如压力和紧张对冠心病、高血压有直接影响。情绪稳定性差的人心理疾病发生比例较高[③]，消极的情绪调节会导致免疫功能下降，消极的情绪状态也会增加人们对传染疾病的易感性。学前期是幼儿情绪管理能力发展的关键期，个体在幼儿时期所获得的情绪经验和情绪管理习惯，会在大脑中形成永久的神经联结，影响到个体成年之后身心各个方面的发展。[④]当遇到情绪方面的困难时，

---

① 张玉静，崔丽霞.积极情绪的认知促进效应及其神经机制[J].首都师范大学学报(社会科学版)，2012(05):105-111.

② 侯然.情绪对认知活动的影响[J].心理研究，2009，2(01):28-33.

③ 朱翠英，银小兰.积极情绪对健康人格的影响探析[J].湖南师范大学社会科学学报，2011，40(01):143-145.

④ 乔建中.情绪心理与情绪教育[M].南京:江苏教育出版社，2001:36.

幼儿缺乏成熟稳定的情绪调节能力，如果缺少适宜的教育引导，错过情绪教育的契机，就不能采取正确的情绪调节方法，个体长期陷入紧张、痛苦和焦虑等消极情绪状态中，则会损害身心健康。

### （二）情绪管理能力培养的内容

情绪管理能力对于学前期的幼儿有重要意义，理解并接纳情绪，维持情绪的稳定，保持愉悦的心境，学习符合社会文化的情绪表达规则，分享情绪和请求帮助是这一阶段培养幼儿情绪管理能力的主要内容。

#### 1. 理解并接纳情绪

理解情绪是情绪表达、情绪调节的基础，也是个体社会化中必不可少的基本能力。幼儿在扩展自己社交范围的同时，情绪经验也在不断积累，对情绪事件的描述也逐渐丰富，摆脱只会用哭泣表达不满，需要成人猜测情绪的时候越来越少，初步形成了自己的情绪管理能力。幼儿从用微笑回应妈妈的笑脸时就已开始逐渐理解他人的外部情绪反应特点，随着情绪管理能力的发展幼儿能更好地理解更深层次的情绪，解释情绪产生的背景，知道同一件事会引发不同情绪，能预测他人的情绪和行为。

情绪本身是一种体验，并没有好坏之分，情绪根据引发的结果被冠以积极情绪、消极情绪的标签，研究和教育实践大都聚焦消灭坏情绪，期望幼儿总是快乐的。对于幼儿来说，接纳所有情绪是学习情绪的必经之路。失落、恐惧、焦虑有存在的意义，同开心、愉悦一样是正常的情绪反应，体验到不一定能事事如意，感受到对事物的恐惧，幼儿将发展出对消极情绪的调节适应能力，有助于其社会化。当幼儿偶尔产生消极情绪时，教育者应正视消极情绪的存在，允许幼儿充分感受、表达情绪，而不是让幼儿压抑、控制或者隐藏情绪。尤其是年龄较小的幼儿，语言能力尚不能描述复杂事件时，哭闹仍是表达情绪的重要途径。引导幼儿调控情绪的前提是帮助他们理解这些情绪，舒服地安顿幼儿等他们平静后讨论其感受，承认他们的情绪体验，不评判不训斥。否认消极情绪，以“不准哭”教训幼儿，禁止消极情绪出现，并不能真正解决背后的情绪问题，粗暴的方式反而容易被幼儿模仿，成为以后处理情绪的模式。

### 学习研究7-2

**情绪的真实原因**

刚上小班的安安很喜欢住在隔壁的小姐姐，经常去找她玩，大她几岁的小姐姐也很照顾安安，耐心地陪她玩。这个周末姐姐家来了另外一个小朋友，当姐姐拿出了最后一个巧克力分给另一个小朋友的时候,安安情绪突然崩溃了,哭得上气不接下气,无论大人做什么她仍蹬腿挥手摇头,泪流满面。询问她原因时,安安也只是哭,过了一会儿后大声喊着:“我不要姐姐了,我不喜欢她,我要回家。”安安妈妈尴尬地训斥她,让她安静,并告诉她再闹就不带她来找姐姐玩了,安安则哭得更厉害了。

结合安安的年龄特点分析她情绪背后的真实原因,并讨论如何在这个情境下帮助她。

## 拓展阅读7-2

### “消极”的重要意义

英剧《黑镜》第四季第2集讲述了一个焦虑的母亲订购了一个可以监控女儿情绪反应,而且能看到女儿视野里所有事物的芯片。母亲对芯片的使用很满意,打开手机就能知道女儿的行为和情绪。芯片还有一个功能——为所有家长认为不利于儿童成长的画面打马赛克,过滤血腥、暴力、色情这些元素。小女孩的同学在讨论血腥的事情,但小女孩只能看见模糊后的画面,她试图用刀割自己,但是看不见自己流血,最终晕倒在了家中。疼痛和恐惧是身体里的警报器,会在危险的时刻激发自我保护的本能,缺失了痛觉或是恐惧情绪,处于危险而不自知,不利于生存。

### 2.维持情绪的稳定

开心的时候好说话,不开心就很犟,心情不好就吃饭不香,情绪不佳就无法专注地学习和玩耍,大哭大闹后容易生病。对于情绪多变的幼儿来说,情绪对行为的影响更直接。情绪经常不稳定的幼儿,一方面影响正常教学和活动的开展,需要老师的关注和安慰,同时也影响了其他幼儿活动时的情绪;另一方面影响自己的心理健康和能力发展,沉浸在剧烈的情绪中无法参与幼儿园丰富的活动,错失了一些发展机会,甚至因为剧烈的哭闹导致疾病。

幼儿情绪起伏较大时能在成人的帮助下逐渐平静下来,用深呼吸的方式缓和情绪,再慢慢讲述影响情绪的事件。引导幼儿用交流的方式代替哭闹,发展其自我调节情绪的能力,同时教育者要提供情绪示范和情绪工具,保持自身的积极情绪,不对幼儿发脾气。在幼儿情绪不稳定时及时安抚并根据场景特点提供建议,有意识把幼儿的情绪波动作为教育契机,同时鼓励幼儿保持积极、稳定的情绪。

### 3.保持愉悦的心境

维持情绪的稳定和愉悦，不被情绪牵着走，以平和的心境参与教育教学活动，有利于幼儿的健康发展。幼儿园可组织丰富的、有层次性的、具有年龄适宜性、能力适宜性的活动，让每一个幼儿都能体验到胜任感，全身心投入和参与。同时，幼儿园要注意创设温馨和谐的心理氛围、培育良好的师幼关系，慎用竞争和排名的方式，多鼓励、赞美幼儿，减少幼儿的心理压力。在学前教育阶段，幼儿养成良好的情绪习惯能为未来身心健康发展奠定基础，这需要养育者、教育者及时关注幼儿情绪变化，适时干预幼儿不良情绪，避免负面情绪的长时间影响。保持愉悦的心境可以让幼儿专注于学习，促进幼儿的发展(图7-3)。

图7-3　专注学习的幼儿

### 4.学习符合社会文化的情绪表达规则

在人际交往中，个体的面部表情会受到儿童时期习得的文化习俗的影响。文化表达规则规定了个体在特定的社会环境下以一种符合社会期望的方式对面部表情进行调节。[①]西方文化下的幼儿更注重个性表达，个人主义文化并不鼓励个体使用表达抑制，且个体也不擅长使用这种情绪调节策略。我国集体主义文化下鼓励幼儿融入群体生活，表现亲社会规则，期望儿童在情绪表达中考虑他人感受，维护集体的规范要求。

《3-6岁儿童学习与发展指南》指出要帮助幼儿学会恰当表达情绪。在幼儿园集体的环境下，幼儿较少出现抑郁、退缩、不合群情况，多是以积极的心态参与到合作和活动中(图7-4)，遇到冲突情境时，能用适时适度的方式表达，控制自己的情绪，不产

① 张月娇，王振宏.儿童对情绪表达规则的理解与运用：发展及适应意义[J].心理研究，2010，3(2)：20-26.

生攻击行为。在公共场合中,不出现过度行为(例如大喊大叫),不发生破坏行为。在家庭中,伤心难过的幼儿受到安慰后能较快平静下来,不因要求没被及时满足引起剧烈情绪波动,不随意发脾气。

图7-4 愉快合作的幼儿

**学习研究7-3**

**只想得第一的小明**

小明参与了幼儿园运动会的跳绳比赛,原本和小朋友玩得不亦乐乎,积极参与奋力跳跃争夺冠军,比赛到快结束时眼看越来越落后,小明情绪开始变化,越来越紧张,想要追上第一名的小朋友,动作错误却越来越多,脸上的笑容也消失了,最终还是失去了冠军。面对比赛的结果,小明大哭起来,拒绝继续参加活动,老师不得不去安慰他,其他小朋友也暂停了活动疑惑地看着他。闹情绪的小明表现出了对失败的抗拒,比赛中途短暂落后时他的紧张影响了情绪的调节,干扰了发挥;比赛后的失落和挫败让他选择用宣泄的方式来表达内心的不满意。想勇争第一的小明已经不是第一次因为没有得到第一而大哭了。

作为幼儿教师,遇到难以自我调节情绪的幼儿,应该如何引导他们?

### 5.分享情绪和请求帮助

大量研究认为,养育者的示范以及与学前儿童的互动为学前儿童的情绪管理能力发展提供了框架。父母对儿童情绪的反应,父母与孩子间关于情绪的谈话,父母对情绪的表达都影响着儿童情绪能力的发展[①]。父母对幼儿消极情绪的反应能够提供积极的安慰或提供情绪调节策略，会促进幼儿大胆探索情绪事件和线索，提高其调节情绪生理唤醒的能力以及用适当的方式关注和转移情绪刺激的能力。[②]

《3-6岁儿童学习与发展指南》提出，幼儿愿意把自己的情绪告诉亲近的人，一起分享快乐或求得安慰。如果儿童正当情绪情感需要能够得到顺畅表达，这种顺畅的情感应答关系便能够为儿童带来安全感，他们对自我的接纳程度更高，同时也会促进儿童善良、敦厚等优良品质的形成[③]。在幼儿情绪发展的过程中，成人的支持和帮助十分重要，幼儿分享情绪时能及时得到回应，快乐情绪会持续得更久，悲伤的情绪能及时得到排解（如图7-5）。养育者也能在幼儿分享中了解幼儿一日生活的细节，及时发现潜在问题，提供干预和支持。积累了受到支持的经验后，幼儿习得积极寻求帮助的情绪调节策略，更加信任养育者，确信自己能获得理解和支持，建立起更亲密的关系。

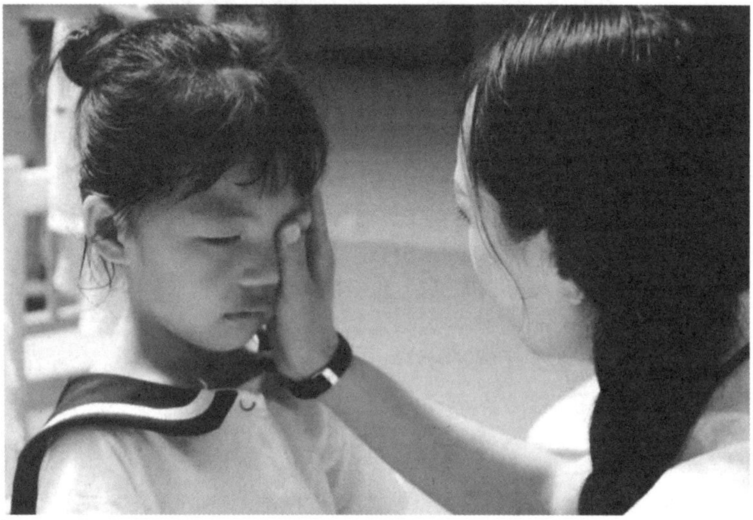

图7-5　教师对幼儿情绪的支持

## 游戏设计7-2

### 情绪银行（中/大班）

爸爸妈妈会把钱存在银行，让银行保管财产并获得利息，既安全又方便。

① 陆芳，陈国鹏．儿童情绪调节的发展研究[J].心理科学，2003，(05)：928-929.

② 李晓巍，杨青青，邹泓．父母对幼儿消极情绪的反应方式与幼儿情绪调节能力的关系[J].心理发展与教育，2017，33(04)：385-393.

③ 朱小蔓．情感教育论纲[M].北京：人民出版社，2007：9.

情绪体验也是幼儿重要的财富，开设班级的情绪银行，既能储存幼儿快乐的情绪记忆，又能让幼儿在记录、储存记忆的过程中学会用书面记录的方式表达情绪，又能强化积极的情绪体验，得到了情绪的“利息”。

**游戏目标**

幼儿能理解快乐的原因，并能自主记录下快乐的时刻。

**游戏准备**

1. 较大的玻璃罐一个。

2. 笑脸卡片、纸张、画笔等。

**游戏玩法**

1. 幼儿记录快乐情绪：当幼儿遇到很快乐的事情与教师、同伴分享了快乐情绪时，鼓励幼儿采取绘画、表格等书面方式将这件事的原因、过程，以及幼儿感受等任一方面记录下来。然后将纸张折叠后贴上笑脸卡片投入情绪银行——玻璃罐中，进行情绪储蓄。

2. 班级共享快乐回忆：当情绪银行储存满后，由老师集中组织，邀请“储户”认领自己的快乐情绪记忆，并在班级分享卡片里的记忆。通过再次讲述已经发生过的情绪事件，强化幼儿的快乐体验，提升幼儿的书面记录和讲述能力，增强幸福感。

**游戏建议**

1. 幼儿记录能力不强，需提供适当的指导和帮助。

2. 帮助幼儿在记录前弄清楚情绪出现的原因、情绪出现的过程、情绪体验的感受；

3. 鼓励幼儿去储蓄。

## 四、学前儿童情绪管理能力的年龄阶段目标

### （一）《3-6岁儿童学习与发展指南》中儿童情绪管理能力的主要内容

《3-6岁儿童学习与发展指南》在健康领域提出幼儿身心状况的具体发展目标，确立了“情绪安定愉快”的子目标，明确了幼儿情绪管理能力对于实现整体全面协调发展的重要作用。对于发展幼儿情绪管理能力，实现发展目标，提到了要营造良好的心理环境，让幼儿有安全感，帮助幼儿学会恰当表达情绪和调控情绪。

## （二）学前儿童情绪管理能力的年龄阶段目标

### 1.《3-6 岁儿童学习与发展指南》中情绪管理的各年龄阶段目标（表 7-1）

表7-1 《3-6岁儿童学习与发展指南》情绪管理的各年龄阶段目标

| 3-4 岁 | 4-5 岁 | 5-6 岁 |
|---|---|---|
| 1. 情绪比较稳定，很少因一点小事哭闹不止。<br>2. 有比较强烈的情绪反应时，能在成人的安抚下逐渐平静下来。 | 1. 经常保持愉快的情绪，不高兴时能较快缓解。<br>2. 有比较强烈情绪反应时，能在成人提醒下逐渐平静下来。<br>3. 愿意把自己的情绪告诉亲近的人，一起分享快乐或求得安慰。 | 1. 经常保持愉快的情绪。知道引起自己某种情绪的原因，并努力缓解。<br>2. 表达情绪的方式比较适度，不乱发脾气。<br>3. 能随着活动的需要转换情绪和注意。 |

### 2. 学前儿童情绪管理能力的发展目标

根据《3-6 岁儿童学习与发展指南》的建议和幼儿情绪管理能力发展的年龄特点，将幼儿积极情绪和消极情绪的管理和发展目标分为三个阶段，随着情绪经验的积累和幼儿园情绪教育的发展，幼儿情绪管理能力逐步发展（表 7-2）。

表7-2 幼儿情绪管理能力发展的阶段目标

| 情绪 | | 第一阶段（3-4岁） | 第二阶段（4-5岁） | 第三阶段（5-6岁） |
|---|---|---|---|---|
| 积极情绪 | 情绪理解 | 1. 知道快乐的感觉，能在集体生活中感受到快乐。<br>2. 知道依赖的感觉，有喜欢和信任的老师。<br>3. 能理解他人开心的表情和语气。<br>4. 理解情绪会影响自己和他人的行为。 | 1. 能准确地理解和命名常见积极情绪。<br>2. 能初步采择积极的情绪观点。 | 1. 知道引起愉快情绪的原因。<br>2. 能理解较为复杂的复合情绪，体验到道德情感。 |
| | 情绪表达 | 1. 能基本保持稳定的情绪状态。<br>2. 能通过表情、姿态、声音表现积极的情绪。 | 1. 能与亲近的人谈论积极情绪体验，分享快乐。<br>2. 能有在情感表达时照顾他人感受的表现。 | 1. 适度地表达积极情绪。<br>2. 能熟练地使用情绪词汇谈论积极情绪体验。 |
| | 情绪调节 | 遇到愉悦的情境及事物能采取趋近的调节方式，有感兴趣的事物，愿意积极尝试。 | 能通过自我调节和成人帮助经常保持愉快的情绪。 | 能通过自我调节的方式经常保持愉快的情绪。 |

续表

| 情绪 | | 第一阶段(3-4岁) | 第二阶段(4-5岁) | 第三阶段(5-6岁) |
|---|---|---|---|---|
| 消极情绪 | 情绪理解 | 1.知道悲伤的感觉。<br>2.知道愤怒的感觉。<br>3.知道恐惧的感觉。<br>4.能理解他人悲伤的、愤怒的、恐惧的表情和语气。<br>5.知道消极情绪可以改变。 | 1.能较为准确地理解和命名常见消极情绪。<br>2.能初步采择消极的情绪观点。<br>3.能接纳消极情绪的存在。 | 1.知道引起消极情绪的原因。<br>2.能较为准确地推测他人真实的情绪状态。<br>3.能接纳消极情绪,知道消极情绪也是重要的体验。 |
| | 情绪表达 | 1.较少出现分离焦虑,并能接受分离,期待下次见面。<br>2.较少出现哭闹且哭闹持续时间短。<br>3.较少出现退缩。<br>4.能通过表情、姿态、声音表现消极的情绪。 | 能够使用建构性策略解决冲突,较少采取不当宣泄和破坏的方式表达情绪。 | 1.能够使用认知重评策略调整认知干预情绪表达。<br>2.不采取不当宣泄和破坏的方式表达情绪。<br>3.能熟练地使用情绪词汇谈论消极情绪体验。 |
| | 情绪调节 | 1.有较强情绪反应时,能在成人的安抚下逐渐平静,并继续投入到活动中。<br>2.遇到恐惧、愤怒的情境及事物能采取回避或求助成人的调节方式。 | 1.在情绪波动时,能根据成人提醒,通过增强、减弱、限制掩饰情绪反应或表现平和。<br>2.能较快缓解消极情绪。<br>3.能在无法自主调节情绪时求助成人。 | 1.在情绪波动时,能根据情境需求,通过增强、减弱、限制掩饰情绪反应或表现平和。<br>2.能主动采取转移注意力的方式调节情绪。 |

# 第二节 学前儿童情绪管理能力的活动设计与指导

情绪管理能力关乎幼儿是否能保持健康的心理，是否能产生亲社会性以及正确处理社会交往中的问题。但学前儿童发展阶段中必然伴随情绪的易冲动性、外显性和不稳定性。因此，这一阶段幼儿不仅要学会如何控制及疏导消极情绪，培养积极的思维模式，更需要成人的引导和参与。

作为在幼儿一日生活中扮演着重要角色的教师，我们在帮助学前儿童发展情绪管理能力时，一方面应充分发挥幼儿的主观能动性，如鼓励幼儿学会感知情绪、调节情绪，使用适当的方式表达情绪；另一方面也要进行及时干预，运用消退、转移注意、疏导等方式，帮助幼儿管理自我情绪。

本节将围绕学前儿童情绪管理能力的教育途径和方法，从学前儿童情绪管理的活动设计与指导以及教育建议三个方面展开论述。

## 一、学前儿童情绪管理能力的教育途径和方法

### 案例探讨 7-1

**爱接话的科科**

科科是一个很有主见的中班幼儿，平时不管是老师上课、组织游戏还是在一日常规活动中，都很喜欢接话，有时候也会质疑老师的观点，老师们都把他看作是小大人。在一次区角游戏中，他们经过集体讨论分配想玩的角色，科科决定在小餐厅里当一名收银员。但在中班的游戏中，收银员是一个闲活儿，客人和厨师、服务员忙忙碌碌，他却倍感无聊，于是他开始委屈地跟老师表示想换一个角色。但当其他的小朋友都不同意跟他换角色时，他的情绪就开始失控了，开始用愤怒的语气跟其他小伙伴和老师说话，甚至在老师跟他讲道理时，他发出了“切”的声音。

这时，教师发现科科的情绪状态已经到了必须干预的程度。于是，她严肃地让科科站在一边冷静，同时不再理睬他的怒气。等他的怒气逐渐平复之后，再过去慢慢给他讲道理，并表示，如果下次遇见这样的情况但能自己找到解决

办法不发火,就能得到一张精美的贴纸,科科也就此答应下来。

在这个案例中,我们可以发现尽管有的幼儿认知水平较高,但在情绪管理上仍然存在一些问题,需要教师的介入和干预。接下来,我们就来一起探讨教师应该如何干预幼儿情绪,促进幼儿身心健康发展。

发展学前儿童的情绪管理能力,可以引导幼儿在丰富多彩的活动中体验不同情绪,在一日生活中及时创造情境,训练幼儿的情绪管理能力,教会儿童情绪管理的方法,把握教育中的契机,帮助幼儿跨领域协调发展。

### (一)在丰富的活动中体验各种情绪

幼儿园是幼儿生活学习的主要场所,包含丰富多彩的活动。幼儿的很多情绪都会在不同的活动中产生。如在户外活动中,幼儿会流露出兴奋、紧张或者焦急的情绪;在区角游戏中,幼儿会流露出喜悦、愤怒或者自豪的情绪;在集体教学活动中,幼儿会流露出悲伤、急切、无助或平静的情绪。这些情绪的流露可能是无意识的,教师应开展丰富的活动,如阅读有关情绪的绘本,及时引导幼儿感受自己在不同活动中的积极或消极情绪。

#### 1. 在游戏中体验情绪

幼儿在游戏中的心理活动、动机和情绪是基本成分。其中,内源性动机和愉快的情绪体验是最稳定的成分。在游戏中,幼儿将自己在生活中学得的经验投射到自己的游戏行为中,并在游戏行为中体验相应的情绪,如游戏中最直接的情绪就是愉悦。因此,教师在组织幼儿游戏或者幼儿在自发游戏的过程中,应注意幼儿在游戏中的情感体验。如幼儿在玩娃娃家的时候,教师可以通过创建情境,“孩子生病了怎么办?”(焦急、恐慌)“今天去野餐!”(愉快),让孩子感受不同的情绪。

### 游戏设计 7-3

**贴表情(小班)**

**游戏目标**

1. 鼓励幼儿感受不同的情绪,知道不同情绪的面部表现。

2. 引导幼儿乐于感受情绪。

**游戏准备**

娃娃脸若干,不同的表情卡片若干,移动黑板。

**游戏过程**

1. 教师导入。教师引导孩子回忆日常生活中爸爸妈妈和小朋友们在喜怒哀乐时候的表情，鼓励他们描述大家心情不同的时候，表情都是什么样子的。

2. 说一说。教师将贴有娃娃脸的黑板移入教室，引导幼儿发现娃娃脸上的秘密。

3. 贴一贴。教师创造不同情境，如“今天圆圆生气了”“今天小飞很高兴”等，鼓励孩子逐个尝试将不同表情卡片贴在娃娃的脸上，并大声告诉同伴和老师娃娃的心情。

**游戏建议**

1. 如果有害羞的幼儿，鼓励他们大声表达自己的想法。

2. 游戏结束后适时做好延伸和家园沟通，引导家长共同参与幼儿的情绪感受活动。

同时，除愉悦之外，幼儿在游戏中也会感受到更多元的情绪。如区角游戏的不同性质会带给幼儿不同的沉浸式情绪体验。如在娃娃家中，扮演父母的幼儿会因为宝宝生病、不吃饭等情况伤透脑筋；在小厨房中，百无聊赖的收银员可能会因为长期没有顾客光临而焦躁或失去耐心；阅读区的幼儿可能会看到一些主题温暖的绘本而心生暖意；等等。

**2. 在音乐活动中体验情绪**

《乐书》中曾有言：“乐者，音之所由生也，其本在人心之感于物也。”《乐书》中把音乐看作是人对万事万物的感受，当我们觉得哀伤的时候，听到的音乐就是悲伤的；当我们感到欣喜的时候，我们听到的声音就是轻快的；当我们感到愤怒的时候，我们听到的声音就是粗犷狠厉的。因此，对教师来说，音乐活动是引导幼儿感受不同情绪的重要方式。同时，在现代的音乐治疗理论中，音乐也能给人们的情绪带来积极的作用，如通过聆听不同的音乐会对我们的情绪产生不同的感受。

因此，对教师来说，可以通过音乐教学的方式让幼儿有更充沛的情感体验。如可以有预设地在集体教学活动中播放舒缓、激昂、悲伤、欢快的轻音乐，通过不同的节律与节拍让幼儿产生不同的情绪体验；或者通过儿歌等形式，欢快的如《我有一只小毛驴》，悲伤的如《虫儿飞》，激昂的如《猴哥》等，让幼儿体验不同的情绪。

## 活动设计7-1

### 音乐先生有情绪(中班)

**活动目标**

1.幼儿能通过不同旋律的音乐感受不同情绪,了解不同音乐的情绪色彩。

2.能通过表情表达音乐中的不同情绪。

**活动准备**

不同曲调的音乐片段若干(欢快、悲伤、恐惧)。

**活动过程**

1.教师导入

播放一段欢快的音乐。“小朋友们,今天老师为大家请来了一个新朋友——音乐先生。音乐先生很古怪,一天中会有不同的情绪,现在我们一起来猜猜他现在的心情是什么样的?”

2.听一听

播放一段欢快的音乐,引导幼儿猜测这时音乐先生的情绪是什么样的。

播放一段悲伤的音乐,引导幼儿猜测这时音乐先生的情绪是什么样的。

播放一段恐惧的音乐,引导幼儿猜测这时音乐先生的情绪是什么样的。

3.学一学

教师总结:“刚刚小朋友们都很厉害,都已经知道了音乐先生的不同情绪。但是大家知不知道,当他出现这样的情绪的时候,他的表情应该是什么样的呢?大家一起来学一学。”

教师重新播放音乐,并鼓励幼儿在音乐开始时跟随音乐的节奏做出与音乐节奏相对应的表情或者行为。

4.唱一唱

“现在小朋友们都掌握了音乐先生表达情绪的方法,那么小朋友们想一想,当你有这些情绪的时候,你会唱什么歌呢?”

教师引导幼儿歌唱代表不同情绪的儿歌。

**活动建议**

1.教学活动结束后,本次活动也可以结合表演区的游戏继续进行,鼓励幼儿继续探索怎样在表演区中将代表不同情绪的歌曲唱出来并与小观众互动。

2.下一步可根据幼儿对情绪的兴趣点继续深入探究。

### 3.在绘本阅读中体验情绪

绘本作为文学作品的一种,以其可爱的故事角色、富有童趣的故事情节深受幼儿喜爱。同时,绘本也承载了成人的教育性预设,即想通过让幼儿阅读绘本获得一些感受和启示,因此绘本也兼具审美性和教育性。同时,绘本中的内容也是现实世界的投射,其中沉浸式体验和真实性描绘都容易让幼儿产生移情,他们在阅读故事的时候也会假想自己是故事的主人公,从而在阅读中获得主角的情绪体验。[①]

因此,教师基于自己的专业素养对当前情绪绘本的筛选就极为重要。好的情绪绘本一方面能给幼儿带来愉快的审美体验,另一方面能让幼儿在代入式角色中学习主人公面对不同情绪的表达方法,知道不同情绪的处理方式。针对以上内容,本书列举出部分情绪绘本以供参考(表7-3)。

表7-3　情绪绘本故事一览表(部分)

| 绘本名称 | 作者 | 内容简述 |
|---|---|---|
| 《妈妈,我真的很生气》 | [美]吉娜·迪塔-多纳休 | 这本书是关于愤怒情绪的绘本。这个故事的主人公乔希生气时的状态很不好,会打弟弟,破坏玩具。妈妈为乔希想了一个办法,即用一个笑脸图让乔希学会表达情绪和微笑,从而与他人和谐相处。 |
| 《生气的阿瑟》 | [英]奥拉姆 | 这个绘本运用了夸张的描述方法,充满了富有童趣的想象。讲述了小童阿瑟在睡前因为想看电影但妈妈不答应,于是开始生气,他愤怒地变成了龙卷风,吹垮了家,甚至影响到了整个城市和太空。 |
| 《我的感觉系列》(全七册) | [美]斯贝蔓 | 这套绘本围绕7种幼儿常见的情绪展开,包括《我的感觉1——我好害怕》《我的感觉2——我好难过》《我的感觉3——我觉得自己很棒》等。这些绘本通过描述小熊和小天竺鼠的故事,旨在帮助幼儿感受不同的情绪,学习不同的情绪管理方法。 |
| 《我的情绪小怪兽》 | [西]安娜·耶纳斯 | 这本立体书的主角是一只带有各种颜色的小怪兽,这只小怪兽在最初的时候因为各种颜色(情绪)的混合感到非常糟糕与混乱,当朋友向它建议将各种情绪分开时,它变成了很多个不同颜色的小怪兽。红色的它代表愤怒,黄色的它代表快乐,黑色的它代表害怕……最后,小怪兽变成了代表爱的粉红色。通过阅读这本书,孩子们能更好地体验不同情绪。 |

① 袁莹莹.以图画书为载体的幼儿情绪教育研究[D].青岛:山东师范大学,2018.

续表

| 绘本名称 | 作者 | 内容简述 |
|---|---|---|
| 《讨厌黑暗的席奶奶》 | [美]凯利·杜兰·瑞安 | 本书以“克服恐惧”为中心话题。全书都以黑白的形式呈现,描述了一个害怕黑暗、讨厌夜晚的老奶奶形象,她为了让自己的小屋永远保持光明,采用了各种办法:拿扫把扫、用麻袋装、藤蔓捆、剪刀剪,甚至还想把黑夜喂狗、沉到井水里。但奋斗了那么久,她却在光明来临的白天累得沉沉睡去。这个绘本很好地呼应了幼儿害怕黑暗的心理,通过席奶奶,幼儿可以找到克服恐惧的办法。 |
| 《我不愿悲伤》 | [新西兰]特蕾西·莫洛尼 | 这本书描绘了一只小兔子的悲伤情绪。通过多种形象具体的比喻,如“乌云把色彩都带走了”“眼泪好像流成了大河”,对孩子感受到的悲伤的情绪给出了极其形象的比喻和描述。 |
| 《我好嫉妒》 | [美]康娜莉娅·莫得·斯贝蔓 | 本册书描写一种会让大人们都感到“羞耻”的情绪——嫉妒。通过书中主角——熊宝宝对身边事的嫉妒,如嫉妒妈妈对妹妹的爱,嫉妒同学的优秀以及嫉妒别人有更好的玩具等,形象地描绘了嫉妒的感觉,熊宝宝通过对嫉妒逐渐深刻的认识,也了解到嫉妒是一种“不太好”的情感,从而去寻找解决嫉妒的办法。 |

**实训练习 7-1**

以小组为单位,共同确定一个年龄阶段的幼儿为对象,根据该年龄阶段对情绪的感受特点在五个领域中选择一个领域商讨出如何利用绘本进行与情绪管理有关的集体教学活动(包括活动目标、活动重难点、活动过程、活动延伸等内容)。

### (二)创造情境训练情绪管理能力

皮亚杰认为,应组织和创设一种合适的环境,让儿童在其中尽其所能,充分发展。这个环境不仅包括各种学习材料、工具、空间、时间,还包括创设分享情境及提供幼儿之间适当的交流与合作,从而共享经验。教师是幼儿在园内一日生活中主要的接触者与教育者,对幼儿的个体发展有敏感性。在培养幼儿管理情绪的过程中,创造适宜的情境尤为重要,如利用绘本故事帮助幼儿理解情绪以及管理情绪的方法,创造游戏情境帮助幼儿了解自己的情绪、感知他人的情绪等。这种方式通过仿真式的生活经验再现,帮助幼儿更快地进入到教育内容中,从而更加深刻地感知自己的情绪变化。

### 1. 创造与儿童经验密切相关的情境

著名教育家陈鹤琴曾表示，儿童的学习主要是生活经验的增长与内化。在儿童的学习过程中，我们通常会使用一些儿童已有的经验作为支点，通过一些教学手段作为中介或工具，以促进他们新经验的增长。因此，教师要在情境中训练儿童的情绪管理能力，必须要顺应儿童已有的经验，在尊重儿童的身心发展规律以及儿童的兴趣点的基础上创建相应活动，让儿童在已有经验中继续感受情绪、表达情绪以及适当地控制自己的情绪。

如教师在引导幼儿感受情绪的时候，可以采取回顾自己产生情绪的场景的办法，或通过小动物、其他角色的故事呈现，帮助幼儿有效调动自己的情感体验。

### 2. 创造互动性情境

他者(the other)是一种哲学术语，既能够指代另一个人，也可以表示他人的自身。对人来说，他者是能帮助作为主体的我们发现不同于我们的参考物。对幼儿来说，身心发展特点决定了他们目前以自我为中心的心理特点。但共情的产生以及情绪管理离不开他人的作用，只有当幼儿通过自己的喜怒哀乐迁移感受他人的情绪时，幼儿才能在感知他人的情感体验时理解用适宜的方式表达情绪的重要性。如幼儿有时会在区角游戏中发生争抢玩具的行为，彼此都不想把想玩的玩具让给对方，甚至达到吵架发火的程度，如果教师在此时介入，让双方冷静下来，并创造互动性情境，让幼儿彼此倾诉“我为什么想玩这个玩具”，当幼儿了解了对方的心情和对玩到玩具的开心程度不亚于自己时，他们就会对自己的情绪有不一样的控制能力。

## (三)教会儿童情绪调控的方法

**知识链接 7-1**

**不同情绪的表现**[①]

一般而言，人类具有四种基本情绪，即快乐、愤怒、悲哀和恐惧(喜怒哀惧)。这些情绪与人的基本需要紧密联系，是不学而会的。快乐是指一个人期望和追求的目的达到后产生的情绪体验。由于需要得到满足，愿望得以实现，心理的急迫感和紧张感解除，快乐随之而生。愤怒是指需求受到抑制或阻碍，愿望无法实现时产生的情绪体验。紧张感增加，有时不能自我控制，甚至出现攻击行为。悲哀是指心爱的事物失去时，或者梦想破灭时产生的情绪体验。恐惧是当危险状况出现时，人们企图摆脱和逃避，而又无力应付时产生的情绪体验。

① 柳倩，周念丽，张晔. 学前儿童健康学习与发展核心经验[M]. 南京：南京师范大学出版社，2016：286.

3-6岁儿童处于情绪发展的关键时期，但这一时期的幼儿对情绪的认知和体验不足，情绪调控能力发展还不完善，情绪上易冲动、外露。如果成人不及时介入，很容易造成幼儿的情绪障碍，威胁到幼儿的心理健康。因此，教师应教会儿童如何进行情绪管理，包括能意识到自己和他人的情绪状态，学会正确、合理表达自己的情绪，能采用情绪调节策略进行适应性处理等。

**1.注意转移法**

注意转移法是一种心理学上的调节方法。对幼儿来说，注意转移法便于理解与操作。如在幼儿意识到自己产生消极情绪时，如愤怒、悲伤、沮丧、孤独等情感，可以联想自己喜欢的事物，如最喜欢玩的玩具、可爱的卡通人物，回忆跟好朋友有趣的事情，抑或是想一想自己喜欢吃的食物让自己冷静下来，从而从低沉转入平静或愉悦的状态中。但教师在引导幼儿进行注意转移时切不可单刀直入，而应该抓住身边的教育契机，通过绘本、游戏、手偶演绎等方式鼓励幼儿大胆尝试。

**2.积极暗示法**

积极暗示法是心理学中一种重要的调节方法。积极暗示法包括使用积极的内部语言或者书面语言对自己暗示，从而脱离消极的情绪状态。积极暗示法对幼儿更为有效，教师可鼓励幼儿在不自信或者感觉不好时使用此方法，可以每天早晨在镜子前面大声夸奖自己，自我贬低时积极鼓励自己。为了让积极暗示法更为有效，教师还可在教室空间中设置“最棒的我”角落，在角落中可放置信箱，当幼儿感觉不好时，可以把想说给自己的鼓励的话画成画或者揉成球投进信箱里，以代表对自己的积极暗示。当他们不开心的时候，一方面可以去角落中寻找自己的积极暗示，另一方面也可以通过观看其他小朋友的积极暗示建立良好的情绪。

**3.宣泄法**

宣泄法是指通过多种形式，如倾诉、唱歌、运动、阅读等，发泄自己的消极情绪，以缓解消极情绪的方法。对幼儿来说，宣泄法相对于其他方法则更容易被接纳与实施，他们可以通过放声大喊、奔跑、哭泣等方式宣泄自己的不良情绪。但宣泄法的使用也需要教师的干预，如在什么情境中使用、通过什么方式使用，宣泄多长时间，宣泄的场所和对象等。

### （四）适时运用正确的教学策略

教师应运用符合学前儿童年龄特征的教学策略帮助幼儿发展情绪管理能力，在运用不同策略时应注意教学手段的温和性，更多使用游戏、引导等方式帮助幼儿及时宣泄或克服不良情绪，表达积极情绪。同时，也可以通过倾听、讲解绘本、设置情绪角落等方式帮助幼儿表达或控制自己的情绪。

**1. 在观察和倾听中感受幼儿的情绪**

观察和倾听是了解儿童情绪状态的第一步也是最重要的一步。赫尔巴特曾强调个性不能由心理学推断得出，即发展心理学或儿童心理学中理论知识并不能取代我们对每个儿童个体的观察，即每个儿童都是在动态发展的。因此，通过逸事记录法、时间记录法或是行为检核表等方式，我们能更好地了解儿童的情绪以及情绪产生的缘由。尤其对于语言表达能力相对较弱的中小班儿童来说，需要教师通过他们日常的表情、言语和行为判断他们当时的情绪，也需要耐心倾听他们的话语。

**2. 运用多种手段综合教学**

情绪的表达、理解和管理不是一蹴而就的，而是需要教师长期有意识地关注、教育和引导的。教师通过观察和倾听幼儿的情感体验之后，不仅可以抓住当时的教育活动契机进行即时教育，如案例中的科科因为区角游戏中的其他小朋友没有跟自己交换角色而发火时，教师就进行了情绪管理的干预与引导，还可以把这一个案例作为问题抛给儿童，鼓励他们围绕生气这一主题讨论，如围绕生气的表现是什么，什么时候应该生气，什么时候不该生气，生气的时候怎样才可以不生气等问题进行调查与讨论，同时结合集体教育中的社会活动或语言活动，帮助幼儿加深对生气这一情绪的理解及增强对管理策略的掌握。

**3. 转移幼儿注意力**

3–6岁的幼儿注意力时间普遍偏短。当幼儿产生不良情绪时，教师可充分运用自己的教育智慧，通过利用幼儿感兴趣的故事、玩具以及其他话题转移幼儿当前注意力。如当刚开学的小班幼儿正陷入分离焦虑带来的悲伤中时，教师可以开展有趣的体能游戏、开放好玩的区角或者讲述故事来转移孩子们的注意力。

**4. 消退法**

美国心理医生威廉斯将消退法用于矫正暴怒的幼儿实验。消退法主要通过撤销导致不良行为或情绪的强化因素，从而减少这些不良情绪或者行为的发生。教师可在学前儿童不良情绪爆发的时候采取此策略，如幼儿无理取闹、大哭大喊或是处于暴怒的情绪中。此外，教师可以采取不理睬的方法来处理。

**5. 及时进行家园合作**

《教育部关于加强家庭教育工作的指导意见》指出，要强化学校家庭教育工作指导。因此,教师在学校进行一定的教学工作之后,应及时与家长沟通幼儿的情绪发展情况。如发现幼儿在情绪感受、情绪表达与情绪管理上存在问题,应及时制定家园沟通策略,与家长一起合作。

**经典研究介绍7-1**

**戈尔曼的家庭情绪教育注意事项**①

另外,在家庭情绪教育中,有一些基本的注意事项,做好这些细节有重要作用:(1)教育以表扬为主,批评要慎用;(2)不要责备孩子愚笨;(3)不要挑剔孩子;(4)不要讽刺孩子;(5)尊重孩子的自尊心;(6)不要戳穿孩子的秘密;(7)不要否定孩子的未来;(8)重视孩子早期的性意识;(9)不要对孩子的相貌、身材做出批评;(10)让孩子同父母一起对自己的事做决定;(11)不当众斥责孩子;(12)孩子做错事时,给他时间思考;(13)父母的教育意见要统一;(14)不打击孩子的好奇心;(15)对孩子的行为不轻易下结论;(16)不要在孩子面前争吵;等等。

**实训练习7-2**

结合查阅相关文献,以小组为单位商量出某个年龄阶段的儿童情绪教学策略,并以小组分享的形式阐明这种教学策略背后的理论依据。

## 二、学前儿童情绪管理能力的活动设计与指导

关于学前儿童情绪管理能力的活动设计与指导,可以围绕幼儿情绪理解能力的指导,幼儿情绪表达能力的指导和幼儿情绪调控能力的指导三个部分进行。同时,学前儿童情绪管理也少不了儿童自我管理、家庭管理以及教师介入三种方式。

### (一)情绪理解能力的指导要点

情绪理解能力就是个体对情绪的理解能力,这个理解包含着对不同类型情绪的感知,对所产生的情绪归因以及应对情绪的方法。情绪理解测验(Test of Emotion Comprehension,TEC)中将情绪理解能力划分为表情识别能力、对外因所引起情绪的理解、

---

① 文萍.心理学理论与教育[M].南宁:广西师范大学出版社,1999:54.

对基于愿望的情绪理解、对基于信念的情绪理解、情绪暗示的理解、对情绪调节可能性的理解、对情绪隐藏理解、混合情绪理解、道德情绪理解等9个维度。[①]

## 活动设计7-2

### 我的情绪小怪兽

**活动目标**

1. 学习识别情绪和提升对情绪的理解能力。

2. 学会表达自己和他人的情绪。

**活动准备**

《我的情绪小怪兽》绘本及PPT，不同颜色的怪兽卡片。

**活动过程**

（一）活动引入

教师通过不同颜色的小怪兽让幼儿产生好奇，进而引入绘本情绪主题。

（二）讲故事《我的情绪小怪兽》

1. 教师通过展示PPT中的故事，重点引导幼儿感受不同怪兽代表的情绪，了解不同情绪代表的含义。

2. 通过与幼儿一起整理绘本末尾情绪小怪兽与对应的情绪，让幼儿感受情绪管理的重要性和必要性，懂得自己的情绪是什么样的以及运用绘本中的表示方法。

（三）体验情绪

1. 幼儿学习绘本中小女孩给情绪小怪兽穿衣服的方法，尝试自己用颜色表示自己的情绪。如，“今天我的情绪小怪兽是红色的，因为我今天很生气”。

2. 幼儿尝试与自己的朋友相互表达自己的情绪。

3. 教师设置情境，并引导幼儿表达自己的情绪。如妈妈给我买玩具时，我的表情是什么样的？我会说什么？或者我跟小朋友吵架了，我的表情是什么样的？我会说什么？

4. 教师引导幼儿思考，当我们出现消极情绪，如愤怒、悲伤、沮丧时，我们应该做什么去调节自己的情绪呢？如果自己不能调节，可以去向谁寻求帮助？

---

① 王媛琦. 主题性音乐活动对中班幼儿情绪理解能力培养的实证研究[D]. 西宁：青海师范大学，2021.

**活动建议**

1. 在活动中，要充分激发幼儿的兴趣，及时营造绘本氛围，帮助幼儿沉浸到故事中。

2. 活动后，可在大门口、区角中设立理解情绪的区角，提醒幼儿时刻关注自己的情绪，理解自己与他人的情绪。

### （二）情绪表达能力的指导要点

一般来说，表达情绪的方式包括语言表达（语音、词语、语态、表情）等，身体表达（肌肉、动作、表情）和态度表达（神态表情）等方面。情绪表达对幼儿来说是至关重要的，当儿童学会适当、适时、合理并准确表达自己的情绪时，才能及时疏导自己的情绪问题，处理与同伴、教师之间的关系，为社会性发展奠定良好基础。

### 活动设计 7-3

**菲菲生气了**

**活动目标**

1. 感受生气的情绪并能分辨出生气情绪的表现方式。

2. 能通过不同方式表达自己生气的情绪并提出调整的办法。

**活动准备**

《菲菲生气了》绘本故事及PPT，表示生气的不同表情和肢体语言的卡片。

**活动过程**

1. 活动导入。教师通过表示生气的不同表情和肢体语言的卡片引导幼儿发现愤怒的情绪，并引出《菲菲生气了》绘本。

2. 营造沉浸式的故事氛围，让幼儿感受菲菲生气的原因，学习如何用肢体语言表示自己的愤怒，如何宣泄自己的愤怒与悲伤并最终达到平静。

3. 学一学。引导幼儿思考自己在生气时是怎样表达自己情绪的，如当爸爸妈妈没有给自己买心爱的玩具，区角游戏被小朋友抢了玩具等时。鼓励幼儿学一学菲菲表达自己愤怒情绪的方式，并思考自己表达情绪的方式对不对。

4. 想一想。对比绘本中菲菲疏导愤怒情绪的行为，教师引导幼儿思考自己是如何表达并化解其他不良情绪的，如悲伤、沮丧、痛苦等，并请幼儿上台分享自己对这些情绪的处理方式。

**活动建议**

1. 在开展阅读绘本活动时，注意营造氛围感，吸引儿童的兴趣。

2. 在活动结束后，及时观察幼儿在情绪表达上的言语或行为，对情绪表达有问题的幼儿给予及时的指导。

## （三）情绪调控能力的指导要点

情绪调控能力是保持自身心理健康，保持和谐人际关系的重要能力。情绪调控能力随着儿童的生长发育而逐渐成熟，两岁左右的幼儿就已经能通过游戏、看书等方式调节自己的情绪。三岁左右的幼儿可以使用有控制的表情来表达快乐、惊讶等情绪。①作为成人，要发挥榜样示范作用，保持良好的情绪管理能力和温和稳定的形象。虽然不同气质类型的儿童掌握情绪管理和调控的速度不一样，但成人一定要及时给予宽容的教导，循序渐进。

### 活动设计7-4

**情绪对对碰**

**活动目标**

1. 了解不同颜色的区别，能够通过颜色进行分类。

2. 通过把代表情绪的颜色卡片与相应情绪相连，联想情绪管理与调控的方法。

3. 知道情绪管理与调控的重要性。

**活动准备**

代表情绪的不同颜色的卡片（愤怒——红，平静——绿，悲伤——蓝，高兴——橙，温馨——粉），跟卡片颜色相对应的不同表情的纸娃娃，奖励贴纸若干。

**活动过程**

1. 教师通过《我的情绪小怪兽》导入主题。让幼儿回顾不同情绪的代表颜色，并能指认出来。

2. 教师将代表积极情绪的颜色摆在一边，代表消极情绪的颜色放在一边。

(1)创建情境。

鼓励幼儿将不同颜色的卡片贴到对应有表情的娃娃头上，并大声告诉伙伴娃娃头上卡片的颜色和心情是什么样的。

① 王振宇.学前儿童发展心理学[M].北京：中央广播电视大学出版社，2015:115-116.

(2)情绪变化。

教师提出问题,要如何才能将处于消极情绪中的娃娃心情变好,引导孩子通过绘画的方式画出自己认为可以舒缓情绪的方式。

(3)经验分享。

鼓励孩子向小伙伴分享自己的画,并描述自己让小娃娃心情变好的方式。

(4)经验总结。

引导孩子投票选出大家认为最好的情绪管理方式,并将它呈现在区角活动中。

**活动建议**

1.在活动开展过程中重视经验的回顾,为幼儿创建情境,以便于幼儿回忆。

2.建议在区角中设立"情绪角",帮助幼儿持续感受自己情绪的变化,养成情绪表达与调节的好习惯。

**实训练习 7-3**

5岁的佑佑在班级里总是喜欢一个人玩。一天,他看到月月独自在玩娃娃家,于是冲上去紧紧地抱住月月。月月感到不舒服,就哭泣着告诉老师佑佑欺负她,佑佑急得直跺脚,大声喊道:"我本来是想跟你做朋友的!"

请你结合案例,如果你是教师会怎么做?

(资料来源:选自2018下半年教师资格《幼儿保教知识与能力》真题,有改动)

## 三、学前儿童情绪管理能力教育应注意的问题

在进行学前儿童情绪管理能力的教育中,教师应充分适应学前儿童的身心发展特点,帮助幼儿进行自我管理,并采取适宜的方式进行介入,形成良好的家园沟通氛围。

### (一)营造良好的情绪环境

3-6岁儿童的认知发展规律决定了环境创建对幼儿情绪影响的重要性。

#### 1.创设安全舒适的物质环境

教师在创建班级环境时,应从班级空间布局、总体色调、环境设计、材料投放等方面进行布局。在班级环境空间的布局中,应避免紧凑式布局,应留有更多空间,形成开阔的视觉效果。在色彩心理学中,绿色和蓝色属于短波长颜色,副交感神经受到这些

颜色的刺激，就能降低血压，减少脉搏的跳动，降低呼吸频率。班级环境的色调中可以增加绿色与蓝色的比例。同时，一些浅淡的颜色也会让人放松。[①]在环境设计上应符合幼儿的年龄特征，在材料的投放上增加自然材料的比例等。

**知识链接7-2**

**“粉红色”情绪实验**

根据科学研究，粉红色是一种能让人安静下来的颜色。美国生物社会学研究所主任亚历山大·绍斯发起了一项“粉红色”情绪实验。他成功地说服米勒和贝克指挥官将西雅图美国海军惩戒所的禁闭室涂成粉色。然而，在当时的环境中，自诩阳刚的军人们是不能接受粉色的，因此亚历山大·绍斯将粉色命名为“米勒和贝克粉红色”以便成功开展实验。5个月后，研究报告显示，接受惩戒的士兵在禁闭室待上一刻钟就能起码平静半个小时，这种平静还延续到了他们走出禁闭室之外的半小时。

### 2. 创设自由、平静的心理环境

幼儿园的心理环境主要是指建立良好的师幼关系和幼儿同伴关系，形成良好的教育教学活动秩序，进行广泛有效的信息沟通，营造和谐融洽的教育教学情感氛围等。[②]心理环境带有隐性性质，幼儿不能通过感官直接接触，但它却对幼儿的心理与个性品质的发展至关重要。因此，教师应为幼儿创设舒适、安全、平和的心理环境，这就要求教师加强自身身心素质，对幼儿保持尊重与爱护的心态，在与幼儿沟通与交流时多采用平等对话、协商的形式，多肯定幼儿的想法，构建“民主—平等”型的师生关系。

## （二）发挥教育者的情绪示范作用

教师的职业特点对教师有较高的要求，如热爱教育事业，不断提高自己的教育教学素养，在教育教学活动中展现出良好的风貌，不断控制以及克服消极沮丧的情绪，培养积极高昂奋发向上的情绪，以感染学生取得良好的教育教学效果。[③]同时，教师也是幼儿观察学习的重要榜样，教师的一言一行都密切影响着幼儿。因此，教师应发挥良好带头作用，及时管理自己的不良情绪，如通过“3W+H”（what——是什么，why——为什么，when——什么时候，how——怎么用），即认识自我情绪，发现不良情绪的原因，

① 让-加布里埃尔·科斯．色彩的魔力[M]．袁俊生，译．重庆：重庆大学出版社，2016：57.
② 刘敏钰．学前儿童科学教育[M]．北京：科学出版社，2018：198.
③ 李友芝．中外师范教育辞典[M]．北京：中国广播电视出版社，1994：29.

以及用不同方式增强自己的情绪管理能力，保证自己每天以良好的心态面对幼儿，促进幼儿情绪能力的发展。

### （三）允许幼儿表达情绪

心理学研究表明，幼儿的情绪控制管理能力相对较差，因此幼儿会因为身边的小事出现不良情绪。这时，如果成人能接纳、认同幼儿的情绪，帮助他们进行情绪疏导，幼儿就能获得良好的情绪管理体验，调整自己的行为，从而获得切实可行的情绪管理经验。[①]例如，我们在发现幼儿有情绪上的问题时，可以鼓励他们表达自己的感受。一是可以运用情绪小怪兽之类的道具让幼儿放在班级的插卡栏里；二是在班级内设置情绪角，给幼儿可以自行抒发情绪的空间；三是鼓励幼儿向老师表达自己的情绪，不管是消极的，还是积极的，老师都应给予正面的肯定和回应。让幼儿养成表达情绪、发现不良情绪进行自我管理与寻求帮助的习惯。

**经典研究介绍 7-2**

**班杜拉的观察学习[②]**

充气娃娃实验是班杜拉所做的关于攻击行为模式的系列研究。他分别于1961年、1963年和1965年以充气娃娃作为实验材料进行关于攻击性行为的研究。其中，1961年的实验旨在揭示成人的攻击与非攻击行为示范对儿童的影响。

1961年的实验以斯坦福托儿所的36个学前男孩和36个学前女孩为实验对象，共进行三轮实验。第一轮实验是在一个密闭的装有充气娃娃、玩具修补工具和大棒球棍的房间里，实验对象是一个做示范的成人和一个坐在角落的儿童，当有攻击性的成人放弃修补玩具用棒球棍击打充气娃娃时，在旁边观察的儿童将这一行为运用在了同样具有攻击作用工具的房间里，不断模仿成人击打充气娃娃并说脏话。

### （四）适当干预幼儿情绪管理

幼儿的情绪管理教育对幼儿成长时的情绪表现品质有重大意义。幼儿的身心处于发展阶段，这决定了幼儿不能独自完成情绪管理。因此，需要成人介入幼儿的情绪管理中。

---

① 肖全民．幼儿心理行为的教育诊断［M］．武汉大学出版社，2017：158.

② 刘华．社会心理学［M］．浙江教育出版社，2009：310.

**1.家庭对幼儿情绪管理的干预**

家庭是幼儿生存与发展的第一场所,幼儿的性格发展特点、气质类型很大程度上受父母遗传的影响。如在有情绪行为问题和精神疾患的儿童当中,亲子关系紊乱者占50%以上。

因此,在幼儿最为关键的0-3岁生理发育期,父母是孩子最重要的情绪管理榜样。一方面,父母应该为孩子树立良好的情绪榜样,如长期保持情绪稳定、具有共情与良好的情绪表达能力等;另一方面,父母也应增加幼儿的安全依恋,即在儿童的早期发展中就密切关注孩子的情绪需要与情绪发展情况,并适当给予安全感与关爱。在儿童出现不当情绪时,通过具有教育智慧的引导、介入(如情绪缓解游戏、晚安故事)帮助学前儿童提高情绪管理能力。

**2.教师对幼儿情绪管理的干预**

教师对儿童的成长有巨大意义,拥有良好教育素养与情怀的教师对儿童发展的促进作用不可低估。同时,面对不同的群体,教师干预的手段也有所不同。

(1)特殊儿童。

这里的特殊儿童是指情绪管理状态相较其他幼儿落后的幼儿,如患有自闭症、感觉缺陷或其他医学状况的特殊儿童。他们会出现极端沮丧、抑郁、低自尊或是习得性无助的情况。这些儿童急需额外的教师支持与干预来实现情绪管理,促进发展。如果这些儿童能得到教师精心和专业的指导,他们的心理状况就能够得到有效改善。但儿童如何通过教师的干预或照顾获得管理自我情绪的能力,从而进行自我调整,才是更重要和根本的情绪管理教育内容。

(2)普通儿童。

普通儿童也存在着各种各样的情绪管理问题,如情绪管理不当引起的焦虑、抑郁和强迫症状。根据调查研究,幼儿的情绪和社会性发展问题、障碍发生率在10%-20%,早期识别和干预对预防儿童期行为问题有重要意义。[①]因此,教师在干预时应具有一定的学前教育或特殊教育专业知识,可以采用幼儿情绪社会性发展问题的研究进展简化婴幼儿社会性及情绪评估量表(The Brief Infant · Toddler Social and Emotional Assessment ,BITSEA)对幼儿的情绪情况进行测量(表7-4)。

① 赵蓓.幼儿情绪社会性发展问题的研究进展[J].中国儿童保健杂志,2011,19(12):1107-1109+1156.

表7-4　3-6岁幼儿情绪调节能力发展水平①

| 情绪调节能力 | 3-4岁 | 4-5岁 | 5-6岁 |
|---|---|---|---|
| 整体发展水平 | 3-6岁幼儿情绪调节能力的整体发展随着年龄的增长呈上升趋势。 | | |
| 情绪识别与理解 | 幼儿获得情绪识别与理解能力的关键期是3岁，基本掌握该能力是4岁。 | 基本情绪的识别与理解在4-5岁时有显著性发展。 | 复杂情绪的识别与理解有显著性发展。 |
| 情绪调控 | 无显著变化。 | 情绪调控能力有飞跃性进步，处于情绪发展的关键期。 | 无显著变化。 |
| 情绪表达与运用 | 由于语言发展的局限性，依靠的是简单的表情或者肢体动作。 | 心理能力更加完善，逐渐有了移情能力，在感知和理解自己情绪的同时也能够感知他人的情绪，及时根据自我情绪调节的方式给予他人关心，或是能够对他人的遭遇表示同情。 | 情绪表达和共情能力有了更明显的进步。 |

## 本章小结

学前儿童情绪管理能力对儿童的良好个性习惯养成及社会性发展至关重要。本章主要讲述了学前儿童情绪管理能力的内涵、特点、内容以及各阶段幼儿情绪管理能力应达到的目标。围绕各阶段情绪管理能力的目标，提出了学前儿童情绪管理能力的教育途径与方法，如在丰富的活动中体验情绪、创造情境体验情绪、教会儿童正确的情绪管理方法以及运用正确的教学策略等。根据活动设计指导，本章提供了以绘本和音乐活动为主的指导活动。最后，本章讨论了教师在开展学前儿童情绪管理能力培养活动中应注意的问题，以帮助大家在实践中更好地发现儿童的情绪管理问题，帮助儿童增强情绪管理能力。

## 思考与实训

1.学前儿童情绪管理能力有何特点？

2.学前儿童情绪管理能力在不同年龄阶段的具体表现有哪些？

3.请举例说明教师针对学前儿童的情绪管理能力可以从哪些具体的方面开展相应的教学活动或游戏活动。

① 李莉. 3-6岁幼儿情绪调节与自我控制能力的关系及干预研究[D].福州：福建师范大学，2017.

4. 根据《3–6岁儿童学习与发展指南》中学前儿童的情绪管理能力发展特点以及本章所学内容，为小、中、大班儿童设计培养情绪感受、情绪表达以及情绪管理的活动方案，并尝试在幼儿园中实施。

## 专题探讨

### 当幼儿以不合理的形式发泄自己的情绪时怎么办？

上中班的龙龙在家的时候备受宠爱，较少受到规则的约束，所以在集体生活中会表现得比较任性。一天在进行美术活动时，其他小朋友正专心致志进行着创作，而龙龙就在教室里乱逛，还跟其他幼儿发生争吵。实习的小李老师提醒了他好几次以后他仍然没能返回到活动中，于是小李老师批评了他，他一气之下钻进了桌子底下，无论老师或者小朋友说什么都不愿意出来。

面对幼儿不合理地发泄自己的情绪，如果你是小李老师，应该怎么做？

# 参考文献

## 一、图书

[1]柳倩，周念丽，张晔．学前儿童健康学习与发展核心经验[M]．南京：南京师范大学出版社，2016.

[2]张慧和．幼儿园课程实施指导丛书：健康[M]．南京：南京师范大学出版社，1997.

[3]顾荣芳．学前儿童卫生与健康教育[M]．南京：江苏教育出版社，1997.

[4]王占春．幼儿体育的理论与方法[M]．北京：人民教育出版社.2002.

[5]刘焱．儿童游戏理论[M]．北京：北京师范大学出版社.2004.

[6]任绮，高立．学前儿童体育与健康[M]．北京：清华大学出版社，2012.

[7]苑海燕．学前儿童健康教育与活动[M]．北京：清华大学出版社，2020.

[8]刘馨．学前儿童体育[M]．北京：北京师范大学出版社，1997.

[9]叶平枝．幼儿园健康领域教育精要：关键经验与活动指导[M]．北京：教育科学出版社，2015.

[10]A.维旎·科尔文，南希·J.埃格纳·马科斯，帕梅拉·J.沃克．儿童基本运动技能教学指导：第3版[M]．吴东，李红光，译．北京：人民邮电出版，2020.

[11]黄世勋．幼儿健康教育[M]．北京：中国劳动社会保障出版社，1999.

[12]邓树勋，王健．运动生理学[M]．北京：高等教育出版社，2015.

[13]王振宇．学前儿童发展心理学[M]．北京：中央广播电视大学出版社，2015.

[14]让-加布里埃尔·科斯．色彩的魔力[M]．袁俊生，译．重庆：重庆大学出版社，2016.

[15]刘敏钰．学前儿童科学教育[M]．北京：科学出版社，2018.

[16]李友芝．中外师范教育辞典[M]．北京：中国广播电视出版社，1994.

[17]肖全民．幼儿心理行为的教育诊断[M]．武汉：武汉大学出版社，2017.

[18]刘华．社会心理学[M]．杭州：浙江教育出版社，2009.

[19]乔建中．情绪心理与情绪教育[M]．南京：江苏教育出版社，2001.

[20]朱小蔓．情感教育论纲[M]．北京：人民出版社，2007.

[21]文萍．心理学理论与教育[M]．南宁：广西师范大学出版社，1999.

[22]仙田满.儿童游戏环境设计[M].侯锦雄,林钰专,译.台北:田园城市文化事业有限公司,1996.
[23]杭梅.幼儿健康教育与活动指导[M].北京:北京师范大学出版社,2014.
[24]雷纳特•齐默尔.幼儿运动教育手册[M].杨沫,易丽丽,译.南京:南京师范大学出版社,2008.
[25]张晓辉.幼儿园健康教育活动设计与指导[M].北京:北京理工大学出版社,2018.
[26]林崇德.发展心理学[M].北京:人民教育出版社,1995.
[27]陈帼眉.学前心理学[M].北京:人民教育出版社,2003.
[28]卢乐山,林崇德.中国学前教育百科全书[M].沈阳:沈阳出版社,1994.
[29]申桂红.幼儿自我保护教育的实践探索[M].北京:北京师范大学出版社,2009.
[30]梁晓峰.中国儿童伤害报告[M].北京:人民卫生出版社,2016.
[31]马洁,韩玙,姬静璐.学前儿童卫生与保育[M].北京:北京师范大学出版社,2017.
[32]教育部基础教育司.《幼儿园教育指导纲要(试行)》解读[M].南京:江苏教育出版社,2002.
[33]傅小兰.情绪心理学[M].上海:华东师范大学出版社,2021.
[34]中华人民共和国教育部.《3-6岁儿童学习与发展指南》解读[M].北京:首都师范大学出版社,2014.

## 二、论文

[1]施雪琴.不同年龄段青少年静态平衡机能研究[D].南京:南京师范大学,2012.
[2]黄嘉琪.3-6岁儿童器械操控能力发展研究[D].上海:华东师范大学,2019.
[3]吴巧娇.大班幼儿健康领域关键经验发展现状研究——以F幼儿园大班为例[D].合肥:安徽师范大学,2020.
[4]郭柯然.幼儿生活自理行为特点研究[D].武汉:华中师范大学,2020.
[5]王梦巧.幼儿自我保护教育现状调查研究[D].重庆:西南大学,2020.
[6]商雪梅.学前儿童安全意识发展现状与教育建议[D].成都:四川师范大学,2019.
[7]阎雅飞.3-6岁幼儿自我保护意识与发展特点研究[D].沈阳:沈阳师范大学,2017.
[8]吴燕.情绪调节性别差异的脑网络研究[D].成都:电子科技大学,2016.
[9]袁莹莹.以图画书为载体的幼儿情绪教育研究[D].青岛:山东师范大学,2018.
[10]李莉.3-6岁幼儿情绪调节与自我控制能力的关系及干预研究[D].福州:福建师范大学,2017.

## 三、期刊

[1]许崇高.儿童动作协调发展问题研究的理论进展[J].西安体育学院学报.1999.
[2]柳倩.学前儿童身体移动能力发展的特点及教师的教育策略[J].幼儿教育,2017(13).
[3]李静,刁玉翠.3-10岁儿童基本动作技能发展比较研究[J].中国体育科技,2013(49).
[4]张晨晨,柳倩.学前儿童的器械操控能力[J].幼儿教育,2017(6).

[5]陆琴.大班幼儿自制运动器械一物多玩的游戏探究与思考[J].福建教育,2016(4).
[6]陈慧,吴小勤.添加辅助"器械"促幼儿操控能力发展——记大班足球游戏活动《红蚂蚁和黑蚂蚁》教学探索[J].家教世界,2019(21).
[7]袁朝霞.如何创编幼儿轻器械操[J].幼儿教育,1992(2).
[8] JONAS SIMPSON, CHRISTINE OREMS. Self—Care Nursing Theory [J]. Nursing Science Quarterly,2004(3).
[9]王萍,黄钢.沙盘游戏应用于临床心理评估的研究进展[J].中国健康心理学杂志,2007(9).
[10]金晓梅.美国幼儿园环境安全评估标准[J].幼儿教育,2003(1).
[11]徐晓坤,王玲玲,钱星,等.社会情绪的神经基础[J].心理科学进展,2005(4).
[12]马伟娜,姚雨佳,曹亮,等.幼儿情绪理解层次的发展及其与依恋的关系[J].心理发展与教育,2010,26(5).
[13]赵鑫,张冰人,周玮,等.伯克利情绪表达量表中文版在中国大学生中的信、效度分析[J].中国临床心理学杂志,2015,23(3).
[14]何庆欢.抑郁青少年快感缺失与情绪表达的相关研究[J].中国健康心理学杂志,2011,19(10).
[15]王丽娟,刘凤玲.儿童情绪表达规则认知能力研究述评[J].心理科学,2009,32(3).
[16]姚端维,陈英和,赵延芹.3-5岁儿童情绪能力的年龄特征、发展趋势和性别差异的研究[J].心理发展与教育,2004(2).
[17]陈英和,姚端维,郭向和.儿童心理理论的发展及其影响因素的研究进展[J].心理发展与教育,2004(3).
[18]邓赐平,桑标,缪小春.幼儿的情绪认知发展及其与社会行为发展的关系研究[J].心理发展与教育,2002(1).
[19]陆芳,陈国鹏.学龄前儿童情绪调节策略的发展研究[J].心理科学,2007(5).
[20]张玉静,崔丽霞.积极情绪的认知促进效应及其神经机制[J].首都师范大学学报(社会科学版),2012(5).
[21]侯然.情绪对认知活动的影响[J].心理研究,2009,2(01).
[22]朱翠英,银小兰.积极情绪对健康人格的影响探析[J].湖南师范大学社会科学学报,2011,40(1).
[23]张月娇,王振宏.儿童对情绪表达规则的理解与运用:发展及适应意义[J].心理研究,2010,3(2).
[24]陆芳,陈国鹏.儿童情绪调节的发展研究[J].心理科学,2003(5).
[25]李晓巍,杨青青,邹泓.父母对幼儿消极情绪的反应方式与幼儿情绪调节能力的关系[J].心理发展与教育,2017,33(4).
[26]赵蓓.幼儿情绪社会性发展问题的研究进展[J].中国儿童保健杂志,2011,19(12).

## 四、政策

中华人民共和国教育部.3-6岁儿童学习与发展指南[R].2016.

## 五、报纸

《中国儿童发展纲要(2021-2030年)》[N].人民日报.2021-09-28(002).